U0449543

关志国 著

道家黄老学派法哲学研究

中国社会科学出版社

图书在版编目（CIP）数据

道家黄老学派法哲学研究 / 关志国著. —北京：中国社会科学出版社，2016.12
ISBN 978 – 7 – 5161 – 8908 – 5

Ⅰ.①道… Ⅱ.①关… Ⅲ.①黄老学派—研究 Ⅳ.①B223.05

中国版本图书馆 CIP 数据核字（2016）第 288125 号

出 版 人	赵剑英
责任编辑	杨晓芳　徐沐熙
责任校对	李　莉
责任印制	王　超

出　　版	中国社会科学出版社
社　　址	北京鼓楼西大街甲 158 号
邮　　编	100720
网　　址	http://www.csspw.cn
发 行 部	010 – 84083685
门 市 部	010 – 84029450
经　　销	新华书店及其他书店
印刷装订	北京明恒达印务有限公司
版　　次	2016 年 12 月第 1 版
印　　次	2016 年 12 月第 1 次印刷
开　　本	710 × 1000　1/16
印　　张	15.5
插　　页	2
字　　数	203 千字
定　　价	68.00 元

凡购买中国社会科学出版社图书，如有质量问题请与本社营销中心联系调换
电话：010 – 84083683
版权所有　侵权必究

目 录

绪 论 …………………………………………………………（1）
    一　选题的缘由 ……………………………………………（1）
    二　相关研究综述 …………………………………………（2）
    三　本书考辨针对的主要问题 ……………………………（5）
    四　本书研究的视角和方法 ………………………………（6）
    五　论证的层次及学术见解 ………………………………（7）

第一章　黄老学派法哲学产生的时代背景及文献 …………（12）
  第一节　黄老学派的源流 ……………………………………（12）
    一　道家流变 ………………………………………………（12）
    二　百家言黄帝 ……………………………………………（13）
    三　黄老学派的形成及传播 ………………………………（19）
    四　黄老学派的性质 ………………………………………（23）
  第二节　黄老学派法哲学产生的时代背景 …………………（26）
    一　在政治体制大变革中应运而生 ………………………（27）
    二　在"礼治"与"法治"的争鸣中走向成熟 …………（30）
    三　在百家"相反相成"中趋于完善 ……………………（35）
  第三节　黄老学派法哲学文献 ………………………………（40）

第二章　黄老学派以道论法的宗旨 …………………… (51)

第一节　黄老学派的道论溯源 ……………………………… (51)
一　老子以前的"道"论 ………………………………… (51)
二　老子的"道"论 ……………………………………… (53)
三　黄老学派的"道"论 ………………………………… (56)
四　黄老学派"推天道以明人事"的思维方式 ………… (60)
五　黄老学派以道论法的倾向 …………………………… (64)

第二节　"道生法"的法哲学内涵 ………………………… (68)
一　道法结合的历史契机 ………………………………… (68)
二　道为法之体 …………………………………………… (71)
三　法为道之用 …………………………………………… (74)
四　执道生法 ……………………………………………… (77)

第三章　黄老学派法哲学的基本范畴 ……………… (80)

第一节　一与法 ……………………………………………… (80)
一　"一"的内涵 ………………………………………… (80)
二　"一"与"法" ……………………………………… (83)
三　君主执"一"生"法" ……………………………… (85)
四　"法"是实现"一"的途径 ………………………… (86)
五　"一"体现了"法"的基本特征 …………………… (87)

第二节　道、德与法 ………………………………………… (89)
一　黄老学派的"道"与"德" ………………………… (89)
二　"道生法"中的"德" ……………………………… (92)
三　"德"与"法"互为表里 …………………………… (93)
四　"法"因"德"而区别于"刑" …………………… (95)
五　"法""德"以"道"为终极目的 ………………… (96)

第三节　圣、王与法 ………………………………………… (98)
一　内圣外王 ……………………………………………… (98)

二　圣人生法 …………………………………………………（107）
　　三　王术与法 …………………………………………………（110）
第四节　形名、因循、无为与法 …………………………………（114）
　　一　刑名与法 …………………………………………………（114）
　　二　因循与法 …………………………………………………（122）
　　三　无为与法 …………………………………………………（129）
第五节　正与法 ……………………………………………………（133）
　　一　"正"与"奇" ……………………………………………（133）
　　二　"正"与"静" ……………………………………………（136）
　　三　"正"是治国的根本 ……………………………………（137）
　　四　"名法"为"正" …………………………………………（138）
　　五　"以正治国"的目的是"正天下" ……………………（141）

第四章　黄老学派的法治理论 …………………………………（143）
　　一　案法而治 …………………………………………………（143）
　　二　以法禁君 …………………………………………………（146）
　　三　以道变法 …………………………………………………（148）
　　四　礼法相济 …………………………………………………（150）
　　五　道治之境 …………………………………………………（152）

第五章　黄老学派法哲学与西方自然法哲学的区别 …………（155）
　　一　"自然"的内涵 …………………………………………（155）
　　二　理性与自然法的认知 ……………………………………（158）
　　三　"法律自然主义"不是自然法的特征 …………………（162）

第六章　黄老学派法哲学与诸子 ………………………………（166）
第一节　黄老学派法哲学与申不害、韩非 ………………………（166）
　　一　申不害对黄老学派法哲学的发挥 ………………………（166）

二　韩非对黄老学派法哲学的汲取……………………（169）
　　三　韩非对黄老学派法哲学的背离……………………（177）
 第二节　黄老学派法哲学与荀子、董仲舒………………（182）
　　一　黄老学派与儒家……………………………………（182）
　　二　黄老学派法哲学对荀子的影响……………………（183）
　　三　董仲舒对黄老学派法哲学的继承…………………（189）

第七章　黄老学派法哲学在汉初的兴衰……………（199）
 第一节　黄老学派法哲学与汉初的法治实践……………（199）
　　一　黄老学派法哲学与汉初法制改革…………………（199）
　　二　黄老学派法哲学与汉初的司法实践………………（205）
 第二节　汉武帝时期黄老学派法哲学的衰落……………（210）
　　一　儒道互绌……………………………………………（210）
　　二　《淮南子》与淮南狱 ………………………………（213）
　　三　汉武帝时期的酷吏苛法……………………………（217）

余　论……………………………………………………（222）

主要参考文献……………………………………………（228）

后　记……………………………………………………（240）

绪　论

一　选题的缘由

中国古代是否具有深刻的法哲学思维，这对认识中国古代法律文化具有重要意义。近年来，学术界对中国古代法律思想进行了追溯，取得了一些成果，但囿于既有的理论框架，研究过程中也出现了一些谬误。检索春秋至汉初的道家典籍，可见道与法具有密切的关联，相关论述也很有法哲学深度，这些论述多集中于黄老学派的文献之中。结合近年来学术界对黄老学派的研究成果，可以发现黄老学派以道论法的主旨十分明确，以此为线索，我们有必要对这一传统进行更为深入的研究。

法哲学是关于法的思维方式，是对作为社会规范的法的理论思考。而考察中国古代法哲学，我们也应以法及相关范畴的分析为中心，这是认识中国古代法哲学的关节点。在当前中国古代法律思想史的研究中，法律思想史与政治思想史并没有明确的区分，学术界往往把政治思想笼统地纳入法律思想之中。如学术界对孔孟、老庄法律思想研究较多，实际上二者对于"法"的论述并不多，而离开对"法"及相关范畴的解释，对法律思想的源流就不会形成清晰的认识，也会造成很多误解。因此，应强调"法"的规范性，并以此为基础进行相关范畴的分析，而不能笼统地把政治思想包括在内。黄老学派对"法"进行深刻的哲学思考，与诸子相比，道家黄老学派围绕"法"的概念，形成了一组哲学范畴。在"道"的贯穿下，这些范畴具有严谨的逻辑关系，彼此呼应，相互贯通，形成了完整的法哲学体系。发掘黄老学派深厚的法哲学传统，应该是我们理解中国古代法律基本精神的切入点。

二　相关研究综述

20世纪70年代，长沙马王堆汉墓《黄老帛书》出土后，黄老学派的研究开始为学术界所普遍关注，时值"文化大革命"，在儒法斗争史的研究框架下，一些学者对《黄老帛书》的解释倾向于法家，将其认作法家的作品，研究中出现了一些谬误。①

自20世纪80年代以来，黄老学派研究取得了令人欣喜的进展，出版了不少专著与论文，学术界对黄老学派的认识得以进一步深化。但是，有关黄老学派法哲学的研究却显得相对薄弱。有些学者在研究黄老学派时，指出其法律思想的重大意义，如刘蔚华、苗润田认为崇尚法治是黄老学派的一大特点；②陈鼓应认为以"道法"为中心的黄老学派，一方面继承了老子的道论，另一方面引进了时代所急需的法治观念，两者结合，推动了先秦的政治体制改革；③白奚认为道法结合，以道家哲理论说法治主张，是黄老政论的突出特色。④但他们没有进一步展开论述。

有学者专门对黄老学派法律思想的相关问题进行了探讨，提出了很多有益的见解，如饶鑫贤对黄老学派法律思想的研究较早，具有一定的开创意义。他将黄老学派法律思想的特征总结为四个方面：（1）主张"文武并用""德刑相济"；（2）强调"明具法令"

---

① 参见程武《汉初黄老思想和法家路线——读长沙马王堆三号汉墓出土帛书札记》（《文物》1974年第10期）；唐兰《马王堆出土〈老子〉乙本卷前古佚书的研究——兼论其与汉初儒法斗争的关系》（《考古学报》1975年第1期）；康立《〈十大经〉的思想和时代》（《历史研究》1975年第3期）；康立《法家路线和黄老思想——读帛书〈经法〉》（《红旗》1975年第7期）。

② 刘蔚华、苗润田：《黄老思想源流》，《文史哲》1986年第1期。

③ 陈鼓应：《黄帝四经今注今译》，台湾商务印书馆1995年版，第26页。

④ 白奚：《先秦黄老源流述要》，载尹继佐、周山主编《相争与相融——中国学术思潮史的主动脉》，上海社会科学院出版社2003年版。

"进退循法";(3) 实行"约法省禁""尊主安民";(4) 要求"刑不厌轻""罚不患薄"。他进一步对黄老学派法哲学进行了评价,认为它为两汉法律思想的形成和发展奠定了必要的基础;为汉朝由秦朝的法家法律思想的统治转变为西汉中期及以后儒家法律思想的统治,起了过渡性的桥梁作用。[①] 饶鑫贤的研究是非常深入的,但没有对黄老学派核心的道法问题予以说明。霍存福、栗劲认为黄老学派法律思想谈法,没有离开治本,也没有流为重刑。并对黄老学派法律思想对汉初文景时期的法律实践进行了评论。[②] 庆明对《黄老帛书》进行研究,认为黄老思想具有法哲学的高度,将黄老学派法律思想的内容总结为:(1) 道是法的本源;(2) 执道者生法;(3) 明法微道;(4) 抱道执度,无为而治;(5) 赋敛有度,刑罚不犯。[③]

龙大轩在《道与中国法律传统》(山东人民出版社 2004 年版)一书中,将道家思想对中国传统法律的影响总结为三个方面:(1) 权威意识与道法传统;(2) 阴阳和合与礼法传统;(3) "无为而治"与道术。可以说该书对道家法律思想的反思是深刻的,但没有专门将黄老学派作为一个学派的法律思想进行研究。程维荣在《道家与中国法文化》(上海交通大学出版社 2000 年版)一书中对黄老学派法律思想着墨较多,探讨了黄老学派法律思想与儒家、法家法律思想之间的关系,基于道家法律思想的研究对传统的"封建正统法律思想"提出质疑,意义是非常重大的。但是他对黄老学派的著作分别进行评介,没有将黄老学派法哲学作为一个整体,在宏观角度把握其内涵、特征。程维荣将道家对中国法文化的影响进行了深入研究,他对学界一贯主张的"封建正统法律思想"提出质

---

① 参见饶鑫贤《汉初黄老学派法律思想略论》,载《法律史论丛》第 3 辑,法律出版社 1983 年版。

② 参见霍存福、栗劲《黄老的法律思想与文景之治》,《吉林大学社会科学学报》1985 年第 4 期。

③ 参见庆明《黄老思想的法哲学高度》,《比较法研究》1993 年第 3 期。

疑，指出封建正统法律思想的偏差，主要源于过分注重儒、法等学派，对道家尤其是黄老学派的源流、发展、特点及其影响关注不够。但继而提出了一个"封建官方法律思想"的概念，认为只有这个概念，才能比较确切地反映出封建时代各法律流派的实际地位与相互关系。封建官方法律思想，是指西汉中期由董仲舒在儒学的基础上吸收黄老学派的理论而形成的、经统治者认可并占统治地位的法律思想。其后，这种法律思想屡经流变。其主要内容可以归纳为：奉天顺时，法自君出；德主刑辅，无为神化；礼律结合，应经合义；明法守法，简法恤刑。其中，"无为神化"与"明法守法，简法恤刑"来源于黄老思想，是道家法律理论的组成部分，其余部分主要来自儒学。认为西汉中期以后直到明清，由儒家和道家学说构成的官方法律思想是主要的法律思想，它深刻地影响了历代立法和司法实践，决定了封建法制的基本面貌。

进入 20 世纪 90 年代以来，关于黄老学派的研究日益深入，已有多部专著问世，[1] 这极大地推动了黄老学派法哲学的相关研究。如有学者专门对黄老学派"道生法"的命题进行阐释，在理论上取得了一定的突破，[2] 对深入探讨黄老学派法哲学具有重要的指导意义。

目前，黄老学派法哲学研究取得了进展，但还是局限于某一阶段的黄老学派法律思想，或黄老学派中某一著作的法律思想的论述，没有对黄老学派法哲学体系进行全面考察，未能系统地阐明黄老学派法哲学的形成、发展脉络、内容、基本特征及其对中国古代

---

[1] 参见吴光《黄老之学通论》，浙江人民出版社 1995 年版；丁原明《黄老学论纲》，山东大学出版社 1997 年版；黄汉光《黄老之学析论》，（台湾）鹅湖出版社 2000 年版；熊铁基《秦汉新道家》，上海人民出版社 2001 年版。

[2] 参见李增《帛书〈黄帝四经〉道生法思想之研究》，《哲学与文化》第 26 卷第 5 期，1999 年 5 月；张增田《"道"何以"生法"——关于〈黄老帛书〉"道生法"命题的追问》，《管子学刊》2004 年第 2 期；荆雨《试析帛书〈黄帝四经〉"道生法"思想的内涵及意义》，《中国哲学史》2005 年第 4 期；王晓波《"道生法"——〈黄帝四经〉的道法思想和哲学》，《台湾大学哲学评论》2006 年第 32 期。

法律的影响。总体而言，黄老学派法哲学的研究仍处于起始阶段，有许多问题仍需要予以客观的回答。黄老学派法哲学是中国古代法律思想中极其重要的组成部分，全面和正确地阐述黄老学派法哲学，是推动中国法律史研究必须面对的重大课题。

三　本书考辨针对的主要问题

本书在详细考察黄老学派的研究现状以及对其法律思想文献全面梳理的基础上，为了比较全面和科学地阐述黄老学派法哲学，主要针对以下几个问题进行系统辨析。

（一）如何界定黄老学派法哲学文献的源流、范围及其形成过程。

（二）如何准确地阐明黄老学派法哲学的内涵及其特征，黄老学派法哲学与西方自然法思想究竟有无区别。以往学界在说明黄老学派法哲学特征时，只是对其进行表面化的描述，没有深入地剖析其本质，没有客观地阐述黄老学派思维的特点，而是片面地将黄老学派法哲学的概念比附于西方自然法哲学，进而认为黄老学派理论中有自然法的思想。这一观点能否成立，是研究黄老学派法哲学必须澄清的疑义之一。

（三）如何看待黄老学派法哲学与其他各家法律思想的关系；老子的道论如何转化为黄老学派的道论，进而引申出法的必要性；如何正确阐述道与法的关系。传统观点认为先秦时期只有法家重视法的作用，往往将黄老学派文献中论述"法"的部分看作法家的作品，将黄老学派与法家的法律思想相混淆；同时，也没有阐明黄老学派法哲学与儒家的关系，更没有揭示作为一个独立学派的黄老学派法哲学的特征。所有这些，都是以往研究中存有争论或有待探讨的问题。

（四）如何正确地评价黄老学派法哲学在中国法律思想史上的地位及其对中国古代法律的影响。学界通常认为汉武帝倡导"独尊儒术"之后，黄老学派法哲学为儒家法律思想所替代，在治国和社会生活中不再发挥作用。史实真的是这样吗？董仲舒之后的儒家思想与初始的儒家思想有什么不同？黄老学派法哲学是否在汉武帝尊儒之后消失？它对中国古代法律的形成和发展有无影响？如此诸多疑义，都是黄老学派法哲学研究中必须要辨析的问题。

四　本书研究的视角和方法

本书在研究黄老学派法哲学的过程中，采用如下视角和方法。

（一）以黄老学派的"道"论作为研究的主线索。黄老学派法哲学的突出特点是以道论法，"道"在黄老学派法哲学中处于核心地位。本书紧紧围绕"道"这条主线，抓住"以道论法"这一黄老学派的基本法律观，把黄老学派的法律观放在其思想体系中进行考察。对黄老学派文献的界定，也是以是否突出道法关系作为依据。黄老学派关于法的论述与后来的法家不尽相同，在阐述黄老学派法哲学特征时，注意围绕黄老学派道论而展开；在论证黄老学派法哲学与各家法律思想的关系时，注重从道论的角度揭示黄老学派法哲学对各家法律思想的影响。

（二）结合春秋至秦汉时期的历史实际，采取全方位综合考察的方法研究黄老学派法哲学。以往法律思想史研究中较大的缺陷是，把"法律思想与法律制度、立法与司法割裂研究，未能较全面地反映中国法律发展史的概貌"[①]。法律思想必须与法律制度及历史实际结合起来研究，否则就不能客观地揭示法律思想产生的深层原因、确切的内涵和对现实的影响。本书在研究过程中，力求把黄老学派法哲学与春秋至秦汉时期的历史背景、法律制度及各家法律思想结合起来，从而全面地阐明黄老学派法哲学的内涵及其对中国古代法律的影响。在说明黄老学派"法"及相关概念时，力求还原到

[①] 杨一凡：《对中华法系的再认识》，载倪正茂主编《批判与重建：中国法律史研究反拨》，法律出版社2002年版，第196页。

时代背景中考察，避免在古今概念使用上的混乱。

（三）注重黄老学派法哲学与其他各家法律思想的比较研究。春秋中末期至战国初期，"法"从"礼"中分化出来，逐渐成为社会生活中的重要规范。诸子百家关于"法"的争论也很激烈，围绕"法"的特质、礼与法关系及作用等问题形成了不同的学派，各家的法律观有明显的不同。通过比较研究，可以更明确地揭示黄老学派法哲学与各家法律思想的区别，从而进一步把握黄老学派法哲学的总体特征。

（四）关于黄老学派法哲学，学术界已有一定的研究，但通过考察相关研究成果，发现学术界较注重其源流的考证，对其理论内涵阐释不够。本书不但考证黄老学派法哲学的产生、发展脉络，而且对其原理进行深入解析，二者紧密结合，互相关照。如果只注重考证黄老学派法哲学的源流，而不发掘其内涵，或单纯发挥理论，不注重史料的辨析，拿古代文献附会今人的观点，或把今人的观念强加于古人，由此得出的结论都不能令人信服。本书围绕黄老学派与"法"相关的几个哲学范畴进行分析，并以"道"与"法"的关系为主线，将圣王、刑名、因循、无为、执一、自然等范畴串联起来，从而厘清黄老学派法哲学的基本框架。

五 论证的层次及学术见解

为了比较全面和准确地阐明黄老学派法哲学，针对以往研究中存在的疑义，本书分为七章进行论述。

第一章，阐明黄老学派的概念，界定黄老学派法哲学文献的范围，在此基础上论证黄老学派法哲学形成的历史条件和必然性。

长期以来，黄老学派法哲学研究之所以未能引起足够重视，乃至出现了种种认识上的误区，一个重要原因就是对黄老学派的概念不够明确，黄老学派法哲学文献的范围不够清晰。界定黄老学派法哲学文献的范围，是研究本课题的前提。为此，本章首先根据近年来黄老学派研究形成的共识，阐明黄老学派的概念。以道论法是黄老学派法哲学的基本特征，本书以此特征为尺度，界定战国秦汉时期属于黄老学派法哲学文献的著作，并对其代表作加以考述。在此基础上，本章对黄老学派法哲学形成的历史背景和原因进行了深入考察，认为该思想形成的主要原因有三个方面：（1）它是当时社会大变革的产物，在宗法制向君主制政体转变过程中，适应君主制政体建立的需要，以法的形式为君主政体提供理论依据；（2）它在当时礼治与法治的争鸣中走向成熟；（3）它的思想体系在百家的"相反相成"的融合过程中趋于完善。

第二章，全面论证了黄老学派以道论法的基本宗旨。

本书认为黄老学派法哲学的核心是以道论法、道法结合，并从三个方面对这一论断进行了考述。首先，黄老学派继承了老子的道论，它突出了道论的社会现实性，论述了道的规律性。并由道的规律性引申出法的必要性，认为道治需借助法治才能得以实现。其次，黄老学派提出了"道生法"的命题。鉴于学界对这一命题尚未给予明确阐释，本书运用确凿的史料，对其进行了深入论证，揭示了它的深刻内涵。春秋战国时期，礼治衰落，法的作用日渐突出，寻求、维护新的统一性秩序，成为法追求的目标。黄老学派强调道的统一性，认为"一"是道的根本，把握了"一"也就是抓住了万事万物的规律性，也就能做到执一应万、以简御繁。这为法的合理性提供了理论依据，"万事皆归于一，百度皆准于法"，"道生法"的内涵就在于二者对统一性的追求。最后，黄老学派认为天道与人道相通，最理想的治道应效法天道、体现天道，故法必须与天道合一，这也是"道生法"命题得以成立的要求。

第三章，概括了黄老学派法哲学的基本范畴体系。

本书认为黄老学派是"内圣外王"之学。在黄老学派中，圣人有特殊的地位，只有圣人才能体察道的精微，并执道生法。而政治现实中的帝王能够通过内在的修养，实现体道成圣、圣王一体、治身治国一体。黄老学派的"内圣外王"之学，既是尊崇王权之论，也是古代法制建设的重要指导思想。借助于这一理论，君主的立法权获得了正当性，法也以维护君权为首要目标。在君主的治国举措中，"术"具有重要作用，它以"无为"为原则，"术"的运行要以法为依托，"法"成为"术"的一个环节。

学术界对"道生法"的过程没有予以确切解释，本书系统考察了黄老学派的刑名理论，揭示了"道生法"的客观进程。指出无形无名的"道"向有形有名的"法"的转化，是通过一系列"审形定名"的活动实现的，刑名理论在其转化进程中发挥了重要作用。黄老学派主张"以虚无为本，以因循为用"，因循思想是"道"的要求，也在法律思想中表现出来。它主张法的制定和执行要适应人的本性、社会风俗和历史环境。认为黄老学派的人性论体现了道的原则，主张"心欲人人有之"，法的制定要遵循人的自然本性，要尊重人的欲望，疏导、规范人的欲望，而不是否定人的欲望。无为与法治是相辅相成的，无为须凭借法治来实现。

第四章，概述了黄老学派的法治理论。

本书认为，在"以道论法""内圣外王"思想的指导下，黄老学派对法的性质把握得也比较全面、深刻。在此基础上，黄老学派还进一步论述了案法而治、以法紧君、以道变法、礼法相济等观点。

第五章，针对所谓黄老学派中的"道"就是自然法的观点，本书从三个方面进行辨析，包括关于"自然"的内涵、自然法与道的认知方式、司法活动与自然现象的关联等作了阐发。在此基础上，论证黄老学派的道法思维方式与西方自然法有着本质的区别，指出把二者简单地等同起来，并不能阐明黄老学派法哲学的独特性，也不利于汲取西方法律文化，不是研究黄老学派法哲学的科学方法。

第六章，把黄老学派法哲学与诸子的法律思想进行比较研究，全面揭示了黄老学派法律观与其他各家法律观之间的区别和渊源关系。

传统观点否定黄老学派法哲学体系的独立性，把它与法家思想混为一谈，也没有阐明它与老子道论、儒家法律思想之间的关系。为此，本书考察了申不害、韩非、荀子、董仲舒等法家及儒家代表性人物的法律思想与黄老学派法哲学之间的关系，得出了以下论断：(1)黄老学派的道论是对老子道论的继承和转化，它突出了道的规律性，由此推演出法的合理性。(2)通过黄老学派法哲学与申不害、韩非思想的比较，证明了二者与黄老学派法哲学之间深厚的理论渊源。韩非法律思想本于黄老学派，但最终背离了黄老学派法哲学，流于"惨礉少恩"。(3)荀子法律思想相对于孔孟已发生了很大变化，这种变化是在黄老学派法哲学的影响下完成的；作为汉代"儒者宗"的董仲舒，全面继承了黄老学派法哲学，并对其加以改造之后形成自己的法律思想。

第七章，探讨了黄老学派法哲学在西汉初期的兴衰。

首先，考察了汉初的法制建设情况，认为黄老学派法哲学在当时的法律实践中发挥了指导作用。汉初的黄老之治，不只表现在政治上实行无为而治、经济政策上实行轻徭薄赋，而且还表现在法制建设上制定"约法省禁"的方略。汉文帝、汉景帝、窦太后、曹参、张释之、汲黯等都崇尚并实践了黄老学派法哲学。汉武帝时期，为强化君权，尊崇儒术，黄老学派受到打击。汉武帝重用酷吏，制定苛法，违背了黄老学派的宗旨，对法治造成了破坏。

传统观点认为汉武帝"罢黜百家，独尊儒术"之后，黄老学派法哲学被儒家法律思想所取代。本书全面考察史实，认为汉武帝"尊儒术"，但也"悉延百端之学"，黄老学派法哲学并没有因"尊儒"而被取代，一直在发挥着作用。董仲舒的儒家法律思想是在全面吸收黄老学派法哲学之后形成的。那种认为只有儒家法律思想才是中国古代法律的基本精神的观点是片面的。黄老学派法哲学被融入中国古代正统法律思想，仍具有理论活力，对其在中国法律思想史上的地位和作用应给予正确评价。

第 一 章

黄老学派法哲学产生的时代背景及文献

作为道家的一个支派,黄老学派具有鲜明的理论特征。在继承老子道论的基础上,其对现实政治较为关注,从道论中发展出一套法哲学理论。这是在春秋末至战国中期的时代背景下产生的。战国中期,黄老学派逐渐形成并得到广泛传播,至汉初兴盛一时。传世的黄老学派的文献也较为丰富,成为我们认识黄老学派法哲学的基础。

第一节 黄老学派的源流

一 道家流变

道家的产生,经历了长期的发展过程。西周时期,史官开始总结历史上执政者的成败、存亡、祸福的规律。史佚曾云:"无始祸,无怙乱,无重怒。"(《左传·僖公十五年》)又云:"动莫若敬,居莫若俭,德莫若让,事莫若咨。"(《国语·周语下》)史佚强调执政者不要使用暴力,不要增加仇敌,而要主张敬、俭、让、咨,这是原始的道家思想。

春秋晚期,老子任周王室史官,他在上古道论的基础上,对"道"展开了全面论述,并著书五千余言,这标志着道家学派的正式形成。《史记》载:"老子者,楚苦县厉乡曲仁里人也,姓李氏,名耳,字聃,周守藏室之史也。……老子修道德,其学以自隐无名为务。居周久之，见周之衰，乃遂去。至关，关令尹喜曰：'子将隐矣，强为我著书。'于是老子乃著书上下篇，言道德之意五千余言而去，莫知其所终。"（《史记·老子韩非列传》）《汉书·艺文志》也对道家的学术源流进行了总结："道家者流，盖出于史官，历记成败存亡祸福古今之道，然后知秉要执本，清虚以自守，卑弱以自持，此君人南面之术也。"以史官老子为代表的早期道家，继承了上古的道论，以道作为万物的根本，把天道与人道沟通起来，在政治上崇尚自然与无为。

战国时期，随着社会经济的发展，各诸侯国的社会结构发生了根本变化，新兴的统治者及思想家逐渐克服早期道家的消极之处，使老子学说开始向两个方面发展，一派通过关尹、列御寇演化为庄周学说，另一派通过杨朱演化为黄老学派。[①] 战国中期以后形成的庄子学派，虽然在时间上稍晚于黄老学派，但其继承了老子的理论因素并加以发展，史称庄子"其学无所不窥，然其要本归于老子之言"，"其著书十余万言……以明老子之术"（《史记·老子韩非列传》），但整体而言庄子学派对现实政治及"法"的关注不多。而黄老学派则从老子道论中发展出一套法哲学，对战国至汉初政治产生重要影响。

二 百家言黄帝

"黄老"一词最早见于《史记》。其中"老"是指老子，学术界尚无异议，但"黄"指的是什么，则众说纷纭，争论不已。很多学者认为，"黄"是指黄帝，黄老即黄帝、老子。[②] 此说是有一定

[①] 黄钊主编：《道家思想史纲》，湖南师范大学出版社1991年版，第88页。在老子之后，道家流派的观点很多，但都认为黄老是其中的一派。有学者认为老子之后道家形成了庄周、黄老、杨朱三个学派，参见庄万寿《道家史论》，（台湾）万卷楼图书有限公司2000年版，第49页。

[②] 《史记》先后出现"黄老""黄帝、老子""道家""老子""黄帝"等名称，在相当多的情况下，是指黄老学派。

文献根据的，如《史记·外戚世家》云："窦太后好黄帝、老子言，帝（景帝）及太子（武帝）、诸窦不得不读黄帝、老子，尊其术。"王充在《论衡·自然》中云："贤之纯者，黄老是也。黄者，黄帝也；老者，老子也。黄老之操，身中恬淡，其治无为。正身恭己，而阴阳自合，无心于为而物自化，无心于生而物自成。"

可见，"黄老"为黄帝、老子，学术界已无异议。老子之学具有确切的文献依据，那么是否还有一个黄帝之学呢？战国至秦汉文献著录大量的黄帝之书，如《汉书·艺文志》著录之书就有20余种。

道家五种：

《黄帝四经》四篇。

《黄帝铭》六篇。

《黄帝君臣》十篇。起六国时，与《老子》相似也。

《杂黄帝》五十八篇。六国时贤者所作。

《力牧》二十二篇。六国时所作，托之力牧。力牧，黄帝相。

阴阳家一种：

《黄帝泰素》。六国时韩诸公子所作。

小说家一种：

《黄帝说》四十篇。迂诞依托。

兵阴阳家五种：

《黄帝》十六篇。图三卷。

《封胡》五篇。黄帝臣，依托也。

《风后》十三篇。图两卷。黄帝臣，依托也。

《力牧》十五篇。黄帝臣，依托也。

《鬼容区》三篇。图一卷。黄帝臣，依托。

天文一种：

《黄帝杂子气》三十三篇。

历谱一种：

《黄帝五家历》三十三卷。

五行三种：

《黄帝阴阳》二十五卷。

《黄帝诸子论阴阳》二十五卷。

《风后孤虚》二十卷。

杂占一种：

《黄帝长柳占梦》十一卷。

医经二种：

《黄帝内经》十八卷。

《外经》三十七卷。

经方二种：

《泰始皇帝扁鹊俞拊方》二十三卷。

《神农黄帝食禁》七卷。

房中一种：

《黄帝三王养阳方》二十卷。

神仙四种：

《黄帝杂子步引》十二卷。

《黄帝岐伯按摩》十卷。

《黄帝杂子芝菌》十八卷。

《黄帝杂子十九家方》二十一卷。

欲了解所谓黄帝之学的情况，我们须对先秦时期"百家言黄帝"的现象进行一番解析。

考诸文献，黄帝是作为传说中的人物出现的，其原始的形象是一个占统治地位的氏族首领，其事迹多属传说性质，许多为后世所托。战国中期以后，有关黄帝的传说故事日益流行起来，内容也趋于纷杂。诸子都根据自己议论的需要重塑了黄帝形象，进而在黄帝的名义之下阐述自己的治国主张，正如司马迁所云："百家言黄帝，其文不雅驯，荐绅先生难言之。"（《史记·五帝本纪》）这方面的记载相当丰富，简摘几则如下：

> 黄帝、尧、舜氏作，通其变，使民不倦，神而化之，使民宜之……黄帝、尧、舜垂衣裳而天下治。（《易传·系辞下》）
>
> 黄帝之治天下也，其民不引而来，不推而往，不使而成，不禁而止。故黄帝之治也，置法而不变，使民安其法者也。（《管子·任法》）
>
> 凡此四军之利，黄帝之所以胜四帝也。（《孙子·行军》）
>
> 太公曰："凡兵之道莫过乎一，一者能独往独来。黄帝曰：'一者阶于道，几于神。'"（《六韬·文韬》）
>
> 黄帝有言曰："上下一日百战。下匿其私，用试其上；上操度量，以割其下。"（《韩非子·扬权》）
>
> 黄帝问四辅曰："唯余一人，兼有天下。今余欲畜而正之，均而平之，为之若何？"（《十六经·果童》）
>
> 文信侯曰："尝得学黄帝之所以诲颛顼矣，'爰有大圜在上，大矩在下，汝能法之，为民父母'。"（《吕氏春秋·序意》）
>
> 昔者黄帝治天下而力牧太山稽辅之，以治日月之行律，治阴阳之气，节四时之度，正律历之数。（《淮南子·览冥训》）

在先秦文献中，黄帝被塑造成帝王的典范，其形象、品德及治国之术都是完美的。战国时期，托黄帝立言成为一种风尚，正如《淮南子》所云："世俗之人，多尊古而贱今。故为道者，必托之于神农、黄帝，而后能入说。乱世暗主，高远其所从来，因而贵之。为学者蔽于论而尊其所闻，相与危坐而称之，正领而诵之，此见是非之分不明。"(《淮南子·修务训》)先秦诸子普遍托古立言,"言必称先王,语必道上古;虑事定计,饰先王之成功,语其败害,以恐喜人主之志,以求其欲"(《史记·日者列传》)。这一时期,黄帝之所以受到推崇,也是人们对天下统一的向往,希冀以黄帝的名义建立一套理论体系。《史记》所述黄帝的事迹也应是对这些记述的综合,《史记·五帝本纪》记载黄帝的事迹云:

> 黄帝者,少典之子,姓公孙,名曰轩辕。生而神灵,弱而能言,幼而徇齐,长而敦敏,成而聪明。

> 轩辕之时,神农氏世衰。诸侯相侵伐,暴虐百姓,而神农氏弗能征。于是轩辕乃习用干戈,以征不享,诸侯咸来宾从。而蚩尤最为暴,莫能伐。炎帝欲侵陵诸侯,诸侯咸归轩辕。轩辕乃修德振兵,治五气,艺五种,抚万民,度四方,教熊罴貔貅䝙虎,以与炎帝战于阪泉之野。三战,然后得其志。蚩尤作乱,不用帝命。于是黄帝乃征师诸侯,与蚩尤战于涿鹿之野,遂禽杀蚩尤。而诸侯咸尊轩辕为天子,代神农氏,是为黄帝。天下有不顺者,黄帝从而征之,平者去之,披山信道,未尝宁居。

> 东至于海,登丸山,及岱宗。西至于空桐,登鸡头。南至于江,登熊、湘。北逐荤粥,合符釜山,邑于涿鹿之阿。迁徙往来无常处,以师兵为营卫。官名皆以云命,为云师。置左右大监,监于万国。万国和,而鬼神山川封禅与为多焉。获宝鼎,迎日推策。举风后、力牧、常先、大鸿以治民。顺天地之纪,幽明之占,死生之说,存亡之难。时播百谷草木,淳化鸟兽虫蛾,旁罗日月星辰水波,土石金玉,劳勤心力耳目,节用水火材物。有土德之瑞,故曰黄帝。

这里记述了黄帝建国定都,创立兵制与管制,行封禅,制历法，建制度。很多法律制度都可以追溯到黄帝时代。司马迁对于黄帝的记载表明在此前人们对黄帝的推崇以及对黄帝形象的塑造。

先秦的一些典籍追溯了黄帝的世系。《国语·晋语四》记载："昔少典娶于有蟜氏，生黄帝、炎帝。黄帝以姬水成，炎帝以姜水成。"《国语·晋语四》说黄帝有二十五子，分为二十五宗，得姓的只有十四人，分为十二姓：姬、酉、祁、纪、滕、箴、任、苟、僖、姞、儇、衣。《山海经》《易·系辞传》《大戴礼记·帝系》等文献中都列过黄帝的世系。按照《大戴礼记·帝系》的记述，传说中的古代帝王都是黄帝的后裔。按照《山海经》的记载，不仅古代帝王是黄帝的子孙，就连南蛮、北狄、西戎、苗民也都是黄帝的后裔，可见黄帝不仅是华夏的帝统之源，而且也是其他各族的共同祖先。

据《世本》的记载，黄帝是各种器物的制造者。《国语·鲁语上》云："黄帝能成命百物，以明民共财。"黄帝还是礼乐、法度的制定者，"夫自上圣黄帝作为礼乐法度，身以先之，仅以小治"（《史记·秦本纪》）。黄帝是统一天下的贤明君主，《管子》云："黄帝问于伯高曰：'吾欲陶天下而以为一家，为之有道乎？'"（《管子·地数》）诸子都具有把黄帝塑造成古代帝王的正统的意识，各国君主有意识地宣传自己是黄帝的传人，以此标榜自己在政治上的正统性。

由此可见，先秦"尊黄帝"的思潮与寻求"以王权统一天下"的主张二者关系密切，各家托黄帝著述，都把黄帝看成理想中的君主。正如儒家"祖述尧舜，宪章文武"、墨家认为自己的学说是"禹之道"一样，黄老学者尊崇黄帝，将其置于老子之上，声称自己的学派直接继承于黄帝，比儒墨二家历史还要久远。上述文献对黄帝形象的描述主要有两个方面：一是黄帝为统一和安定天下的君主；二是说他是各种规则和制度的创立者，特别是"法治"的倡导者和维护者，进而在黄帝的名义下发挥道家的学说，成为战国时期的一股强大的思潮。

三 黄老学派的形成及传播

"黄老"这一概念虽最早见于《史记》，但作为独立学派则有一个漫长的发展源流。它作为道家的一个学派，在战国中期就已形成。考诸文献，可知最早把黄老结合起来的是齐国的稷下学宫的学者们。

田氏本为陈国贵族。春秋中期，陈公子完避乱奔齐，受到齐桓公的礼遇，任工正，遂改姓田氏。后田氏势力不断壮大，田乞、田常两代深得齐国民心。齐景公死后，田乞杀掉晏孺子，更立悼公阳生，自任为相，专擅齐政。后田常杀齐简公，姜齐政权实际上已为田氏所有。周安王十六年（公元前386年），田和正式被立为齐侯。田氏代齐后，田氏齐国的君主励精图治，国力逐渐强大，逐渐形成了一统天下的政治抱负，"欲辟土地，朝秦楚，莅中国而抚四夷"（《孟子·梁惠王上》）。田齐王室宣称黄帝是自己的远祖，实际上欲以此来证明取代姜氏的合法性。[①] 他们在政治理论上也以黄帝的后裔自居，认为自己才是具有统一天下的正统地位的。齐威王时所铸青铜器陈侯因䶒敦的铭文记载：

> 唯正六月癸未，陈侯因䶒曰：皇考孝武桓公恭哉！大谟克成。其惟因䶒扬皇考，绍踵高祖黄帝，迩嗣桓文，朝问诸侯，答扬厥德。诸侯寅荐吉金，用作孝武桓公祭器敦，以登以尝，保有齐邦，世万子孙，永为典常。[②]

齐威王任用邹忌为相，整顿内政，"修法律以督奸吏"，国势日

[①] 参见刘毓璜《试论黄老之学的起源》，《历史教学问题》1982年第5期；知水《论稷下黄老之学产生的历史条件》，《南京大学学报》1988年第2期。
[②] 中国社会科学院考古研究所编：《殷周金文集成》第四册（器号04649），中华书局2007年版，第3025页。

强，后对魏战争两次取胜，成为一代霸主，"于是齐最强于诸侯，自称为王，以令天下"（《史记·田敬仲完世家》）。齐威王尊崇上古时代的黄帝为始祖，并以齐桓、晋文的霸业为榜样，志在一统天下。在这样的政治背景下，稷下学者就假托黄帝之名，对未来一统天下的政治模式进行了全面的论述，黄老学派也是这一理论探索的重要成果。

在齐宣王、湣王时期，齐国的稷下之学最为兴盛，列国学者云集于此，探讨治乱兴衰之事，不断有著述问世。《史记》记载：

> 宣王喜文学游说之士，自如邹衍、淳于髡、田骈、接予、慎到、环渊之徒七十六人，皆赐列第，为上大夫，不治而议论。是以齐稷下学士复盛，且数百千人。（《史记·田敬仲完世家》）

> 自邹衍与齐之稷下先生，如淳于髡、慎到、环渊、接子、田骈、邹奭之徒，各著书言治乱之事，以干世主，岂可胜道哉！……慎到，赵人。田骈、接子，齐人。环渊，楚人。皆学黄老道德之术，因发明序其指意。故慎到著《十二论》，环渊著上下篇，而田骈、接子皆有所论焉。（《史记·孟子荀卿列传》）

淳于髡、慎到、环渊、田骈、接子、环渊、邹奭等都是战国中后期人，他们学习"黄老道德之术"，并对其意蕴进行发挥，形成了各自的理论体系。在这些黄老学者的共同探讨与论辩下，以"因道全法"为基本特征的道家黄老学说，在田齐的稷下学宫孕育、诞生。[1] 这说明"黄老"作为一个学术派别，在战国中期就已经形成了。[2]

---

[1] 胡家聪：《〈管子〉中道家黄老之作新探》，《中国哲学史研究》1987年第4期。
[2] 熊铁基：《秦汉新道家》，上海人民出版社2001年版，第23页。

黄老学派形成后，在理论上得到了进一步完善并广泛传播。齐国首都临淄的稷下学宫是战国中后期黄老学派的中心，黄老之学在齐国传播不绝。《史记·乐毅列传》记载："乐氏之族有乐瑕公、乐臣公，赵且为秦所灭，亡之齐高密。乐臣公善修黄帝、老子之言，显闻于齐，称贤师。太史公曰：始齐之蒯通及主父偃读乐毅之报燕王书，未尝不废书而泣也。乐臣公学黄帝、老子，其本师号曰河上丈人，不知其所出。河上丈人教安期生，安期生教毛翕公，毛翕公教乐瑕公，乐瑕公教乐臣公，乐臣公教盖公。盖公教于齐高密、胶西，为曹相国师。"另外，《史记》还记载："田叔者，赵陉城人也。其先，齐田氏苗裔也。叔喜剑，学黄老术于乐臣公所。"（《史记·田叔列传》）乐臣公曾教盖公，而盖公向曹参传授过"治道贵清静而民自定"为主旨的理论，可见田叔所学黄老术当与盖公是一个系统的。河上丈人是战国末期的人，据皇甫谧《高士传》说河上丈人"当战国之末，诸侯交争，驰说之士咸以权势相倾，唯丈人隐身修道，老尔不亏，传业于安期生，为道家之宗焉"[①]。有学者认为："黄老之学产生的地点是在齐国，时间是在战国末年，而河上丈人、安期生、毛翕公、乐瑕公、乐臣公、盖公等就是创建和传播这个学派的黄老学派学者。"[②]

早在秦统一天下之初，秦相国吕不韦就召集门客编纂了《吕氏春秋》，该书是对黄老学派理论的重大发展，是黄老学派的一次理论结集。《吕氏春秋》提出一系列政治主张，但秦始皇崇信法家哲学，迷信武力与刑罚的作用，未能及时调整政策，与民休息。《吕氏春秋》虽未被秦始皇采用，但却对汉初黄老学派产生深远的影响。[③]

汉初，因为统治集团的极力崇尚，黄老哲学得到更为广泛的传

---

① （晋）皇甫谧：《高士传》卷中，《四部备要》第46册，中华书局1989年影印本，第13页。
② 钟肇鹏：《论黄老之学》，《世界宗教研究》1981年第2期。
③ 熊铁基：《秦汉新道家》，上海人民出版社2001年版，第26页。

播，在统治集团内部出现了一个崇信黄老哲学的群体，如下文所载。

> 陈丞相平少时，本好黄帝、老子之术。(《史记·陈丞相世家》)
> 黯学黄老之言，治官理民，好清静，择丞史而任之。(《史记·汲郑列传》)
> 郑当时者，字庄……庄好黄老之言。(《史记·汲郑列传》)
> 邓公，成固人也……其子章以修黄老言显于诸公间。(《史记·袁盎晁错列传》)
> 王生者，善为黄老言，处士也。(《史记·张释之冯唐列传》)
> 及至孝景，不任儒者，而窦太后又好黄老之术。(《史记·儒林列传》)
> 窦太后好黄帝、老子，尊其术。(《史记·外戚世家》)
> 德字路叔，少修黄老术。(《汉书·楚元王交传》)
> 杨王孙者，孝武时人也，学黄老之术。(《汉书·杨王孙传》)
> 田叔，赵陉城人也……叔好剑，学黄老术于乐巨公所。(《汉书·田叔列传》)

汉武帝时期，淮南王刘安召集门客完成《淮南子》，该书继承了道家学说，并总结汉初黄老学派指导下的施政效果，是汉初黄老学派的集大成著作。

司马迁受到黄老学派的深刻影响，班固称其著《史记》"先黄老而后六经"。在《史记·太史公自序》中，司马迁记录了其父司马谈的《论六家要旨》，概述了道家的特点。司马谈云：

道家使人精神专一，动合无形，赡足万物。其为术也，因阴阳之大顺，采儒墨之善，撮名法之要，与时迁移，应物变化，立俗施事，无所不宜，指约而易操，事少而功多。儒者则不然。以为人主天下之仪表也，主倡而臣和，主先而臣随。如此则主劳而臣逸。至于大道之要，去健羡，绌聪明，释此而任术。夫神大用则竭，形大劳则敝。形神骚动，欲与天地长久，非所闻也。

……

道家无为，又曰无不为，其实亦行，其辞难知。其术以虚无为本，以因循为用。无成势，无常形，故能究万物之情。不为物先，不为物后，故能为万物主。有法无法，因时为业；有度无度，因物与合。故曰"圣人不朽，时变是守。虚者道之常也，因者君之纲"也。群臣并至，使各自明也。其实中其声者谓之端，实不中其声者谓之窾。窾言不听，奸乃不生，贤不肖自分，白黑乃形。在所欲用耳，何事不成。乃合大道，混混冥冥。光耀天下，复反无名。凡人所生者神也，所托者形也。神大用则竭，形大劳则敝，形神离则死。死者不可复生，离者不可复反，故圣人重之。由是观之，神者生之本也，形者生之具也。不先定其神（形），而曰"我有以治天下"，何由哉？（《史记·太史公自序》）

这里的道家以论述"治天下"的"王术"为基本宗旨，是对黄老学派的准确概括。这一论述对于理解黄老学派的特点具有纲领性意义，历来为研究黄老学派的学者所重视。

四 黄老学派的性质

关于黄老学派的性质，20世纪80年代以来，学术界进行了较为深入的探讨，主要形成如下几种观点。

（一）黄老学派由百家融合而成。如蒙文通认为稷下各派学者融合而形成了黄老一派，不是先有黄老学派，而后田、慎、宋、尹诸人从黄老出，而是百家融为黄老。黄老本是战国后期才形成的学术，是到汉代才有的名称。①

（二）先秦时期有个专门的黄帝之学，黄老学派的核心是黄帝之学。如余明光认为汉初流行的黄老思想是黄学思想，《史记》《汉书》把黄老混同起来。②葛兆光认为在战国前期即公元前400年前后，依托黄帝之言的黄帝之学逐渐形成，其言论、思想皆称黄帝。以"天道"作为思想的依据，涉及的内容非常广泛，包括古人的天象、历算、星占、望气、地理、兵法、博物、医方、养气、神仙一类的知识。③知水认为黄帝作为齐国田氏的政治旗号的直接动因是田氏代姜和"欲并周室为天子"的目的，在这个政治旗号下形成了有体系的学说，就是所谓"黄帝之言"。④

（三）黄、老知识系统比较接近，二者有相通之处。李零认为黄帝书是数术方技之书，《老子》是论"道"之书，前者是后者的知识基础，后者是前者的理论抽象，正好相得益彰。⑤

（四）黄老学派是对老子哲学的发挥。张维华认为黄老之说的黄帝之言，主要是后人假托黄帝之口，从老子中引申出来的一些道家言论，合成一流，而称为"黄老"的。⑥白奚认为黄老学派打着黄帝与老子两面旗帜，把帝王之祖黄帝与隐者之宗老子的形象糅合在一起，用虚设假托的所谓黄帝之言改铸了实实在在的老子之学，从而一举将阐扬柔退不争的隐逸之道的老子之学改造为探讨如何才

---

① 蒙文通：《略论黄老学》，载《道家文化研究》第14辑，生活·读书·新知三联书店1998年版。
② 余明光：《〈论六家要旨〉所述"道论"源于"黄学"——读汉墓帛书〈黄帝四经〉》，《湘潭大学学报》1987年第1期。
③ 葛兆光：《中国思想史》（第一卷），复旦大学出版社2001年版，第112—117页。
④ 知水：《关于"黄帝之言"的两个问题》，《管子学刊》2000年第1期。
⑤ 李零：《说"黄老"》，载《道家文化研究》第5辑，上海古籍出版社1994年版。
⑥ 张维华：《释"黄老"之称》，《文史哲》1981年第4期。

能富国强兵以适应天下大争局面的黄老之学。① 陈鼓应认为"黄老"是黄帝、老子的合称,它以老子哲学为基础,而寓托于黄帝以进行现实的政治改革。② 刘蔚华、苗润田认为老学是黄老学派的主要理论来源,黄学与老学结合为黄老之学,始终是以老学为核心的。③

(五)黄老学派是道家与法家的结合。黄汉光认为,黄老学派主要是结合道、法两家思想,以现实政治为取向的思想派别。④

(六)黄老学派托黄帝立言,发挥老子思想,并对百家思想予以吸收。吴光认为黄老之学并不是所谓"黄帝学说"与"老子学说"的简单拼凑,而是秦汉之际的新道家假托黄帝立言,改造老子学说,并综合吸收了先秦各家学说重要内容的一种理论体系。它在战国末期已经基本上形成,但那时还没有这个名称。正式将"黄、老"连称并把"黄帝、老子之言""黄帝、老子之术"当作一种学术加以评论,还是从西汉史学家司马迁写作的《史记》开始的;⑤丁原明认为,黄老学的基本内容应当是"老"而不是"黄",是"道"及其对百家思想的汲取,而不是老学与黄帝学的结合。在"黄老"这个概念中,"黄"是形式,"老"("道")是内容;"黄"是现象,"老"("道")是本质。它们是形式与内容、现象与本质的统一,没有必要把具有确定内容的黄老学派分解成黄帝学与老学两个部分。从内容实质上看,大凡宗老子之道,兼百家之学,并通过诠释老庄的学说而分化出来的那派道家思潮,皆可称之为黄老学派。⑥

---

① 白奚:《稷下学研究——中国古代的思想自由与百家争鸣》,生活·读书·新知三联书店1998年版,第94页。
② 陈鼓应:《黄帝四经今注今译》,台湾商务印书馆1995年版,第7页。
③ 刘蔚华、苗润田:《黄老思想源流》,《文史哲》1986年第1期。
④ 黄汉光:《黄老之学析论》,(台湾)鹅湖出版社2000年版,第44页。
⑤ 吴光:《黄老之学通论》,浙江人民出版社1995年版,第109—110页。
⑥ 丁原明:《黄老学论纲》,山东大学出版社1997年版,第22—25页。

全面考察现存的黄老学派文献，在学术界的相关研究的基础上，笔者赞同上文后一种观点。实际上，黄老学派中"黄帝"只是一种帝统的象征。如刘泽华认为经过战国中后期诸子对黄帝、神农的宣扬，汉代炎黄观念趋向成熟，并与政治紧密结合，二者互相推助，形成以黄帝为宗的道统与帝统观念。[1] 因此，黄老学派托黄帝之名以君主的视角展开理论探讨，欲为君主提供一套完善的治术。

基于上述考察，并研读诸多论述黄老学派的成果，笔者认为在黄老学派中，"黄"是帝统的象征，"老"是道术的集中体现，二者融合成为一种帝王的治术，而法哲学在黄老学派这一治术中处于主导地位。[2] 本书力图把握黄老学派法哲学的总体内涵及特征，在前人研究的基础上，全面解析黄老哲学思想文献，探讨黄老学派法哲学研究中存在的疑义，比较系统和正确地阐述黄老学派法哲学的内涵。

第二节　黄老学派法哲学产生的时代背景

道家黄老学派法哲学是在春秋末至战国中期形成的。这一时期，周王室衰微，诸侯混战，各种社会矛盾激化，各诸侯国出现了剧烈的变革风潮。随着贵族权力的衰落、新的君主政治体制的形成，礼崩乐坏，礼发生了转化，其中一部分演变为法，法也逐渐脱离了礼的范围，成为调整社会秩序的重要规范，法的作用日益突

---

[1] 刘泽华：《论汉代的炎黄观念与帝统和道统》，《学术研究》1993 年第 2 期。

[2] 白奚认为黄老学作为治术的出现，它的特征是"道法结合，兼采百家"，司马谈所论的道家为理解黄老学提供了一条线索（参见白奚《先秦黄老源流述要》，载尹继佐、周山主编《相争与相融——中国学术思潮史的主动脉》，上海社会科学院出版社 2003 年版）。陈鼓应认为以"道法"为其中心思想的黄老学派，一方面继承了老子的道论，另一方面又引进时代所急需的法治观念，将两者结合，以推进先秦政治体制的改革（陈鼓应：《黄帝四经今注今译》，台湾商务印书馆 1995 年版，第 26 页）。

出。当时的统治者和诸子百家对法展开了前所未有的探讨和争鸣，黄老学派法哲学就是在这种情况下应运而生的，并对这一时期的社会现实做了积极的回应。黄老学派从各个方面对法的理论问题展开论述，可以说其法哲学是黄老学派的核心部分。

一 在政治体制大变革中应运而生

春秋战国时期，封建宗法制逐渐向君主官僚制转变。当时的统治者及思想家们都对这一正在形成的政治体制进行理论探索，黄老学派就是这种探索的结果之一，它为新的君主专制政体提供了一个理论体系。

西周封建制是一个严密的等级体系，《左传》云："天子建国，诸侯立家，卿置侧室，大夫有贰宗，士有隶子弟，庶人、工商各有分亲，皆有等衰。"（《左传·桓公二年》）"庶人、工、商、皂、隶、牧、圉皆有亲昵，以相辅佐也。"（《左传·襄公十四年》）西周社会基本上是以血族组织为基础，以血缘亲疏为严格等级的层叠式的社会结构。西周的封建政治的核心是宗法制度，宗法中的"亲亲""尊尊"是维系封建政治的精神纽带。"亲亲"的精神被客观化为一套礼制。春秋时期，礼仪之中的"亲亲"精神逐渐被削弱，政治中的权谋术数、凌弱暴寡成为普遍的现象。"周室衰微，诸侯强并弱"（《史记·周本纪》），诸侯征战，互相兼并，"春秋之中，弑君三十六，亡国五十二，诸侯奔走不得保其社稷者不可胜数"（《史记·太史公自序》）。孔子在描述这种剧烈的社会变动时云："天下有道，则礼乐征伐自天子出；天下无道，则礼乐征伐自诸侯出。自诸侯出，盖十世希不失矣；自大夫出，五世希不失矣；陪臣执国命，三世希不失矣"（《论语·季氏》）。形成势力的卿大夫开始谋夺国家政权，史载："郑京、栎实杀曼伯，宋萧、亳实杀子游，齐渠丘实杀无知，卫蒲、戚实出献公。若由是观之，则害于国。末大必折，尾大不掉，君所知也。"（《左传·昭公十一年》）正如孟

子所云:"万乘之国,弑其君者,必千乘之家;千乘之国,弑其君者,必百乘之家。"(《孟子·梁惠王上》)

在这种混乱的历史环境下,各国统治者和诸子百家为富国强兵,强化君权,都在探讨新的治国之道,力求做到"知王术"(《经法·六分》)。黄老学派就是在这样的时代背景下,适应君主制政体建立的需要应运而生的。它围绕着如何完善君主体制,对相关问题展开了积极的探索,提出了一系列的政治主张。历史上任何学术流派的产生,都有着深刻的社会和思想根源,黄老学派也是这样,它是从封建宗法制向君主制政体转变过程中的必然产物。

进入战国时期,各国政治都开始摆脱了贵族的控制,权力开始向国君集中,国力雄厚的君主甚至想吞并诸国,一统天下。在思想领域,人们也在探讨统一天下的途径及统一国家的政体问题。春秋末期,孔子修《春秋》,主张尊周王室,"礼乐征伐自天子出",以维护一统的政治秩序;至战国时期,面对"天下恶乎定"这个时代主题,孟子提出"定于一"(《孟子·梁惠王上》)的解决之道。

战国时期,俸禄制度开始出现,这从一个侧面表明权力向国君集中。"粟禄"的运用使君主经常任用游士,以适应政治上的需要,新的君臣关系形成了。① 在这种没有血缘纽带的君臣关系中,如何维持以君主为核心的政治秩序,诸子都进行了理论探讨。黄老学派主张君尊臣卑,"主阳臣阴"(《称》),"主主臣臣,上下不赿者,其国强,主执度,臣循理者,其国霸昌"(《经法·六分》),"为人主,南面而立。臣肃敬,不敢敝(蔽)其主。下比顺,不敢敝(蔽)其上"(《经法·六分》)。战国中期,各国纷纷变法,其中重要的举措就是加强法制建设,"出号令,明宪法"(《管子·七

---

① 杨宽:《战国史》,上海人民出版社 1998 年版,第 213—214 页。

法》），"修法律而督奸吏"。（《史记·田敬仲完世家》）

秦朝统一天下后，"海内为郡县，法令由一统"（《史记·秦始皇本纪》），标志着中央集权的君主专制体制已经建立。贾谊在评论秦统一天下时云："秦并海内，兼诸侯，南面称帝，以养四海，天下之士斐然乡风，若见者何也？曰：'近古之无王者久矣。周室卑微，五霸既殁，令不行于天下，是以诸侯力政，强侵弱，众暴寡，兵革不休，士民罢敝。今秦南面而王天下，是上有天子也。既元元之民冀得安其性命，莫不虚心而仰上，当此之时，守威定功，安危之本在于此矣。'"（《史记·秦始皇本纪》）这与《淮南子》中的论述基本相同，《淮南子》云："且古之立帝王者，非以奉养其欲也；圣人践位者，非以逸乐其身也。为天下强掩弱，众暴寡，诈欺愚，勇侵怯，怀知而不以相教，积财而不以相分，故立天子以齐一之。为一人聪明而不足以遍照海内，故立三公九卿以辅翼之。绝国殊俗、僻远幽间之处，不能被德承泽，故立诸侯以教诲之。是以地无不任，时无不应，官无隐事，国无遗利。所以衣寒食饥，养老弱而息劳倦也。"（《淮南子·修务训》）可见秦朝的统一及君主专制政体的完善是符合黄老学派的要求的。君主官僚政体特别强调法的作用，《史记·秦始皇本纪》称："皇帝作始，端平法度，万物之纪。"（《史记·秦始皇本纪琅琊刻石》）"今皇帝并一海内，以为郡县，天下和平。昭明宗庙，体道行德，尊号大成。"（《史记·秦始皇本纪琅琊刻石》）"大圣作治，建定法度，显著纲纪。""圣法初兴，清理疆内，外诛暴强。"（《史记·秦始皇本纪之罘刻石》）"秦圣临国，始定刑名，显陈旧章。"（《史记·秦始皇本纪会稽刻石》）这里称秦始皇为"大圣""秦圣"，秦始皇"体道行德"，以"圣法"治国，在一定程度上反映了他是受到道家思想的影响的。[1]

---

[1] 熊铁基：《秦汉新道家》，上海人民出版社2001年版，第66页。

汉承秦制，君主专制制度进一步完善，成为以后中国历代沿袭的政治体制。

黄老学派针对上述历史变革进行了深入的理论探讨，提出了自己的理论，黄老学派认为：

> 唯余一人，兼有天下。（《十六经·果童》）
> 大国得之以并兼天下。（《十六经·前道》）
> 前知大古，后□精明。抱道执度，天下可一也。（《道原》）
> （黄帝）欲陶天下而以为一家。（《管子·地数》）
> 故能畴合四海以为一家，而夷貉万国皆以时朝服致绩，而莫敢效增免，闻者传译，来归其义，莫能易其俗移其教。故共威立而不犯，流远而不废，此素皇内帝之法。（《鹖冠子·王铁》）

伴随着君主专制政体的建立而形成的黄老学派文献，诸如《黄老帛书》《管子》《吕氏春秋》《新语》《淮南子》等无一不反映这一时代的精神，将各家学说在道的总原则下统一起来，并由道推演出法存在的合理性，并突出了法治的重要性，主张用法律的形式来构造新的政治体制。

二 在"礼治"与"法治"的争鸣中走向成熟

西周的礼治在春秋时期发生了巨大的变化，法逐渐从礼的范围内分化出来。黄老学派法哲学的产生，与法律自身发展的过程有直接的关系，如成文法的公布推动了法律理论的发展。

礼源于原始社会的风俗习惯，主要是原始社会后期的祭祀仪式，《说文解字》释礼："履也，所以事神致福也。"[1]《礼记·祭

---

[1] （汉）许慎：《说文解字》，（宋）徐铉校定，中华书局1963年版，第7页。

统》云:"凡治人之道,莫急于礼;礼有五经,莫重于祭。"由于礼产生于氏族社会后期,所以带有很深的血缘色彩。

西周以礼治为主,礼在社会生活中起重要作用。①《左传》云:"礼,经国家,定社稷,序民人,利后嗣者也。"(《左传·隐公十一年》)"夫礼,天之经也,地之义也,民之行也。"(《左传·昭公二十五年》)"礼,上下之纪,天地之经纬也,民之所以生也。"(《左传·昭公二十五年》)它调整社会生活的范围极其广泛。孔子云:"夫礼,先王以承天之道,以治人之情,故失之者死,得之者生。……是故夫礼,必本于天,殽于地,列于鬼神,达于丧、祭、射、御、冠、昏、朝、聘。故圣人以礼示之,故天下国家可得而正也。"(《礼记·礼运》)礼是为政的根本原则。《礼记》云:"古之制礼也,经之以天地,纪之以日月,参之以三光,政教之本也。"(《礼记·乡饮酒义》)

西周时期,"礼"起着规范社会关系的作用。《礼记·曲礼上》云:"道德仁义,非礼不成;教训正俗,非礼不备;分争辨讼,非礼不决;君臣上下,父子兄弟,非礼不定;宦学事师,非礼不亲;班朝治军,涖官行法,非礼威严不行;祷祠祭祀,供给鬼神,非礼不诚不庄。"其中"分争辨讼,非礼不决""君臣上下,父子兄弟,非礼不定""班朝治军,涖官行法,非礼威严不行"应该属于"礼制"部分,这部分较之于其他部分更具有规范意义,如《礼记》云:"礼之于正国也,犹衡之于轻重也,绳墨之于曲直也,规矩之于方圆也。"(《礼记·经解》)但"礼"毕竟不同于后来的"法",它是与封建宗法制紧密联系在一起的,尤其强调宗法等级。《荀子》云:"礼者,贵贱有等,长幼有差,贫富轻重皆有称者也"。(《荀子·礼论》)礼具有教化的功能,《礼记》云:"故礼之教化也微,其止邪也于未形,使人日徙善远罪而不自知也,是以先王隆之也"

---

① 许多学者从现代法概念的角度出发认为"礼"就是法,这对于认识、说明古代"法"的概念是不恰当的。

(《礼记·经解》)。邹昌林认为:"作为中国文化源头的古礼,实际上起源于母系氏族时代,中经五帝时代和三代的两次整合,而发展定型的,以自然礼仪为源头、社会礼仪为基础、政治等级礼仪为主干的原生文化系统。"①

春秋战国时期,封建宗法制逐渐向君主专制制度转化。建立在封建宗法制基础上的礼治开始衰败,出现了礼崩乐坏的局面。各国统治者纷纷变法,目的就在于用"法"取代"礼",建立新的统治秩序,以适应新的社会变革形势。各国不断冲破礼制的约束,"不别亲疏,不殊贵贱,一断于法"(《史记·太史公自序》),又"燔诗书以明法令"(《韩非子·和氏》),"恶礼制之害己"(《汉书·礼乐志》)。各诸侯国的改革措施之一就是开始大规模制定新法令,晋国的赵宣子"制事典,正法罪,辟狱刑,董逋逃,由质要,治旧洿,本秩礼,续常职,出滞淹。既成,以授太傅阳子与大师贾佗,使行诸晋国,以为常法"(《左传·文公六年》)。楚文王"作仆区之法,曰'盗所隐器,与盗同罪'"(《左传·昭公七年》)。

新法令的频繁制定与颁布,在各国贵族阶层中引发了关于礼法关系问题的广泛争论。郑国子产"铸刑书",遭到叔向的激烈反对;晋国赵鞅"铸刑鼎",孔子也对其进行了严厉的批评。② 叔向和孔子都站在维护"礼"的立场上对公布成文法持批判态度,认为法的

---

① 邹昌林:《中国礼文化》,社会科学文献出版社2000年版,第20页。
② 叔向对子产的改革举措评论说:"始吾有虞于子,今则已矣。昔先王议事以制,不为刑辟,惧民之有争心也。犹不可禁御,是故闲之以义,纠之以政,行之以礼,守之以信,奉之以仁,制为禄位,以劝其从,严断刑罚,以威其淫。惧其末也,故诲之以忠,耸之以行,教之以务,使之以和,临之以敬,莅之以强,断之以刚;犹求圣哲之上、明察之官、忠信之长、慈惠之师,民于是乎可任使也,而不生祸乱。民知有辟,则不忌于上,并有争心,以征于书,而徼幸以成之,弗可为也。……民知争端矣,将弃礼而征于书,锥刀之末,将尽争之。乱狱滋丰,贿赂并行,终子之世,郑其败乎?"(《左传·昭公六年》)孔子批评说:"晋其亡乎,失其度矣。夫晋国将守唐叔之所受法度,以经纬其民,卿大夫以序守之,民是以能尊其贵,贵是以能守其业。贵贱不愆,所谓度也。文公是以作执秩之官,为被庐之法,以为盟主。今弃是度也,而为刑鼎,民在鼎矣,何以尊贵?贵何业之守?贵贱无序,何以为国?"(《左传·昭公二十九年》)

公布将破坏礼所维系的社会秩序。民众因此会"不忌于上",从此"并有争心,以征于书",致使"贵何业之守",这会破坏以礼为形式的等级尊卑制度。

黄老学派正是在这一历史背景下,对礼法关系进行了新的探索。《管子》云:"法出于礼,礼出于治;礼,治道也。万物待治礼而后定。"(《管子·枢言》)"所谓仁义礼乐,皆出于法,此先圣之所以一民也。"(《管子·任法》)这两段话其实并不矛盾,"法出于礼"说明由礼向法蜕变的过程,"仁义礼乐,皆出于法"说明"法"逐渐成为调整社会关系的主要规范,仁义、礼乐等都要统一到法的规范之中,这也正是春秋战国法律发展的基本趋向。

《管子》进一步论述"道""德""理""义""礼""法"的关系,认为:"天之道,虚其无形。虚则不屈,无形则无所位赶,无所位赶,故遍流万物而不变。德者,道之舍,物得以生生,知得以职道之精。故德者,得也。得也者,其谓所得以然也。以无为之谓道,舍之之谓德。故道之与德无间,故言之者不别也。间之理者,谓其所以舍也。义者,谓各处其宜也。礼者,因人之情,缘义之理,而为之节文者也,故礼者谓有理也。理也者,明分以谕义之意也。故礼出乎义,义出乎理,理因乎宜者也。法者所以同出,不得不然者也,故杀僇禁诛以一之也。故事督乎法,法出乎权,权出于道。"(《管子·心术上》)在这里,"礼"和"法"在"理"和"义"的统摄下都归于道,"礼"更具有"法"的意味。[1]

慎到认为:"礼从俗,政从上,使从君。"(《慎子·逸文》)

---

[1] 参见王启发《礼学思想体系探源》,中州古籍出版社2005年版,第138页。

"礼从俗"的认识是很客观的,① 但作为俗的礼如果太过于矫饰,② 就失去了规范作用,势必要以法来纠正,所以《尹文子》云:"故俗苟沴,必为治以矫之;物苟溢,必立制以检之。累于俗,饰于物者,不可与为治矣。"(《尹文子·大道上》)商鞅在论述立法的原则时云:"故圣人之为国也,观俗立法则治,察国事本则宜。不观时俗,不察国本,则其法立而民乱,事剧而功寡。"(《商君书·算地》)商鞅的"观俗立法"与尹文的"以法矫俗"见解相通,这表明当时的思想家们已认识到,由礼向法转变是不可抗拒的历史潮流。

虽然黄老学派主张礼法并重,但也深刻认识到二者针对的对象不同,从而更加强调法在社会生活中的作用。黄老学派指出:"法者,天下之至道也,圣君之宝用也。"(《管子·任法》)"法度者,万民之仪表也。"(《管子·形势解》)"法者天下之仪也,所以决疑而明是非也,百姓所县命也。"(《管子·禁藏》)它强调以法治国,认为"是非有分,以法断之。虚静谨听,以法为符"(《经法·名理》);"以法度治者,不可乱也"(《经法·君正》);"案法而治则不乱"(《称》);"政者,名法是也。以名法治国,万物所不能乱"(《尹文子·大道下》)。这些把法作为治国根本的论述,在之前的文献中是没有的。

黄老学派是春秋战国时期社会变革的产物,它适应礼制衰落、

---

① 杨向奎认为"礼"来自原始社会的风俗习惯,这种古老的习俗,经过阶级社会"圣人"的加工和改造,变成成文的"礼",后来又变作成文的"法"(杨向奎:《宗周社会与礼乐文明》,人民出版社1992年版,第244页)。

② 韩非评论"礼"时说:"礼为情貌者也,文为质饰者也。夫君子取情而去貌,好质而恶饰。夫恃貌而论情者,其情恶也;须饰而论质者,其质衰也。何以论之?和氏之璧,不饰以五采;隋侯之珠,不饰以银黄。其质至美,物不足以饰之。夫物之待饰而后行者,其质不美也。是以父子之间,其礼朴而不明,故曰:理薄也。凡物不并盛,阴阳是也;理相夺予,威德是也;实厚者貌薄,父子之礼是也。由是观之,礼繁者,实心衰也。然则为礼者,事通人之朴心者也。众人之为礼也,人应则轻欢,不应则责骂。今为礼者事通人之朴心而资之以相责之分,能毋争乎?有争则乱,故曰:夫礼者,忠信之薄也,而乱之首乎。"(《韩非·解老》)这是对春秋时期礼制衰败的客观说明,为其重法思想提供了理论基础。

法治兴起的时代需要，对法的理论进行了多方面的探讨，从而形成了比较完整的法哲学体系。也就是说，它是在"礼治"与"法治"的争鸣中逐渐走向成熟的。

三　在百家"相反相成"中趋于完善

黄老学派以道论为主，兼容各家思想，突出法的作用，这是在各家思想的争鸣、融合的过程中形成的。①

诸子百家之学是在周王室衰微之后产生的。春秋末期，"天子失官，学在四夷"（《左传·昭公十七年》）。周王室衰微后，许多掌管学术的王官失散各地，并开始了私家讲学活动。《史记·历书》云："周室微，陪臣执政，史不记时，君不告朔，故畴人子弟分散，或在诸侯，或在夷狄。"

春秋战国时期，"士"作为一个阶层的地位日渐突出，这就为学术的发展提供了一个社会基础。"士"原是西周贵族的最低阶层，他们有一定数量的"食田"，受过"六艺"的教育，平时做卿大夫的家臣，战时可充当下级军官。随着政治经济的变革，文化学术也相应地发生变革，"士"这一阶层活跃起来。各国君主为谋求改革，礼聘士人出谋划策，这为"士"提供了广阔的活动空间。同时平民中又涌现出一批新的"士"。战国时期，聚徒讲学成为一时风尚，许多著名学者都招收大量门徒，从师学习也是进入仕途的一种门径。

在战国初期，各国君主为了推动改革，大量招揽人才，出现了布衣卿相之局和礼贤下士之风。如《管子·霸言》所云："夫争天下者，必先争人。明大数者得人，审小计者失人。得天下之众者王，得其半者霸。是故圣王卑礼以下天下之贤而上之，均分以钓天

---

① 孙以楷认为，战国后期，中国社会走向统一的发展趋势，要求构建一种更完善的融合百家的统一理论。理论的融合和终结是这一时代的理论特色，而与这一理论特色最为一致的，是黄老学。见孙以楷、陆建华、刘慕方《道家与中国哲学》（先秦卷），人民出版社2004年版，第8页。

下之众而臣之。"各国的统治者认识到了人才的重要性,出现了争夺人才的局面。

在"士"的阶层中,围绕着现实的政治问题,出现了激烈的学术争论,并形成了不同的学派,诸子百家并起。

春秋战国时期,儒、墨学说是"世之显学","儒之所至,孔丘也;墨之所至,墨翟也"(《韩非子·显学》)。孔子看到春秋末年"礼崩乐坏",以及"君不君,臣不臣,父不父,子不子"(《史记·太史公自序》)的混乱局面,周游列国,游说各国君主,以图"存亡国,继绝世,补弊起废",然而并没有多少成效,转而进行文献整理,聚徒讲学,发展出以"礼""仁"为中心的儒家学说体系。战国中后期,儒家学派也发生了变化,早期儒家学说经过思孟学派、荀子学派的改造,发生了质的变化。

以墨翟为首的墨家学派比早期儒家学派稍稍晚出,大体形成于战国早期。它是作为儒家的反对派出现的。墨子主张"尚贤",认为选贤举能应当不避贵贱、亲疏和远近,反对儒家维护的"亲亲""尊尊"的宗法制度;认为"为政于天下"的统治者们,无论对王公大人还是平民百姓,都应当"兼而爱之,从而利之"(《墨子·尚贤中》)。

儒家和墨家进行了激烈的辩论,《淮南子》云:"周室衰而王道废,儒墨乃始列道而议,分徒而讼。"(《淮南子·俶真训》)"夫弦歌鼓舞以为乐,盘旋揖让以修礼,厚葬久丧以送死,孔子之所立也,而墨子非之。兼爱尚贤,右鬼非命,墨子之所立也,而杨子非之。全性保真,不以物累形,杨子之所立也,而孟子非之。"(《淮南子·氾论训》)

杨朱是独立于儒、墨之外的一个学派的先驱人物。《孟子》曾将杨、墨放在一起评论,认为:"圣王不作,诸侯放恣,处士横议。杨朱、墨翟之言盈天下,天下之言不归杨则归墨。……杨墨之道不息,孔子之道不著。……能言距杨、墨者,圣人之徒也。"(《孟子·滕文公下》)"逃墨必归于杨，逃杨必归于墨，……今之与杨、墨辩者，如追放豚，既入其苙，又从而招之。"这说明在孟子之前，杨朱已有很大影响，与墨家一样，其学说传播广泛。《庄子》《荀子》《韩非》《吕氏春秋》《淮南子》等书都将杨朱与儒、墨相提并论，可见杨朱一派是独立成学的。

孟子批评杨、墨云："杨氏为我，是无君也；墨氏兼爱，是无父也。无父无君，是禽兽也。"(《孟子·滕文公下》)又云："杨子取为我，拔一毛而利天下不为也；墨子兼爱，摩顶放踵利天下，为之。"(《孟子·尽心下》)《吕氏春秋》总结杨朱的思想主旨为"阳生贵己"(《吕氏春秋·不二》)，认为杨朱主张"为我""贵己"，是尊重人的自然本性。《淮南子》概括杨朱理论的特点是"全性保真，不以物累形"(《淮南子·氾论训》)。

春秋时期社会变动剧烈，使人们感到既成的势力、传统的价值观念等，皆随着社会的转变而失去效用。人们以传统的态度处身涉世，亦无法得到生命的安全。于是在剧烈的社会转变之中，如何能找到一个不变的"常"，以作为人生的立足点，因而可以得到个人及社会的安全长久，这是老子思想最基本的动机。[1] 传统观念中天的神性意义淡化，自然的意义凸显出来。[2] 作为史官的老子，[3] 在前人天道理论的基础上发展了道论。老子袭用了传统的以天帝为神的

---

[1] 徐复观：《中国人性论史》，上海三联书店2001年版，第289页。

[2] 春秋时期，自然天道观就已出现。《左传》《国语》有很多记载，如"荡而盈，天之道也"(《左传·庄公四年》)；"盈必毁，天之道也"(《左传·哀公十一年》)；"天道皇皇，日月以为常。明者以为法，微者则是行"(《国语·越语下》)。

[3] 老子是"周守藏室之史"(《史记·老子韩非列传》)。《汉书》载："道家者流，盖出于史官，历记成败存亡祸福古今之道，然后知秉要执本，清虚以自守。"(《汉书·艺文志》)葛兆光认为史官在古代中国，既掌史事之记载，也要掌星历占卜之验证，对天人时空有深切的体验，正如《庄子·天道》所说："古之明大道者，先明天而道德次之。"他们体验宇宙变与不变的"道"，然后把这个"道"推衍到社会与人类，这是道者的一个共同思路，换句话说，他们思路的起点是从"天道"开始的，然后再从这里推衍出一个知识系统。见葛兆光《中国思想史》(第一卷)，复旦大学出版社2001年版，第111页。

观念，但他所重视的不是天的神性意义，而是天的自然含义。① 主要以天的自然无为性质论道，但也含有阐述社会发展规律的意义。老子以道论为核心形成了自己的思想体系。他推崇道治，认为统治者应该"以道莅天下"（《老子·第六十章》），而仁、义、礼是道治衰落的表现。他认为："故失道而后德，失德而后仁，失仁而后义，失义而后礼，夫礼者，忠信之薄而乱之首。"（《老子·第三十八章》）

百家之学虽然互相辩驳，但也不是根本对立的。它们的共同之处，都是结合当时的现实来探讨"治术"。如《庄子·天下》云："天下之治方术者多矣，皆以其有为不可加矣！古之所谓道术者，果恶乎在？曰：'无乎不在。'曰'神何由降？明何由出？'圣有所生，王有所成，皆原于一。"这里庄子说明天下的"道术"是有个统一的宗旨的，鉴于"道术为天下裂"的情况，追求道术统一成为一种愿望。

诸子百家结合天下一统的历史趋势，力图为即将完成大一统的君主提出一套治术。《史记》云："易大传曰：'天下一致而百虑，殊途而同归。'夫阴阳、儒、墨、名、法、道德，此务为治者也，直所从言之异路，有省不省耳。"（《史记·太史公自序》）这种"务为治"的宗旨促使百家相互吸纳，所以《淮南子》云："百川异流，而皆归于海；百家殊业，而皆务于治。"（《淮南子·氾论训》）从探讨治道的角度看，诸子百家是相通的，"故百家之言，指奏相反，其合道一体也"（《淮南子·齐俗训》）。《汉书》云："诸子十家，其可观者九家而已。皆起于王道既微，诸侯力政，时君世主，好恶殊方，是以九家之说蜂出并作，各引一端，崇其所善，以此驰说，取合诸侯。其言虽殊，辟犹水火，相灭亦相生也。"（《汉书·艺文志》）虽然各家的侧重点不同，但有一个共通的主

---

① 李杜：《中西哲学思想中的天道与上帝》，（台湾）联经出版事业公司1978年版，第116页。

旨，那就是为"时君世主"提供有效的统治策略。所以各家互相借鉴、融合是一个总的发展趋势，所谓各家相互攻击、辩驳，也是相反相成的，促进了彼此理论的完善。[①] 黄老学派就反映了思想发展的这一时代特点，它是在道的主旨下，结合时代主题，吸收发展各家的思想形成的。如司马谈把黄老学派的特点概括为"因阴阳之大顺，采儒墨之善，撮名法之要"（《史记·太史公自序》），这说明黄老学派很重视批判地吸取阴阳、儒、墨、名、法各家的思想，但不是这些思想的简单拼凑，而是在道论指导下的兼容与发展。

齐国的稷下学派就比较突出地反映了各家融合的状况。齐国从齐桓公田午开始大规模招贤纳士，逐渐形成了稷下学宫。稷下学宫在齐威王、宣王时期达到鼎盛，当时学者多达上千人。[②] 来稷下讲学和学习的学者有法家、道家、儒家、阴阳家、兵家、农家、名家的代表人物。他们以道论为理论核心，互相辩驳，并汲取对方的学术思想，逐渐形成稷下黄老学派。如《史记·孟子荀卿列传》云："自邹衍与齐之稷下先生，如淳于髡、慎到、环渊、接子、田骈、邹奭之徒，各著书言治乱之事，以干世主，岂可胜道哉！"

在齐国的稷下学宫，不仅各家学说都获得了发展的良机，更为重要的是，它们经过充分的交流与争鸣，互相影响和吸收，涌现出许多新的学说和流派，黄老学派就是其中一个新的主要流派。白奚指出："在稷下，无论从人数、著作还是从影响上来看，黄老之学

[①] 吕思勉认为，"诸子之学，当以前此之宗教及哲学思想为其因，东周以后的社会情势为其缘"（见吕思勉《先秦学术概论》，中国大百科全书出版社1985年版，第5页）。"人的思想不能无所凭藉，有新事物至，必本诸旧有之思想，以求解释之道，而谋处置之方，势也。古代之宗教及哲学，为晚周之世人人所同具之思想。对于一切事物之解释及处置，必以是为之基，审矣。此诸子之学，所以虽各引一端，而异中有同，仍有其不离其宗者在也。"（同上书，第9—10页）

[②] 《史记》载："宣王喜文学游说之士，自如邹衍、淳于髡、田骈、接予、慎到、环渊之徒七十六人，皆赐列第，为上大夫，不治而议论。是以齐稷下学士复盛，且数百千人。"（《史记·田敬仲完世家》）"于是齐王嘉之，自如淳于髡以下，皆命曰列大夫，为开第康庄之衢，高门大屋，尊崇之。览天下诸侯宾客，言齐能致天下贤士也。"（《史记·孟子荀卿列传》）

都占有主流的地位,代表了先秦学术发展的一般趋势。"① 稷下黄老学派的学者非常重视法的作用,他们对法的论述相当丰富。彭蒙、田骈、慎到三人的法哲学最具代表性,他们思想的主旨是"齐万物以为首"(《庄子·天下》),目的是寻求齐一天下的标准。陈鼓应指出:"慎到、田骈一派的'齐物',乃是建立一个客观标准的均齐,这个作为客观标准的'道',自然也可以化为客观标准的法。这一客观标准的'道'或'法'的形式意义渐被注重,则成为一块然的存在。"②

春秋战国时期,随着周朝的衰微,诸侯势力的消长,社会结构发生了根本变化。周朝的礼制已不能有效地调整新的社会关系,伴随着君主官僚政体的确立,"法"的地位日益突出,统治者和思想家们都在探讨新政体存在的基础,尤其强调了不同于传统之礼的法的作用,围绕着这些问题,逐渐集中到以道法为核心的一系列理论上,这表明一个学派逐渐兴盛起来。在这一历史条件下产生的黄老学派,深刻地反映了时代特征,对法进行了全面的论述,形成了有自己特色的法哲学。

第三节 黄老学派法哲学文献

史料是哲学史研究的基础。我们在研究黄老学派法哲学之前,首先必须确定哪些战国和秦汉时期的文献属于黄老学派文献。是否体现包括黄老学派法哲学在内的整个黄老学派思想体系的基本特征,是界定黄老学派法哲学文献的标准。学术界研究黄老学派文献时,往往从它杂糅各家的角度,对其中的各家思想进行还原,对于其中法的理论,普遍认为是法家思想,而不顾法哲学是黄老学派思

---

① 白奚:《稷下学研究——中国古代的思想自由与百家争鸣》,生活·读书·新知三联书店1998年版,第92页。

② 陈鼓应:《老庄新论》,上海古籍出版社1992年版,第108页。

想体系的有机组成部分，应放到黄老学派整个思想体系中来认识，而不能把法哲学从文献中简单分割出来单独作为法家思想来研究。

黄老学派的总体特征是以"道论"统摄、兼容其他各家思想。同历史上许多学术流派也吸收其他学派思想的情况一样，黄老学派及其法哲学也吸收了阴阳、儒、法、墨等各家思想中有益的见解。当然，这种兼容并不是简单的拼凑，而是汲取各家之说，形成了以"道论"为纲的一套"治术"学说。在对待各家的态度上，黄老学派与老庄学派不同，老庄学派对各家尤其是儒家采取了批判的态度，黄老学派则"因阴阳之大顺，采儒墨之善，撮名法之要"（《史记·太史公自序》），对各家学说采取兼容并包的态度。它在批判各家学说缺陷的同时，兼采阴阳家的"序四时之大顺"，儒家的"序君臣父子之礼，列夫妇长幼之别"，墨家的"强本节用"，法家的"正君臣上下之分"，名家的"正名实"。所以，判定一部文献是不是黄老学派文献，不能只看它包容了哪家思想，而是要看它是否属于"道论"的思想体系，是否反映了黄老学派的一般特征。

黄老学派的形成、发展具有一定的阶段性和地域性，虽然黄老文献也是在不同时期、不同地域形成的，但是还是能梳理出清晰的发展脉络的。战国时期，黄老学派基本上有两个形成中心。一个是以楚国为中心的南方黄老学派，另一个是以齐国为中心的北方黄老学派。南方黄老学派的代表作有《黄老帛书》《庄子》外杂等篇、《鹖冠子》《文子》等。[①] 北方黄老学派的著作有《管子》《尹文子》《慎子》《吕氏春秋》等。南北两支黄老学派在汉初合流，汉代著作《新语》《淮南子》《史记》等部分篇章属于黄老学派范畴。下面逐一对黄老学派的法哲学文献予以说明。

---

① 李学勤认为综观《文子》《越语》《黄帝书》（即《黄老帛书》）和《鹖冠子》诸书，可见它们有许多一脉相承的痕迹。参见李学勤《楚帛书与道家思想》，载《简帛佚籍与学术史》，江西教育出版社2001年版。

《管子》 学术界普遍认为《管子》既"非一人之笔,亦非一时之书",① 是田齐变法的产物,对于出自稷下的管子学派而言,黄老之学是其主导思想。

丁原明认为《管子》中涉及黄老学派的文献包括:《管子》四篇(《心术上》《心术下》《白心》《内业》),以及《枢言》《宙合》《重令》《君臣》《法禁》《势》《正》《形势解》《版法解》《法禁》《法法》《任法》《明法》等篇。② 胡家聪认为,《管子》中属于黄老学派的部分有:《管子》四篇(《心术上》《心术下》《白心》《内业》)及《形势》《宙合》《枢言》《水地》《正》《势》《九守》等篇。③ 陈鼓应认为《管子》中黄老学派的作品是:《心术》(上下)、《内业》《白心》《水地》《枢言》《宙合》《形势》《正》《九守》《四时》《五行》。④

实际上,《管子》全书的思想是一体的,"道"的主旨贯穿全书始终,不能看作各家的简单集合。《管子》的内容反映了黄老学派的一般特征,无法简单地用哪一家的学说来概括。《汉书·艺文志》将该书列为道家著述,应该是很有道理的。

有的学者认为《管子》是黄老学派与法家的结合,《管子》为法家提供了哲学基础。⑤《管子》中《形势解》《版法解》《法禁》《法法》《任法》《明法》等篇有关法的学说文献,结合《管子》全书的主旨分析,它们是在"道"的理论下论述"法"的,不应孤立地看作齐法家的作品。

有的学者从《管子》中分割出道家思想、黄老思想、法家思想、儒家思想、阴阳五行思想、兵家思想,这是对《管子》的简单

---

① (宋)叶适:《习学纪言序目》卷四十五,中华书局1977年版,第663页。
② 丁原明:《黄老学论纲》,山东大学出版社1997年版,第141页。
③ 胡家聪:《管子新探》,中国社会科学出版社2003年版,第93页。
④ 陈鼓应:《黄帝四经今注今译》,台湾商务印书馆1995年版,第22页。
⑤ 冯契:《〈管子〉与黄老之学》,载《中国哲学》第11辑,人民出版社1984年版。

肢解，没有提炼出全书的体系，这不是研究《管子》的科学方法。①

《黄老帛书》 1973年年底，长沙马王堆三号汉墓出土，内有《老子》甲乙本在内的一批帛书。其中《老子》乙本卷前分别标明为《经法》《十六经》《称》《道原》的四篇古佚书，引起学术界的广泛关注。唐兰认为帛书即为《汉书·艺文志》所载的《黄帝四经》。②裘锡圭、李学勤认为这四篇佚书不像是一部书，不同意将其认定为《黄帝四经》。③本书将这四篇及《老子》甲本卷后的《九主》部分统称为《黄老帛书》。《黄老帛书》包括《老子》甲本卷前古佚书，今分为四篇。第一篇《经法》，包括九段：《道法》《国次》《君正》《六分》《四度》《论》《亡论》《论约》《名理》；第二篇《十六经》，包括十五段：《立命》《观》《五正》《果童》《正乱》《姓争》《雌雄节》《兵容》《成法》《三禁》《本伐》《前道》《行守》《顺道》；第三篇《称》；第四篇《道原》。《老子》甲本卷后古佚书，包括《九主》等。本书引用《黄老帛书》直接注明篇名。

关于《黄老帛书》的成书时间，学术界看法不一。唐兰认为是在战国前期之末至中期之初，即公元前400年前后。学术界多认同这一观点。《十六经·五政》载有黄帝与阉冉的对话，黄帝云："吾欲屈吾身，屈吾身若何？对曰：道同者其事同，道异者其事异。今天下大争，时至矣，后能慎勿争乎？"这里的"今天下大争"，显然是指诸侯征战不休的战国时代，"时至矣"，当指统一的时机。

---

① 参见池万兴《〈管子〉研究》，高等教育出版社2004年版，第7—12页。
② 唐兰：《马王堆出土〈老子〉乙本卷前古佚书的研究》，《考古学报》1975年第1期。张增田：《〈黄老帛书〉研究综述》，《安徽大学学报》2001年第4期。
③ 裘锡圭：《马王堆〈老子〉甲乙本卷前后佚书与"道法家"——兼论〈心术上〉〈白心〉为慎到田骈作品》，载《中国哲学》第2辑，生活·读书·新知三联书店1980年版；《马王堆老子甲乙本前后佚书并非黄帝四经》，载《道家文化研究》第3辑，上海古籍出版社1993年版；李学勤：《新发现简帛与学术研究》，《传统文化与现代化》1993年创刊号。

可见《黄老帛书》出于秦统一之前。《十六经·姓争》云:"天地已成,黔首乃生。""黔首"一词常见于战国时期的文献,并不是始于秦。① 从思想内容上来看,《黄老帛书》的道法、刑名理论具有战国中期的思想痕迹。

《黄老帛书》的《经法》篇对法的论述较多,其中的《道法》《君正》《名理》《九主》等篇的法律思想比较集中。《黄老帛书》提出了"道生法"的命题,认为:"道生法。法者,引得失以绳,而明曲直者也。故执道者,生法而弗敢犯也,法立而弗敢废也。"(《经法·道法》)《黄老帛书》重视法的作用,认为:"法度者,正之至也。而以法度治者,不可乱也。而生法度者,不可乱也。精公无私而赏罚信,所以治也。"(《经法·君正》)"是非有分,以法断之。虚静谨听,以法为符。"(《经法·名理》)

《庄子》部分篇章 学术界通常认为《庄子》中的《天道》《天运》《天地》《天下》《在宥》《刻意》《缮性》诸篇是黄老学派的作品。诸篇持道家立场,吸收融合儒、墨、法各家,体现了黄老学派的主要特征。诸篇中代表的黄老派仍是庄子后学中的黄老派,这一派的作品是研究黄老学派法哲学的重要资料。② 丁原明认为《天道》诸篇的思想已偏离了庄子道家,而与黄老学派的特点相一致,既是对《黄老帛书》的继承,又与稷下黄老学派以及汉初的《淮南子》有相通之处。因此,它也是战国黄老学派发展的一个中间环节。③

《慎子》 作者慎到,战国赵人。《史记》说他"著《十二

---

① 如《礼记·祭义》云:"明命鬼神,以为黔首,则万众以畏,万民以服。"《战国策·魏策二》云:"扶社稷,安黔首。"《吕氏春秋·慎行论》云:"忧其黔首,颜色黎黑。"秦统一天下后,"更名民曰黔首"(《史记·秦始皇本纪》),西汉以后"黔首"不再使用。
② 刘笑敢:《庄子后学中的黄老派》,《哲学研究》1985年第6期。
③ 丁原明:《黄老论纲》,山东大学出版社1997年版,第119页。

论》";①《汉书·艺文志》云："《慎子》四十二篇"。传世残篇《慎子》总计"五千言"，分为七篇：《威德》《因循》《民杂》《知忠》《德立》《君人》《君臣》，此外，还有一些逸文。有的学者将《慎子》与《黄老帛书》的思想及语言进行比较，认为慎到是黄老思想家，《慎子》是黄老学派文献。②《威德》《民杂》《君人》等篇对法的论述较多。《庄子·天下》把彭蒙、田骈、慎到列为一系，说明了他们的道家色彩，如概括慎到思想说："慎到弃知去己，而缘不得已，泠汰于物，以为道理。""弃知去己"表明了慎到主张排除任何主观好恶，客观地对待事物，重点是因循万物的自然之理，即所谓"泠汰于物，以为道理"。《荀子》在《非十二子》与《解蔽》中批判了慎到的法理论，认为"慎子蔽于法而不知贤"，显然是注重了慎到思想中法的内涵，但在《天论》中又对其道的思想进行评论；《吕氏春秋·慎势》将慎到列入法家领域；《史记·孟子荀卿列传》又说其"学黄老道德之术"；《汉书·艺文志》却将其归入法家类。

从传世七篇《慎子》的内容分析中可以看出，《慎子》的"道"与"法"思想关系密切，如"以道变法者君长也"（《慎子·逸文》）；"民一于君，事断于法，是国之大道也"（《慎子·逸文》）。它强调法的重要性，认为："法者，所以齐天下之动，至公大定之制也。"（《慎子·逸文》）《慎子》注重道对法的统摄作用，表现了黄老学派思想的特色。

《尹文子》 胡家聪认为《尹文子》非伪书，其持守道家本位，申论形名法术之学，具有融合百家学说的思想倾向，应归属稷下黄

---

① 《史记·孟子荀卿列传》云："慎到，赵人。田骈、接子，齐人。环渊，楚人，皆学黄老道德之术，因而发明序其指意。故慎到著《十二论》，环渊著上下篇，而田骈、接子皆有所论焉。"

② 江荣海：《慎到应该是黄老思想家——兼论黄老思想与老子、韩非的区别》，《北京大学学报》1989年第1期。

老之学。① 《尹文子》将"道"与"法"联系起来，认为："大道治者，则名、法、儒、墨自废；以名、法、儒、墨治者，则不得离道。"（《尹文子·大道上》）"以万事皆归于一，百度皆准于法。归一者，简之至。准法者，易之极。"（《尹文子·大道上》）"圣法者，自理出也。"（《尹文子·大道下》）该书强调以法治国，如云："政者，名法是也。以名法治国，万物所不能乱。"（《尹文子·大道下》）

《鹖冠子》 《汉书·艺文志》的道家著录中有《鹖冠子》一篇。注释云："楚人，居深山，以鹖为冠。"晚清王闿运认为鹖冠子活动的年代"当齐威、魏惠之世，稍在孟子之前"（《湘绮楼集·鹖冠子序》）。据《鹖冠子》内容看，应该在秦统一六国之前。《隋书·经籍志》称其有三卷，唐代韩愈所见有十九篇，他说："《鹖冠子》十有九篇，其词杂黄老、刑名。"② 今本《鹖冠子》有三卷十九篇，宋代陆佃注解。陆佃在《鹖冠子序》中云："其道踳驳，著书初本黄老，而末流迪于刑名。"又云："此书虽杂黄老刑名，而要其宿时，若散乱而无家者，然其奇言奥旨，亦每每而有也。"③ 唐兰、李学勤等将马王堆汉墓帛书与《鹖冠子》进行了比较，认为其思想与《黄老帛书》有密切联系，说明它们是同一时代同一学派的著作，是先秦时期形成的古籍。④

---

① 胡家聪：《〈尹文子〉非伪书考》，载《道家文化研究》第 2 辑，上海古籍出版社 1992 年版。另见胡家聪《稷下争鸣与黄老新学》，中国社会科学出版社 1998 年版，第 262 页。

② （唐）韩愈撰，马其昶校注：《韩昌黎文集校注》，上海古籍出版社 1986 年版，第 38 页。

③ 陆佃：《鹖冠子序》，《鹖冠子》，台湾商务印书馆 2001 年影印本，第 1 页。

④ 唐兰：《马王堆出土〈老子〉乙本卷前古佚书的研究》，《考古学报》1975 年第 1 期；李学勤：《马王堆帛书与〈鹖冠子〉》，《江汉考古》1983 年第 2 期；《〈鹖冠子〉与两种帛书》，载《道家文化研究》第 1 辑，上海古籍出版社 1992 年版。此外，陈克明认为《鹖冠子》反映了黄老思想。后来虽对它有些修改，甚至将其他著作掺入，但不是伪书，见陈克明《试论〈鹖冠子〉与黄老思想的关系》，《哲学史论丛》，吉林人民出版社 1980 年版，第 244 页；谭家健认为《鹖冠子》反映了战国末期黄老学派兼容并包的思想特征，见谭家健《〈鹖冠子〉试论》，（《江汉论坛》1986 年第 2 期）丁原明认为它应属于战国黄老学派的著作，见丁原明《〈鹖冠子〉及其在战国黄老学中的地位》，《文史哲》1996 年第 2 期。

陆佃认为《鹖冠子》"杂黄老刑名"，应该是黄老学派的作品。《鹖冠子》关于法的论述主要集中在《王铁》《环流》《泰录》《度万》诸篇中。如《鹖冠子》云："贤生圣，圣生道，道生法，法生神，神生明。"（《兵政》）"惟圣人究道之情，唯道之法公政以明。……一为之法，以成其业，故莫不道。一之法立，而万物皆来属。"（《环流》）"散无方化万物者，令也。守一道制万物者，法也。法也者，守内者也；令也者，出制者也。夫法不败是，令不伤理。"（《度万》）"法者使去私就公，同知一警，有同由者也，非行私而使人合同者也。"（《度万》）"法者，天地之正器也，用法不正，玄德不成。"（《泰鸿》）"故法者，曲制、官备、主用也。"（《天则》）

《文子》 刘向的《七略》中著有《文子》九篇，《汉书·艺文志》也有同样记载。梁代阮孝绪的《七录》中称其有十卷，《隋书·经籍志》《旧唐书·经籍志》《新唐书·艺文志》等道家典籍认为《文子》有十二卷，与今本相同。宋朝以来，许多学者疑其为伪书，因为《文子》与《淮南子》有很多词句相同，二者成书时间先后不明。1973年河北定县40号汉墓出土的竹简中有《文子》的残简，其中与今本《文子》相同者有六章。据此，一些学者考证后认为《文子》是先秦古籍，先于《淮南子》，《淮南子》抄袭《文子》而加以润色。《文子》的形成有一个过程，其中虽经后人的篡改润益，但并非伪书，可以作为研究黄老学派思想的主要资料。[①] 清孙星衍云："黄老之学存于《文子》，西汉用以治世，当时诸臣皆能称其说，故其书最显。"[②]《文子》的《道原》《自然》《上义》等篇对法的论述较多。《文子》也体现了黄老学派以道论法的基本原则，如《道原》篇云："故先王之法非所作也，所因也；其禁诛非所为也，所守也。"《自然》篇云："故圣人立法，以

[①] 参见李定生《〈文子〉非伪书考》，载《道家文化研究》第5辑，上海古籍出版社1994年版。
[②] （清）孙星衍：《〈文子〉序》，《问字堂集》，中华书局1996年版，第88页。

导民之心,各使自然,故生者无德,死者无怨。"

《吕氏春秋》 秦朝吕不韦及其门客编著。关于此书的性质,争论颇多。许多学者认为它属于杂家。但东汉高诱认为:"此书所尚,以道德为标的,以无为为纲纪,以忠义为品式,以公方为检格,与孟轲、孙卿、淮南、扬雄相表里也。"① 这里的"以道德为标的,以无为为纲纪",说明《吕氏春秋》是以道家基本理论为主导思想的。"以忠义为品式,以公方为检格,与孟轲、孙卿、淮南、扬雄相表里也",又反映了此书兼采众家学说的理论特点。吕不韦是道家黄老学派的尊奉者,《吕氏春秋·序意》载:"文信侯曰:'尝得学黄帝之所以诲颛顼矣,爰曰:'有大圜在上,大矩在下,汝能法之,为民父母。'"可见《吕氏春秋》是以道家黄老学派为指导思想的。②

《淮南子》 又名《淮南鸿烈》,西汉淮南王刘安与其门客编著。据《汉书·艺文志》著录,原本分内外篇。内篇论道,计有21篇;外篇杂说,共有33篇。今仅存内篇。《淮南子·要略》交代了作者著书的目的:"夫作为书论者,所以纪纲道德,经纬人事,上考之天,下揆之地,中通诸理。虽未能抽引玄妙之中才,繁然足以观终始矣。总要举凡,而语不剖判纯朴,靡散大宗,惧为人之惽惽然弗能知也,故多为之辞,博为之说,又恐人之离本就末也。故言道而不言事,则无以与世浮沉;言事而不言道,则无以与化游息。故著二十篇。"《要略》篇末对《淮南子》的著作宗旨总结云:"若刘氏之书,观天地之象,通古今之事,权事而立制,度形而施宜,原道之心,合三王之风,以储与扈冶。玄眇之中,精摇靡览,弃其畛挈,斟其淑静,以统天下,理万物,应变化,通殊类,非循

---

① (东汉)高诱:《吕氏春秋序》,许维遹撰:《吕氏春秋集释》,中华书局2009年版,第3页。
② 参见吴光《黄老之学通论》,浙江人民出版社1995年版,第128页;熊铁基《秦汉新道家》,上海人民出版社2001年版,第217—269页;胡家聪《管子新探》,中国社会科学出版社2003年版,第561页。

一迹之路，守一隅之指，拘系牵连之物，而不与世推移也。故置之寻常而不塞，布之天下而不窕。"这充分表明《淮南子》的作者既要"言道"又要"言事"，所谓"言道"就是以道为根本，来"统天下，理万物，应变化，通殊类"，以道论来兼容各家思想，不是"东抄西摘"的"杂家"。它始终坚持以"道"为万物主宰的理论体系，是对汉初黄老学派的理论总结。① 其中法哲学思想集中在《齐俗训》《氾论训》《泰族训》《主术训》等篇中。②

学术界多称《吕氏春秋》与《淮南子》为杂家作品。关于杂家，《汉书·艺文志》云："兼儒墨，合名法，知国体之有此，见王治之无不贯，此其所长也。及荡者为之，漫羡而无所归心。"杂家是否是各家的简单拼凑呢，民国时期江瑔的论述较为允当，他认为杂家得道家之正传，他说："盖杂家者，道家之宗子，而诸家皆道家之旁支也。惟其学虽本于道家，而亦旁通博综，更兼采儒、墨、名、法之说，故世名之曰'杂家'。此不过杂采诸家之说以浚其流，以见王道之无不贯，而其归宿固仍在道家也。"③ 实际上，《吕氏春秋》与《淮南子》的"杂"是以道家理论为基础，杂采各家学说之长而构成新的理论体系，正是司马炎所说的"因阴阳之大顺，采儒墨之善，撮名法之要"（《史记·太史公自序》）的道家，即黄老道家。④

---

① 冯友兰认为，刘安不是杂家，他有一个中心思想，那就是黄老之学，参见冯友兰《中国哲学史新编》中卷，人民出版社1998年版，第155页。另见赵吉惠《〈淮南子〉与黄老学理论体系的最后完成》，《中国哲学史研究》1989年第2期。牟钟鉴认为《淮南子》是流行几十年的黄老之学的大成，系统地发展了黄老之学，形成了汉代道家理论的高峰，参见牟钟鉴《道家学说与流派述要》，载《道家文化研究》第1辑，上海古籍出版社1992年版。另见黄钊《〈淮南子〉——汉初黄老之治的理论总结》，《武汉大学学报》1990年第4期；另见陈广忠《〈淮南子〉——黄老道学的集大成》，（台湾）《鹅湖》第25卷第10期，2000年4月。

② 熊铁基：《秦汉新道家》，上海人民出版社2001年版，第26页。

③ 江瑔：《读子卮言》，华东师范大学出版社2012年版，第71页。

④ 参见吴光《论黄老学派的形成与发展》，《杭州大学学报》1984年第4期；陈鼓应《从〈吕氏春秋〉到〈淮南子〉——论道家在秦汉哲学史上的地位》，台湾大学《文史哲学报》第52期，2000年6月。

战国至西汉初期，黄老学派留下的法哲学文献是非常丰富的，上述著作之间有一定的渊源关系，它们之间有比较清晰的发展脉络，"以道论法"的主旨在上述著作中是一以贯之的。

第 二 章

黄老学派以道论法的宗旨

黄老学派结合时代背景对老子的道论进行了发挥，更加突出道的客观性，从中引申出一套治道理论，体现了以道论法的基本意蕴，并明确提出了"道生法"的概念，成为其法哲学体系的基本宗旨。黄老学派有关法的学说都是由道论推演而来的，法以道为本体，具有道的基本特征，道也要通过法得以实现。

第一节 黄老学派的道论溯源

一 老子以前的"道"论

西周时期，统治者信仰"天"及"天命"。"天"至高无上，主宰人类的命运。"天"也是人类秩序的基础，人的行为规则也来自上天。《尚书》云："天叙有典，敕我五典五惇哉！天秩有礼，自我五礼有庸哉！同寅协恭和衷哉！天命有德，五服五章哉！天讨有罪，五刑五用哉！政事懋哉懋哉！"（《尚书·皋陶谟》）《诗经》云："天生烝民，有物有则，民之秉彝，好是懿德。"（《诗经·烝民》）

后来，在典籍中"天"与"道"逐渐结合起来，"天道"成为一个新的概念，具有某种政治规则的意味。如《尚书》云："罔违道以干百姓之誉。""满招损，谦受益，时乃天道。"（《尚书·大禹谟》）"我道惟宁王德延，天不庸释于文王受命。"（《尚书·

君奭》)。

"道"的初始含义为人所行之道路。《说文解字》云:"道,所行道也。从辵从首。一达谓之道。"① 道路的意思不断发展,引申出规则的含义。道的内涵继续丰富深化,逐渐被提升为一个哲学范畴。"道"是一个具有悠久历史的范畴,在老子之前就已经得到发展。另外我们还可以在现存的《易经》《诗经》《尚书》《左传》《国语》中找到老子道论的原型。

《尚书》已开始在抽象意义上使用"道",如《尚书·洪范》云:"无偏无陂,遵王之义;无有作好,遵王之道;无有作恶,尊王之路。无偏无党,王道荡荡;无党无偏,王道平平;无反无侧,王道正直。"《尚书·康王之诰》云:"皇天用训厥道,付畀四方。"这里的"王道"是一种政治原则。《尚书》中使用的"道",都不是在日常生活的意义上来使用的,而是用来说明社会现象的,包含了善恶是非的道德观念,并在一定程度上含有规律、原则、方法等抽象意义。可见,《尚书》对"道"的抽象已经迈出了关键性的一步,自觉地与"道"的本义相脱离,这是"道"作为哲学范畴演变过程中的飞跃。

在《左传》《国语》中,"道"的观念有了进一步发展,开始突出其哲理性,"道"开始作为哲学范畴被使用。如《左传》《国语》里具有相当丰富的天道观念,如云:"盈而荡,天之道也。"(《左传·庄公四年》)"川泽纳污,山薮藏疾,瑾瑜匿瑕,国君含垢,天之道也。"(《左传·宣公十五年》)"盈必毁,天之道也。"(《左传·哀公十一年》)"吾非瞽史,焉知天道。"(《国语·周语下》)"天道盈而不溢,盛而不骄,劳而不矜其功。""天道皇皇,日月以为常,明者以为法,微者则是行。阳至而阴,阴至而阳;日困而还,月盈而匡。古之善用兵者,因天地之常,与之俱行。""必

---

① (汉)许慎:《说文解字》,(宋)徐铉校定,中华书局1963年版,第42页。

顺天道，周旋无究。"(《国语·越语下》)

可见，在老子之前，道的观念已经很发达了，老子的道论是对前人的汲取和提升，《老子》中常引述前人的论述。老子云："古之善为士者，微妙玄通，深不可识。夫唯不可识，故强为之容。"(《老子·第十五章》)"古之所谓：曲则全者，岂虚言哉！诚全而归之。"(《老子·第二十二章》)"故建言有之曰：明道若昧，进道若退，夷道若纇。上德若谷，大白若辱，广德若不足。"(《老子·第四十一章》)"古之所以贵此道者何？不曰求以得，有罪以免邪？故为天下贵。"(《老子·第六十二章》)"用兵有言，吾不敢为主而为客，不敢进寸而退尺。"(《老子·第六十九章》)"是以圣人云，受国之垢，是谓社稷主；受国不祥，是为天下王。正言若反。"(《老子·第七十八章》)可见老子的道论是在前人的基础上发展而来的。

二 老子的"道"论

基于对历史的深刻考察及对前人道论的总结，老子对"道"进行了创造性的阐释。老子以道为万物的依据、根源，以及万物运行的常则，如冯友兰云："古时所谓道，均为人道，至《老子》乃予道以形而上学的意义。以为天地万物之生，必有其所生之总原理，此总原理名之曰道。"[①] 老子所论之"道"的形而上意义较为突出，它是宇宙的本源，万物因之而产生、存在。老子认为"道"是"万物之奥""万物之宗"，是很难用语言来表述的，老子云：

> 有物混成，先天地生。寂兮寥兮，独立而不改，周行而不殆，可以为天地母。吾不知其名，强字之曰道，强为之名曰大。(《老子·第二十五章》)

[①] 冯友兰：《中国哲学史》(上册)，中华书局1947年版，第218页。

道生万物，又推动万物发展、变化。老子云："道生一，一生二，二生三，三生万物。"（《老子·第四十二章》）"道生之，德畜之，长之，育之，亭之，毒之，养之，覆之。"（《老子·第五十一章》）道是万物运行的依据与规律，可以为人类所遵循，老子云："执古之道，以御今之有。能知古始，是谓道纪。"（《老子·第十四章》）"孔德之容，惟道是从。"（《老子·第二十一章》）

需要注意的是，虽然老子的道具有玄虚的性质，但老子也从道的角度来关注现实政治，所以老子之"道"就具有一定的现实性，这与老子曾任周室史官有关。正如《汉书·艺文志》总结的那样："道家者流，盖出于史官，历记成败存亡祸福古今之道，然后知秉要执本，清虚以自守，卑弱以自持，此君人南面之术也。"老子以史官的视野，从道论出发，批判了当时的政治弊端，同时也建立了一套政治理论。他认为现实政治活动要以"道"的原则为依据，要求"以道莅天下"（《老子·第六十章》）。统治者要做到无为而治，要达到"无为自化，清静自正"（《史记·老子韩非列传》）的统治效果。①

老子云：

> 道常无名，朴虽小，天下莫能臣也。侯王若能守之，万物将自宾。（《老子·第三十二章》）
>
> 道无常为，而无不为。侯王若能守之，万物将自化。化而欲作，吾将镇之以无名之朴。无名之朴，夫亦将无欲。不欲以静，天下将自定。（《老子·第三十七章》）

---

① 要注意到老子"自然""无为"是有一定前提的，是在已有的"侯王""圣人"与"民""百姓"的关系中提出来的。如《老子》云："是以圣人欲上民，必以言下之。"（《老子·第六十六章》）"民之难治以其上之有为，是以难治。"（《老子·第七十七章》）"圣人不仁，以百姓为刍狗。"（《老子·第五章》）"圣人在天下歙歙焉，为天下浑其心。百姓皆注其耳目，圣人皆孩之。"（《老子·第四十九章》）"为无为，则无不治。"（《老子·第三章》）

这里的"无为"就是指"道法自然"的状态，如《淮南子·原道训》所云："所谓无为者，不先物为也；所谓无不为者，因物之所为。所谓无治者，不易自然也；所谓无不治者，因物之相然也。"老子认为统治者应该以"道"作为治国的原则，指出："圣人抱一为天下式。"（《老子·第二十二章》）"侯王得一以为天下贞。"（《老子·第三十九章》）统治者应当做到"处无为之事，行不言之教"（《老子·第二章》），"生而不有，为而不恃，长而不宰"（《老子·第五十一章》），"辅万物之自然而不敢为"（《老子·第六十四章》）。作为统治者的侯王、圣人能体察"道"的微妙意义，进而做到"我无为而民自化，我好静而民自正，我无事而名自富，我无欲而民自朴"（《老子·第五十七章》），执政宗旨应以万物的本然状态为归依，最终达到"百姓皆为我自然"（《老子·第十七章》）的理想效果。

老子认为，圣人只是守自然之道，不去人为地干预万物，则万物因道自然呈现出秩序。老子云：

> 绝圣弃智，民利百倍；绝仁弃义，民复孝慈；绝巧弃利，盗贼无有。此三者以为文不足，故令有所属，见素抱朴，少私寡欲。（《老子·第十九章》）
>
> 取天下常以无事，及其有事，不足以取天下。（《老子·第四十八章》）

基于对道的体察，老子对"礼"进行了批判，认为礼治是对道的违背。老子云：

> 故失道而后德，失德而后仁，失仁而后义，失义而后礼。夫礼者，忠信之薄，而乱之首。（《老子·第三十八章》）

老子以道论为主题著述五千言,总结了前人的思想,提出了自己的理论,开启了其后道家各流派的基本思维模式,具有承先启后的意义。

三 黄老学派的"道"论

在道论上,黄老学派继承并发挥了老子的思想。但老子所论之道玄虚深奥,难以用理性来把握,而黄老学派对"道"的性质展开了更为具象的描述,《黄老帛书》云:

> 恒无之初,迵同太虚。虚同为一,恒一而止。湿湿梦梦,未有明晦,神微周盈,精神不熙。古未有以,万物莫以。古无有刑,大迵无名。天弗能覆,地弗能载。小以小成,大以大成。盈四海之内,又包其外。在阴不腐,在阳不焦。一度不变,能适规(蚑)侥(蟯)。鸟得而蜚,鱼得而游,兽得而走,万物得之以生,百事得之以成。人皆以之,莫知其名;人皆用之,莫见其刑(形)。一者其号也,虚其舍也,无为其素也,和其用也。是故上道高而不可察也,深而不可则(测)也。显明弗能为名,广大弗能为刑(形),独立不偶,万物莫之能令。天地阴阳,四时日月,星辰云气,规(蚑)行侥(蟯)重,戴根之徒,皆取生,道弗为益少;皆反焉,道弗为益多。坚强而不撌,柔弱而不可化。精微之所不能至,稽极之所不能过。故唯圣人能察无刑(形),能听无声。知虚之实,后能大虚。乃通天地之精,通同而无间,周袭而不盈。服此道者,是胃(谓)能精。明者固能察极,知人之所不能知,人服人之所不能得。是胃(谓)察稽知极。圣王用此,天下服。无好无亚(恶),上用□□而民不麋(迷)惑。上虚下静而道得其正。信能无欲,可为民命。上信无事,则万物周扁(遍)。分之以其分,而万民不争。授之以其名,而万物自定。不为治

劝，不为乱解（懈）。广大，弗务及也。深微，弗索得也。夫为一而不化。得道之本，握少以知多；得事之要，操正以政（正）畸（奇）。前知大古，后□精明。抱道执度，天下可一也。观之大古，周其所以。索之未无，得之所以。（《道原》）

道是玄虚的，又体现在万物之中。黄老学派其他文献也有类似的论述。如《管子》云："天之道，虚其无形，虚则不屈，无形则无所位赵。无所位赵，故能遍流万物而不变。"（《管子·心术上》）《吕氏春秋》云："道也者，视之不见，听之不闻，不可为状。有知不见之见、不闻之闻、无状之状者，则几于知之矣。道也者，至精也，不可为形，不可为名，强为之，谓之太一。"（《吕氏春秋·大乐》）黄老学派的"道"具有道家的一般特征，较之于老子更加突出道的客观性、规律性，认为人类通过理性可以把握道的内涵。

《淮南子》对"道"的描述与《黄老帛书》相仿，《淮南子·原道训》云：

> 夫道者，覆天载地，廓四方，柝八极，高不可际，深不可测，包裹天地，禀授无形。原流泉浡，冲而徐盈；混混滑滑，浊而徐清。故植之而塞于天地，横之而弥于四海，施之无穷而无所朝夕。舒之幎于六合，卷之不盈一握。约而能张，幽而能明，弱而能强，柔而能刚。横四维而含阴阳，紘宇宙而章三光。甚淖而瀸，甚纤而微。山以之高，渊以之深，兽以之走，鸟以之飞，日月以之明，星历以之行，麟以之游，凤以之翔。泰古二皇，得道之柄，立于中央，神与化游，以抚四方。是故能天运地滞，轮转而无废，水流而不止，与万物终始。（《淮南子·原道训》）

虽然黄老学派也强调"道"无名无形的玄虚状态，但它的重点不在于对道体的阐释，而在于发挥了老子之道所蕴含的客观属性，把"道"改造成客观世界的总规律。① 黄老学派的道是可客观认知的，可观察、可度量。虽然"道"的玄虚性质依然存在，但突出其具体性、恒常性。"道"逐步向客观规律方向发展，表现为"理""常""度"等。滕复认为在黄老哲学中，"理"作为表示事物发展的特殊规律的概念的提出，也是对以"道"作为世界发展普遍规律的含义的进一步确认和纯化。② 它们都是"道"的本然状态，人类秩序就是它们推演出来的。《黄老帛书》云：

  天地有恒常，万民有恒事，贵贱有恒立（位），畜臣有恒道，使民有恒度。（《经法·道法》）

  理之所在，胃（谓）之道。物有不合于道者，胃（谓）之失理。（《经法·论》）

  四时有度，天地之李（理）也。日月星晨（辰）有数，天地之纪也。三时成功，一时刑杀，天地之道也。四时时而定，不爽不代（忒），常有法式，□□□，一立一废，一生一杀，四时代正，冬（终）而复始，人事之理也。（《经法·论约》）

  天有恒榦，地有恒常。与民共事，与神同□。（《十六经·行守》）

  道有原而无端，用者实，弗用者瓘。合之而涅于美，循之而有常。（《十六经·前道》）

  天不变其常，地不易其则，春秋冬夏不更其节，古今一

---

① 冯有生认为黄老学所讲的"道"，乃是在天地万物生成之前就存在的、决定着万事万物存亡兴衰的客观法则。黄老力图除去老子关于"道"的理论的神秘主义色彩，认为"道"是法则，事物的存亡兴衰是由客观法则决定的，但黄老在"道"的本原的解释上仍然陷入了客观唯心主义的泥淖，未能脱离老子哲学的窠臼。见冯有生《黄老思想简论》，《安徽师范大学学报》1982年第4期，第57页。

② 滕复：《黄老哲学对老子"道"的改造与发展》，《哲学研究》1986年第9期。

也。(《管子·形势》)

　　道生万物，理于阴阳，化为四时，分为五行，各得其所。与时往来，法度有常。(《文子·自然》)

　　循度以断，天之节也。(《鹖冠子·天则》)

　　故成形而不变者，度也。(《鹖冠子·泰录》)

黄老学派认为，圣人要以这些客观化的"理""常""度"为根据制定法，法也就是"理""常""度"的体现，而这一切最终来源于"道"，也统一于"道"。

黄老学派的"道"论开始向现实方面转变。黄老学派认为人类社会的理想状态是道治，只有道治才能使人们的行为符合自然的秩序。但道的原则必须落实到具体的制度上才能得以实现，所谓"道不足以治则用法"(《尹文子·大道上》)，但法必须以道为原则，这样才能使道治有现实制度上的保障。《尹文子》云："大道治者，则名、法、儒、墨自废；以名、法、儒、墨治者，则不得离道。"(《尹文子·大道上》) 黄老哲学认为"以道治天下"是政治的终极理想状态，而"法"是其次的选择，"法"体现了"道"，如下所述：

　　道不足以治则用法，法不足以治则用术，术不足以治则用权，权不足以治则用势。势用则反权，权用则反术，术用则反法，法用则反道，道用则无为而自治。故穷则徼终，徼终则反始，始终相袭，无穷极也。(《尹文子·大道上》)

　　故有道以统之，法虽少，足以化矣。无道以行之，法虽众，足以乱矣。治身，太上养神，其次养形。治国，太上养化，其次正法。……民交让争处卑，委利争受寡，力事争就劳，日化上迁善而不自知其所以然，自治之上也。利赏而劝善，畏刑而不为非，法令正于上而百姓服于下，此治之末也。(《淮南子·泰族训》)

黄老学派的"法"始终处于"道"的统摄之下，并主张"法"不可背离"道"的原则。"法治"虽有不及"道治"的地方，但"道治"毕竟是一种理想的状态，是一系列治理的原则，必须凭借"法治"才能得以落实，"法治"也必须以"道治"为最高追求。只有在法的辅助下，"道治"才能得以实施。如果只依靠法去建立一个强制形成的秩序，是有悖于"道治"精神的。

四 黄老学派"推天道以明人事"的思维方式

黄老学派认为天道与人道相通，人道应该效法天道、体现天道。有学者认为："道家认为形上之'道'，不仅是万物存在的本根和所以然，而且是生成或产生万物的根源或母体。在天与人、在自然秩序和社会秩序关系上，道家形而上学把天和自然秩序作为人和社会秩序效法和遵循的目标，并把人与天、自然秩序与社会秩序的统一作为最高的理想。"[1] 因为"道"具有无形、无名的特点，所以道的本身并不能表现出可供人们效法的实在法则。这样，在道与万物之间，就需要一个中间环节。这个环节既要有道所没有的具体的规定性，也要有万物和人所没有的权威性，这就是天道。天道只不过是道的显现，并不具有与道不同的独立意义。[2] "道"是凭借"天道"来派生"法"的，而作为人道的"法"与天道最终都统一于道。

老子的"人法地，地法天，天法道，道法自然"（《老子·第二十五章》）思想被黄老学派继承并发展。《黄老帛书》云："道有原而无端，用者实，弗用者雚。合之而涅于美，循之而有常。古之贤者，道是之行。"（《十六经·前道》）"顺天者昌，逆天者亡。毋逆天道，则不失所守。"（《十六经·姓争》）道成为人类活动必须遵循的常规常则。

---

[1] 王中江：《道家形而上学》，上海文化出版社2001年版，第24—25页。
[2] 王博：《老子思想的史官特色》，（台湾）文津出版社1993年版，第248页。

黄老学派更加强调道的自然法则意义，认为人类应该效法天道，它把人事的成败与天道、天常密切联系起来，从而确定人事应遵循的基本法则，这种法则从天道、天常那里获得了最高的依据。黄老学派进一步从"道"的理论中发展出天、地、人一体式思维，见下文：

> 人之与天地也同。万物之形虽异，其情一体也。(《吕氏春秋·情欲》)
>
> 夫天地运而相通，万物总而为一。能知一，则无一之不知也；不能知一，则无一之能知也。(《淮南子·精神训》)
>
> 天之与人，有以相通也。(《淮南子·泰族训》)

黄老学派主张天人相通、万物一体，认为人世的秩序都是天道的本来状态，万事万物只要符合道，自然就会形成秩序，而人们应顺道而行。帝王的治道就是从天道中发现的规则，只要遵循这些"恒道""法则"，天下就会达到良好的治理状态，《黄老帛书》云：

> 然后参之于天地之恒道，乃定祸福死生存亡兴坏之所在。是故万举不失理，论天下而无遗策。故能立天子，置三公，而天下化之，之胃（谓）有道。(《经法·论约》)
>
> 帝王者，执此道也。是以守天地之极，与天俱见，尽□于四极之中，执六枋（柄）以令天下，审三名以为万事□，察逆顺以观于朝（霸）王危亡之理，知虚实动静之所为，达于名实[相]应，尽知请（情）伪而不惑，然后帝王之道成。(《经法·论》)
>
> 黄帝令力黑浸行伏匿，周留（流）四国，以观天恒善之法则。……天地已成而民生，逆顺无纪，德疟（虐）无刑，静作

无时,先后无命名。今吾欲得逆顺之[纪,德虐之刑,静作之时],以为天下正。静作之时,因而勒之,为之若何。(《十六经·观》)

道是一种自然界的运行状态,人类是这个运行过程的一部分,人类的价值要在自然大化流行的过程中去寻找。自然的规则也是人的规则,这使人类的秩序在更高的"道"的层次找到了依据。《黄老帛书·九主》云:

天,曰□□四时,复(覆)生万物,神圣是则,以肥(配)天地。礼数四则,曰天纶……四纶□则,古今四纶,道数不代(忒),帝王是法,法则明分。(《九主》)

天乏(范)无□,复(覆)生万物,生物不物,莫不以名,不可为二名。此天乏(范)也。(《九主》)

这里所说的"天纶""天乏",就是指天道,"天地之则",也就是天地分四时以化生万物的总规律,"天纶""天乏"是黄老学派的基本观念,与《老子》的"道生万物","生而不有,为而不恃,长而不宰"的观念相同。但作者不只是单纯地讲"天道"及"自然之道",而是讲现实政治的基本原理。要求"法君"要效法天地之则,也就是天地四时各明其分、各司其职的规则。《九主》在解释"法则明分"时云:

法君者,法天地之则者。志曰天,曰[地],曰四时,覆生万物,神圣是则,以(肥)配天地。

□故圣王□天,故曰:主不法则,乃反为物。(《九主》)

主法天,佐法地,辅臣法四时,民法万物,此胃(谓)法则。天复(覆)地载,生长收臧(藏),分四时。故曰事分在职臣……有民、主分。以无职并听有职，主分也。听□不敬，□□诱……□分［也］，此之胃（谓）明分。分名（暨）既定，法君之佐主无声。胃（谓）天之命四则，四则当□，［天］纶乃得。（《九主》）

天地生万物，四时养育之，这就是天纶、天则，也就是自然的职分。天、地、四时、万物各守其序，不能代替。如《淮南子》认为："是故圣人法天顺情，不拘于俗，不诱于人，以天为父，以地为母，阴阳为纲，四时为纪。"（《淮南子·精神训》）

天道与人道是相通的，人间最理想的治道是取法天道，最理想的君主是从天道中体悟出一定的治理的原则，并把这些原则以法的形式表述出来。天道的最终目的就是要定"名分"，建立起一套明确君臣上下之名分和职责的制度。黄老学派认为：

王天下之道，有天焉，有人焉，又（有）地焉。参（三）者参用之，故王而有天下矣。（《经法·六分》）

治国故有前道，上知天时，下知地利，中知人事。（《十六经·前道》）

天覆万物，制寒暑，行日月，次星辰，天之常也。治之以理，终而复始。主牧万民，治天下，莅百官，主之常也。治之以法，终而复始。（《管子·形势解》）

文信侯曰："尝得学黄帝之所以诲颛顼矣，爰曰：'有大圜在上，大矩在下，汝能法之，为民父母。'盖闻古之清世，是法天地。"（《吕氏春秋·序意》）

天者，万物所以得立也；地者，万物所以得安也。故天定之，地处之，时发之，物受之，圣人象之。（《鹖冠子·道端》）

黄老学派的道法关系理论是中国古代法的本体论，它解决了法的形上来源问题。道是万物的本体，法是道的体现，是万物运行的规则。而要做到法与道相一致，人类秩序就要法天道，天道只是道的一种显现，法天道则是"道生法"的一种要求。

五　黄老学派以道论法的倾向

老子认为礼是违背自然秩序的，正是这些人为的制度造成人事的混乱，这与黄老学派礼法并重的思想不同。因此，学术界往往强调了老子与黄老学派思想上的对立。实际上，老子的思想被黄老学派所继承及发展，二者具有先后承袭的关系。有的学者认为，范蠡对老子理论有所继承、发展，在越灭吴后，移居于齐，可能是他将黄老学派传到齐国的。[①] 老子是南方道家泰斗，而范蠡以其横放杰出，成为老子与稷下黄老学派的津梁。[②] 许多学者在论述老子法哲学时，都引用"法令滋彰，盗贼多有"（《老子·第五十七章》）这句话，基本上将其理解为老子反对一切法律，[③] 这是不确切的。老子的本意是在抨击法令过于繁苛的弊端，即苛扰有为不足以为治，并不含有完全反对或否认一切人为法存在的意思。[④] "法令滋彰，盗贼多有"并不表明老子反对一切法律，老子只是不主张用控制的方法解决问题，他主张改变传统的管理方法，把社会的发展限制在自

---

① 丁原明：《黄老学论纲》，山东大学出版社1997年版，第71页。
② 魏启鹏：《范蠡及其天道观》，载《道家文化研究》第6辑，上海古籍出版社1995年版。
③ 裘锡圭在论述《老子》与《黄老帛书》的关系时认为，《老子》说："法令滋彰，盗贼多有"，对法治采取否定态度，佚书则对法治作了充分肯定。见裘锡圭《马王堆〈老子〉甲乙本卷前后佚书与"道法家"——兼论〈心术上〉〈白心〉为慎到田骈作品》，载《中国哲学》第2辑，生活·读书·新知三联书店1980年版，第71、72页。汪春泓在论述《老子》与《黄老帛书》的关系时认为，《老子》只是因循，力戒有为，而《黄帝四经》却静以待时，兔起鹘落；前者反对"法令滋彰"，对法令的治效，深表否定。见汪春泓《汉初"黄老道德之术"剖析》，载《中国典籍与文化论丛》第5辑，中华书局2000年版。
④ 林文雄：《老庄的法律思想》，（台湾）中央文物供应社1985年版，第52页。

然和谐的原则下。① 强调"因道全法"的一面,这个含义在黄老学派中得到了进一步的发挥。《淮南子》云:

> 故有道以统之,法虽少,足以化矣;无道以行之,法虽众,足以乱矣。治身,太上养神,其次养形;治国,太上养化,其次正法。神清志平,百节皆宁,养性之本也;肥肌肤,充肠腹,供嗜欲,养生之末也。民交让争处卑,委利争受寡,力事争就劳,日化上迁善而不自知其所以然,自治之上也。利赏而劝善,畏刑而不为非,法令正于上而百姓服于下,此治之末也。(《淮南子·泰族训》)

老子的"道"具有规律性的一面。老子云:"执古之道,以御今之有。能知古始,是谓道纪。"(《老子·第十四章》)"道纪"即道的规律,这两个"道"字都是指规律性的道。② 老子还云:"知常曰明。不知常,妄作凶。知常容,容乃公,公乃全,全乃天,天乃道,道乃久,没身不殆。"(《老子·第十六章》)这里的"常"也有规律性意义。黄老学派的道论基本上继承了老子道论中规律性的一面,并且更加突出。丁原明认为老子的"道"作为宇宙万物的总根源、总动力,其中也含有规律之义,具有客观性特点。黄老学派"以虚无为本""因循为用"来诠释老子的"道",不仅突出了道的本体论地位,也强调了道具有客观性意义,说明黄老学派是一种守"道"的客观之学。③ 郑开认为,老子所说的"道"亦在某种程度上含有"理"(如"式")的倾向,黄老学派以至韩非强调了这一方面,毕竟道家理论也要说明自然世界和人类社会中的秩序。④

---

① 刘笑敢:《老子——年代新考与思想新诠》,(台湾)东大图书股份有限公司2005年版,第82页。
② 陈鼓应:《老子今译今注》,商务印书馆2003年版,第36页。
③ 丁原明:《黄老学论纲》,山东大学出版社1997年版,第27页。
④ 郑开:《道家形而上学研究》,宗教文化出版社2003年版,第48页。

老子的道论虽然具有向黄老学派发展的可能性，但老子"所贵道，虚无，因应变化于无为，故著书辞称微妙难识"（《史记·老子韩非列传》），在一定的历史条件下，老子之道论经过众多学者的阐释，逐渐形成了黄老学派的理论。这些黄老学者传习老子的道论，"发明序其指意"，对其进行发展、改造，使"道"的内涵更加丰富。如陈政扬指出："稷下黄老一方面继承《老子》'道'的规律性的描述，一方面强化这种规律性，将本来在《老子》书中只是作为一切事物生长所凭恃的原理或是对'道'之运动的反复历程的描述，强化成典章、礼、法乃至于一切人间秩序的形上依据，作为降天道以为治道的根源。"[1]

战国至汉初的历史发展趋势也促进了黄老学派朝着现实政治规则这一方向发展。面对诸国征战日益剧烈的局面，自强图存是各国执政者的当务之急，黄老学派所追求的政治理想是"万民和辑而乐为其主上用，地广人众兵强，天下无敌"（《经法·六分》），这种积极用事的思想一直是黄老学派的主要方面，如《淮南子》云："言道而不言事，则无以与世浮沉；言事而不言道，则无以与化游息。"（《淮南子·要略》）可见黄老学派更为注重具体的人事，追求一种更具现实功用性的"道"，用以处理现实的政治问题。所以《黄老帛书》云："故王者不以幸治国，治国固有前道，上知天时，下知地利，中知人事。……名正者治，名奇者乱。正名不奇，奇名不立。正道不台（殆），可后可始。乃可小夫，乃可国家。小夫得之以成，国家得之以宁。小国得之以守其野，大国得之以并兼天下。道有原而无端，用者实，弗用者藋。合之而涅于美，循之而有常。古之贤者，道是之行。知此道，地且天，鬼且人。以居军□，以居国其国昌。古之贤者，道是之行。"（《十六经·前道》）

黄老学派的道论更加具有现实性和积极进取精神。《黄老帛书》

---

[1] 陈政扬：《稷下黄老思想初探》，（台湾）《鹅湖》第25卷第10期，2000年4月。

认为:"得道之本,握少以知多;得事之要,操正以政(正)畸(奇)。前知大古,后□精明。抱道执度,天下可一也。"(《道原》)"抱道执度,天下可一也",这是说明黄老学派关注现实政治。所以道治在具体的历史环境里由理论向现实发展,通过"道生法"这一环节,"道治"在现实中找到了依托。陈政扬认为,在老子与黄老学派之间一个显著的差异是,《黄帝四经》(即《黄老帛书》——引者注)以为,在法道以明人事的论述方式下,国君取法于道的并非"辅万物之自然而不敢为",而是取法于道的规律性,并且是顺任、操持这种道以治国。因此,国君个人的修养境界以及由此开展出的人生哲学不再是《黄帝四经》首要关心的课题。相对的,治国之道的重心转移至"道"所呈现于天地之间的规律性,以及由其延伸的、不以个人意志而转移的法令、制度上。换言之,《黄帝四经》的治国之道即是,透过建立法令及制度来治国,并且说这种治国方式是以"道"为理论基础及形上根据的;因此,不只适用于人事之理,同时顺应天地之道,四时、日月、星辰运行之理。这种以道论为主,而结合阴阳、刑名、法术的思想,则是《黄帝四经》有别于《老子》的新发展。[①]

黄老学派对老庄道家"蔽于天而不知人"的缺陷进行了一定程度的克服,突出了人和人道的问题。如《黄老帛书》云:"天地有恒常,万民有恒事,贵贱有恒立(位),畜臣有恒道,使民有恒度。天地之恒常,四时、晦明、生杀、輮(柔)刚。万民之恒事,男农,女工。贵贱之恒立(位),贤不宵(肖)不相放(妨)。"(《经法·道法》)

黄老学派主张的"无为"并不是"寂然无声,漠然不动,引之不来,推之不往",而是要"循理而举事,因事而立功,推自然之势"(《淮南子·修务训》)。这样的"无为"是比较积极的。

[①] 陈政扬:《〈黄帝四经〉与〈老子〉治道之异同》,(台湾)《鹅湖》第27卷第12期,2002年6月。

《黄老帛书》强调"静作得时"(《十六经·姓争》),要做到"应动静之化,顺四时之度"(《经法·论》)。《十六经·姓争》云:"作争者凶,不争亦毋(无)以成功。顺天者昌,逆天者亡。毋逆天道,则不失所守。"黄老学派的"无为"的内涵更加丰富,它与刑名、法术结合起来,更加具有现实性。由此可见,黄老学派"道"的客观规律性突出,并引申出一套治道理论,最后形成了"道生法""因道全法""执道循理""抱道执度"等关于法的深刻论断。

第二节 "道生法"的法哲学内涵

"道生法"是道家黄老学派重要的命题,具有深刻的法哲学内涵。长沙马王堆汉墓帛书公布以后,"道生法"的命题引起学术界的普遍关注。有学者对其内涵进行了探讨,取得了一定的成果,但研究中还存在许多问题,一些学者对这一命题的成立与否还存在着怀疑的态度,对"道生法"的学派属性不甚清楚,没有对其法哲学意义进行深入的发掘。下文对"道生法"的法哲学内涵进行深入分析,这对进一步理解道家尤其是黄老学派的理论体系具有重要意义。

一 道法结合的历史契机

与老子一样,黄老学派也崇尚"以道莅天下",但它强调要使道治的理想转向社会现实,以"道"揭示的规律为依据建立完善的法律制度,从而使道从虚无状态转变为具体可遵循的规范。黄老学派在论及道转变为法的思想中,一个突破之处就是"道生法"命题的提出。学术界对"道生法"的论述有很多,提出了不同的解释,但对道生法的可能性还没有予以明确的论述,有学者认为"道生法"只是一个虚的命题,当不得真。就好比韩非子把道法并立只是比附，没有客观依据。① 通过对黄老学派法哲学文献的梳理，可以看出这个命题是有其坚实的理据的。黄老学派法哲学是在道的原则下推演出来的论断，表明古人对法的认识已经相当深刻。可见在黄老学派的法律思想中，"道生法"是一个核心的命题，是经常出现的，具有相当深厚的理论基础。在道法关系中，"道"是本体，是治术的总原则，而"法"是"道"之用，是"道"的具体显现。

"道生法"命题的提出是具有深远历史背景的，它是道与法两个哲学范畴在春秋战国时期剧烈的社会变革中逐渐结合的结果。

春秋时期，周王室衰微，诸侯征战不休，西周统一的政治秩序崩溃了。社会变革加剧，原来的宗法制度不足以维系新的社会关系，传统的天命观开始动摇，人们开始探讨另一个依据，"道"是这一时期被普遍讨论的问题。如《左传·庄公四年》云："盈而荡，天之道也。"《国语·越语下》云："天道皇皇，日月以为常。"这里天道的神性意义开始淡化，已经具有一定的必然规律性意味。春秋末期，老子在前人道论的基础上提出了自己的思想体系。老子认为道先天地生，是天地之根。道还具有一定的规律意义，如"执古之道，以御今之有。能知古始，是谓道纪"（《老子·第十四章》）。可见，老子的"道"是指天地万物的本根，宇宙万有协和统一的母力，更是涵摄万有运动的规律。②

春秋末期社会变革剧烈，社会结构也发生了新的变化，礼已不能有效地调整新的社会关系，法逐渐从礼中孕育并分化出来，出现了制定成文法的运动。③ 战国时期，随着各国变法运动的兴起，法越来越受到各国统治者的重视。思想界也开始注重讨论法的作用，认为法是人们的行为规范，是治理国家的根本制度。如《管子·

---

① 高龄芬：《〈黄帝四经〉与〈荀〉、〈韩〉、〈淮南子〉法、刑名理论的比较》，（台湾）《鹅湖》第 25 卷第 8 期，2000 年 2 月。
② 高亨：《老子正诂》，中国书店 1988 年版，第 7 页。
③ 王晓波：《先秦法家思想史论》，（台湾）联经出版事业公司 1991 年版，第 9 页。

形势解》云："法度者，万民之仪表也。"《慎子·逸文》云："法者，所以齐天下之动，至公大定之制也。"人们开始超越法的现实功用性对法进行思考，追问法的形上依据，使法上升到道的高度，如《管子·任法》云："法者，天下之至道也，圣君之宝用也。"

战国中期，道家黄老学派对老子道论进行了发挥，黄老学者如齐国稷下先生淳于髡、慎到、环渊、接子、田骈、邹奭"皆学黄老道德之术，因而发明序其指意"，并以道德为依据"各著书言治乱之事，以干世主"（《史记·孟子荀卿列传》），开始把道德理论引向现实政治。因此，黄老学派的道论更具现实性，它继承了老子的"道是万物根源、依据"的意义，如"万物得之以生，百事得之以成"（《黄老帛书·道原》），但更强调道的客观规律性，及对万物的统摄作用，如"道有原而无端，用者实，弗用者藋。合之而涅于美，循之而有常"（《十六经·前道》）。同时突出了道的恒常规律性，道成为人间秩序的形上依据，黄老学派者们更加关注现实政治，把恒常之道引向现实政治，以道来论述法的必然性，道法逐渐结合起来，进一步明确提出"道生法"的命题。

在黄老学派的文献中，关于道与法关系的论述频繁地出现，如下文所述：

  道生法。法者，引得失以绳，而明曲直者也。故执道者，生法而弗敢犯也，法立而弗敢废也。（《经法·道法》）
  故事督乎法，法出乎权，权出乎道。（《管子·心术》）
  明王在上，道法行于国。（《管子·法法》）
  是以知明君之重道法而轻其国也。（《管子·君臣上》）
  百姓辑睦听令道法以从其事。（《管子·任法》）
  贤生圣，圣生道，道生法，法生神，神生明。神明者，正之末也。末受之本，是故相保。（《鹖冠子·兵政》）

> 惟圣人究道之情，唯道之法公政以明。（《鹖冠子·环流》）
>
> 生法者命也，生于法者亦命也。命者，自然者也。（《鹖冠子·环流》）
>
> 以道变法者，君长也。（《慎子·逸文》）

可见"道生法"是黄老学派的重大命题。从战国至汉初，黄老学派学者们都在探讨、论证它的内涵，"道生法"的命题对其他学派的法理论也产生重要影响，出现了以道论法的思潮。近年来，"道生法"命题引起学术界的重视，但一些学者多从"道生法"的学派属性来研究，将其归入道家或法家思想体系之中，甚至认为有一个单独的"道法家"的存在。[①] 实际上，作为一个学派，黄老学派在法家之前就已经系统地提出了自己的法哲学体系，并不断完善，那种认为"道生法"观念是道家与法家思想结合的观点也是不确切的。详细考察文献，我们可以认定"道生法"是黄老学派的重要命题，它表明黄老学派对现实政治的关注，强调以法行道，对"道"与"法"进行了深入的哲学思考，并以之为核心形成了自己的法哲学体系。

二 道为法之体

"道生法"命题的提出具有重要的理论意义，它为法找到了形上依据，也使黄老学派的道治理想通过法得以落实。有学者认为"道生法"是一个虚构的命题，没有理论依据，[②] 这一认识是不确切的。实际上，黄老学派认为道在本质上是万物的最高依据，是运

---

① 裘锡圭：《马王堆〈老子〉甲乙本卷前后佚书与"道法家"——兼论〈心术上〉〈白心〉为慎到田骈作品》，载《中国哲学》第 2 辑，生活·读书·新知三联书店 1980 年版。

② 张增田：《"道"何以"生法"——关于〈黄老帛书〉"道生法"命题的追问》，《管子学刊》2004 年第 2 期。

行于万物的基本规则,也是万物的本性,所以黄老学派对老子道论进行了发挥、改造,常以"一""理""德"来论道,通过法与"一""理""德"关系的分析,我们可以清楚地理解道为法之本体的深邃含义。

1. 法出于一

在老子思想中,"道"与"一"是相通的。老子云:"道生一,一生二,二生三,三生万物。"(《老子·第四十二章》)"道生一"不是说"道"之外另有"一",而是说"一"为"道"的显现,表明了道的本原性。黄老学派发展了这一思想,更加强调道的统一性特征。如帛书《道原》云:"一者,(道)其号也。"可见"一"是道的名称,"一"就是道,黄老学者用"一"来表达道的根源性、终极性。黄老学派文献中"一"与"万"往往相对出现,用以说明"一"对万物的统摄支配作用,如《淮南子·原道训》云:"道者,一立而万物生矣。"

"一"是万物的根本,只要掌握了万物的根本"一",就能统摄万物。如《十六经·成法》云:"夫百言有本,千言有要,万言有总。万物之多,皆阅一空。"在黄老学派看来,法就是纷纭事物中的"本""要""总",法就是"一"的体现,如《鹖冠子·环流》云:"一为之法,以成其业,故莫不道。一之法立,而万物皆来属。""一"与"法"有相通的内涵,都是万物运行的依据,对万物具有统摄作用。法的效用也必须以道为依据才能实现,万物应凭借法向"一",即道归复,如《十六经·成法》云:"天下成法,故曰不多,一言而止。循名复一,民无乱纪。"万物遵循法、归于道才能形成稳定和谐的社会秩序。

2. 法出于理

黄老学派认为道是玄虚的、崇高的,但又运行在万物之中,具有客观规律性,表现为具体事物所显现的"理"。《经法·论》云:"理之所在,谓之道。物有不合于道者,谓之失理。"黄老学派中往往以理来说明道的客观性、规律性。理是人们的行为规则，循理就是合道。

理就是道的现实呈现，是人们必须遵守的行为规则。《经法·名理》云："故执道者之观于天下，囗见正道循理，能举曲直，能举终始，故能循名究理。""理"是"道"之分殊于"物"者，"道"是总"理"，"理"是分"道"。"道"是万物、万事、万象的总源和总律，"理"是万物、万事、万象各自的规则。① 所以万物都要循理而动，人们的社会活动应该循理，实际上也就是守法，因为法是由理而出的，如《尹文子·大道下》云："圣法者，自理出也。理出于己，己非理也；己能出理，理非己也。故圣人之治，独治者也；圣法之治，则无不治矣。"理是道的体现，自理所出之法，还是要以道为最高依据的，法与理都是道的体现。

3. 法出于德

在老子理论中，道、德是密切联系在一起的，老子云："孔德之容，惟道是从。"（《老子·第二十一章》）"道生之，德畜之。"（《老子·第五十一章》）德是由道所赋予万物的本性，不是由外部的力量强加的，而是自然而然的状态。黄老学派继承了道德的思想，认为德由道生，德是道的现实显现，如《管子·心术上》云："德者，道之舍，物得以生生，知得以职道之精。故德者得也。得也者，其谓所得以然也。以无为之谓道，舍之之谓德。故道之与德无间，故言之者不别也。"道在具体的事物上所表现出来的性质就是德。

黄老学派认为德是人的自然本性，法因人的自然本性而制定，也就是对人自然本性的确认。《慎子·逸文》云："法非从天下，非从地出，发于人间，合乎人心而已。"法是合于"人心"的，而"人心"是自然的。正是因为法是合于人的自然本性，通过这样的

---

① 陈丽桂：《战国时期的黄老思想》，（台湾）联经出版事业公司1991年版，第64页。

法人们才可以达到"自正"的效果。所以,立法者必须根据人们的本性去制定法律,《文子·自然》云:"物必有自然而后人事有治也,故先王之制法,因民之性而为之节文。"以德为内涵所制定的法,是对民众行为的指导,而不是对民众的强制,因为法是符合人的自然本性的。

在"道生法"的思想中,德、法并不矛盾,它们都是在道的统摄下发生作用的,德是法的依据,法必须以德为内涵,法也必须维护德,也就是尊重并实现人的自然本性。

三 法为道之用

"道生法"命题说明了法的形上依据问题,作为法的本体,道是无形的,又体现在万物之中,作为人间秩序的法正是道的作用。黄老学派中法体现了道的根本特征,道通过法在具体的政治活动中得以落实。无形无名的"道"通过"名"显现为"法",法体现道的因循之用,法的目的是实现道治,使人和万物臻于自然和谐的道境。

1. 微道明法

黄老学派认为道是万物运行所必须依据的常则,道虽然是无形的,却由具体的法显现出来,即所谓"明者以为法,而微道是行。"(《十六经·观》)道由微而明是通过"形名"来实现的,"形名"是黄老学派重要的理论,对于理解"道生法"具有重要意义。《经法·道法》云:"(道)虚无有,秋毫成之,必有形名。形名立,则黑白之分已。"无形的道通过形名表现出来,具体的事物具有了一定的"名",就形成了规范事物的标准。

黄老学派认为"名"就是对万物的性质及相互关系的确立,"名"一旦确立,作为万物运行的规则的道就显现出来,万物必须在"名"的确定性之下进行活动。《经法·道法》云:"是故天下有事,无不自为刑名声号矣。形名已立,声号已建,则无所逃匿正矣。"名体现了道的要求,是自然形成的,道是通过名在现实中显现,名也就表现为法,名是记录法律条文的符号,①"名法"并称在黄老学派中是非常普遍的,如《管子·白心》云:"名正法备,则圣人无事。""形名"理论是"道生法"的重要内容,无形的道正是凭借名转化为法并成为现实的社会行为规范的。

正如《黄老帛书》所云:"黄帝曰:群群□□□□□□为一囷,无晦无明,未有阴阳。阴阳未定,吾未有以名。今始判为两,分为阴阳。离为四时,□□□□□□□□□□□因以为常,其明者以为法,而微道是行。"(《十六经·观》)"其明者以为法,而微道是行。明明至微,时反以为几(机)。"《十六经·姓争》其他文献也有表述,如《国语·越语下》云:"天道皇皇,日月以为常,明者以为法,微道则是行。"《鹖冠子·世兵》云:"明者为法,微道是行。"

关于"明者以为法,而微道是行"的意思学术界有不同的解释,有学者认为它的意思是国家的法治既施行光明的赏,也施行隐晦的刑。② 也有学者认为这句话的意思是公行爵赏,隐遁刑杀。③ 有学者认为这句话的意思是法是道的外在表现,并没有离开道。道永远是法的内涵,而且是隐藏于内部的不停滞运动的内涵。"微行"在法之中的"道",成为法律不断发展变革的推动力。④

2. 因道行法

黄老学派中,道所包含的因循意义是相当浓厚的,它要求人们的行为要遵循外在的规则。司马谈在《论六家要旨》中说黄老学派"以虚无为本,以因循为用"(《史记·太史公自序》),认为道的本

---

① 李增:《帛书〈黄帝四经〉道生法思想之研究》,《哲学与文化》第 26 卷第 5 期,1999 年 5 月。
② 余明光:《黄帝四经与黄老思想》,黑龙江人民出版社 1989 年版,第 283 页。
③ 谷斌、张慧姝、郑开:《黄帝四经注译·道德经注译》,中国社会科学出版社 2004 年版,第 46 页。
④ 庆明:《黄老思想的法哲学高度》,《比较法研究》1993 年第 3 期。

体是虚无,但通过因循外物来体现它的作用。黄老学派重视并发展了因循的思想,"道生法"充分体现了法的因循意义。

黄老学派认为法的存在就体现了因循的内涵。法就是人们对客观道、理的遵循。《慎子·逸文》云:"守成理,因自然,祸福生乎道法,而不出乎爱恶。""因"要求人的行为遵循外在的规则,而不是依据主观的好恶,这使法成为必要。法的制定体现了因循原则。《淮南子·齐俗训》云:"先王之法籍,非所作也,其所因也。"法不是主观创设的,而是要遵循一定的客观原则,充分考虑到人的本性,在此基础上制定法律才会得到实行。所以《淮南子·泰族训》又云:"故先王之制法也,因民之所好而为之节文者也。……故因其性则天下听从,拂其性则法悬而不用。"法的变革也是因循的体现。黄老学派认为君主是体道者,也是立法者、变法者。君主不但要循法而行,也要因时变法,《吕氏春秋·察今》云:"故凡举事必循法以动,变法者因时而化,若此论则无过务矣。……因时变法者,贤主也。"变法也不是恣意进行的,是因循道的原则来进行的,变法不是说法没有确定性,而是符合道的原则,是变中之不变。

3. 循法归道

黄老学派中道治的状态是万物回归"自然",人与万物能实现自然本性,政治秩序因而和谐稳定。黄老学派的道治要求君主无为与民众自治,二者是相互依存的。黄老学派认为无为是执政者必须遵循的原则,这就要求政治活动要以法为依据,执政者要受到法的约束,不能以一己的意志扰乱法的实施,最终通过法治来实现自然无为的道治状态。如《管子·白心》云:"是以圣人之治也,静身以待之,物至而名自治之。正名自治之,奇身名废。名正法备,则圣人无事。"

老子提出"道法自然"概念,这里的"自然"应理解为"自己如此"的意思,即不受外来强制干涉的状态。① 黄老学派继承老子的"自然"观念,认为人类秩序以"自然"为原则,法是自发、自生的,具有客观性。《鹖冠子·环流》云:"故生法者命也,生于法者亦命也。命者自然者也。"法源于自然之道,它的作用就是指引人们的行为,使人的存在归于自然,如《文子·自然》云:"故圣人立法,以导民之心,各使自然,故生者无德,死者无怨。"法指引民众的行为,保障民众自然本性的实现,万物各成其性,各处其宜,和谐共生,臻于自然和谐的道境。

四 执道生法

在"道生法"命题中,道为法之本体,但道是"无形"的、"无声"的(《黄老帛书·道原》),只有具备超凡认知能力的人才能体察道之精微,并以道为依据制定法,所以黄老学派又提出了"执道者"的概念,而"执道生法"应该是"道生法"的另一层含义。

1. 圣人执道

在黄老学派的理论中,"执道者"能根据道的指引确立人文秩序。究竟谁是"执道者"?黄老学派引入了另外一个概念——圣人。在先秦的各种学术流派中,"圣人"作为一个哲学概念,是普遍被讨论的,其内涵也是非常丰富的。老子对"圣人"概念进行了系统论述,认为圣人作为"执道者",具有体悟道的卓越智慧。黄老学派也认为只有圣人才能体悟道的微妙旨意,因而有能力为万事万物确定秩序。如《鹖冠子·环流》云:"生法者我也,成法者彼也。生法者,日在而不厌者也。生成在己,谓之圣人。"圣人能体道执道,当然也就能依据道来制定法,成为道与法之间的中介。

老子认为"圣人"是天下唯一的标准,如"圣人抱一为天下

---

① 刘笑敢:《老子——年代新证与思想新诠》,(台湾)东大图书股份有限公司2005年版,第99页。

式"(《老子·第二十二章》),圣人是唯一的"执道者",在现实社会中也是法的唯一来源,这是符合道的宗旨的。因此,黄老学派强调圣人执政的正当性,如《经法·道法》云:"唯执道者能上明于天之反,而中达君臣之半,富密察于万物之所终始,而弗为主。故能至素至精,浩弥无形,然后可以为天下正。"可见执道的圣人能体察天、人、万物的共通之道,是"天下正",具有最高的权威,能够制定人间的行为规则。

2. 执道生法

在"圣人"概念之外,黄老学派又提出了"圣王"概念,"圣王"是由"圣人"演化而来的,具有重要的现实政治意义。《黄老帛书·道原》云:"故唯圣人能察无形,能听无声。知虚之实,后能大虚。乃通天地之精,通同而无间,周袭而不盈。服此道者,是谓能精。明者固能察极,知人之所不能知,服人之所不能得,是谓察稽知极。圣王用此,天下服。"圣人能察无形,听无声,通天地之道,知人所不能知,应该成为现实的王者,因此圣王是一体的,所以只有王者才是现实政治中法的制定者。

执道者要遵循"无为"的执政原则,辅助人与万物实现自然状态,而不是人为地去干涉它们的活动,法是辅助万物归于道的途径,所以只有守法才能实现无为,守法与无为是道治不可或缺的两个方面。《经法·道法》云:"故执道者之观于天下也,无执也,无处也,无为也,无私也。是故天下有事,无不自为形名声号矣。形名已立,声号已建,则无所逃匿正矣。"执道者通过形名对其所体察之道进行确定性的表达,道因此进入现实政治,显现为法。法制定以后,执政者应以法为治,不能以一己之私念去干涉法的施行。《经法·道法》云:"故执道者,生法而弗敢犯也,法立而弗敢废也,口能自引以绳。"因为道要超越于执道者之上,来源于道的法也对执道者具有约束作用,法不仅是执政者的准绳,更重要的是执道者要"自引以绳"。只有君主受到法的有效约束,道在现实政治中才能得以落实，社会秩序才能和谐、稳定。

　　"道生法"命题是黄老学派法哲学的核心内容，它说明了法的本体问题，认为道是法的最高依据，法是道的现实作用，法治的目的是实现道治，作为道法中介的执道者也必须受到道法的约束。有学者把"道生法"比附于西方的自然法，因此才肯定其积极意义，甚至误解道所包含的"自然"的意义，认为道就是中国的自然法，这种认识是不客观的。"道生法"命题本身的积极意义是相当突出的，与自然法思想是不同文化背景下的产物，不能混淆。当然，吸收自然法思想中的积极因素，发展"道生法"命题的合理内涵，是一件非常有价值的工作，这还需要学术界的进一步研究探讨。总之，"道生法"具有深刻的法哲学内涵，是宝贵的文化资源，对当代法治理念的建设具有重要的借鉴意义。

第三章

黄老学派法哲学的基本范畴

黄老学派的主旨是以道论法，法作为人类社会的规范，应该是对无形之道的现实表述。在道的统摄下，道的"自然""无为""虚静""因循""执一"等性质都体现在法之中，而这几个相关范畴之间互相联系，彼此照应，构成了黄老学派严密的法哲学体系。

第一节 一与法

在黄老学派文献中，"一"和"法"这两个概念往往同时出现，综观文献我们会发现"一"与"法"具有密切的渊源关系，这说明了黄老学者们对二者进行了深刻的思考，围绕二者的关系形成了丰富的法哲学理论，并深刻地影响着中国传统的法律思维方式。这一点已引起学术界的注意，但深入的研究还没有展开。明确黄老学派中"一"与"法"的含义，厘清二者的渊源关系，对于我们理解中国传统法哲学是具有重要意义的。

一 "一"的内涵

春秋战国时期，周王室衰微，礼崩乐坏，传统的天命观发生动摇，西周时期统一的秩序失去了。当时的统治者和思想家们纷纷寻求建立新的统一秩序，探讨一个大常、大恒的存在，以此作为政治秩序的基点。黄老学派关于"一"的理论就是这种探索的反映。

事实上，在"道"的观念产生之前，"一"作为解释万物之源的哲学概念已经得到了特别的重视，并对道家思想产生重要的影响。① 但较早对"一"进行深入探讨的是老子。老子把"一"与"道"联系起来，老子云："道生一，一生二，二生三，三生万物。"(《老子·第四十二章》)学术界对其中的"道"和"一"的理解还不一致。学术界有一种观点认为"道生一"说明先有"道"后有"一"，"道""一"不同;② 另一种观点认为"道"与"一"是相同的，认为"道"就是"一"。徐梵澄认为："道生一"谓"道"，一而已，非另有某物曰"一"者自道而生也。③ 蒋锡昌认为："道始所生一，一即道也。自其名言之，谓之道;自其数言之，谓之一。老子一二三只是以三数字表示道生万物，愈生愈多之意。"④ 老子描述了道生万物的过程，这一过程是由简至繁的，因此用一→二→三→万物这一顺序来表述，这里一、二、三并不指代具体的事物。这一描述是老子对世界万物生发演化过程的抽象化、模式化表达，用以描述世界有一共同起点，以此说明宇宙秩序与人类秩序由简单到复杂的一般产生过程。⑤ 实际上，老子还对"一"进行了进一步论述，如"昔之得一者，天得一以清，地得一以宁，神得一以灵，谷得一以盈，万物得一以生，侯王得一以为天下贞"(《老子·第三十九章》)。这里的"一"应该理解为"道"，这虽然不能说老子已把"一"与"道"等同起来，但在一定意义上，二者已有相通的意味。

在老子之后，黄老学派发挥了老子的思想，逐渐把"道"和"一"等同起来，这方面的论述也相当丰富。如《黄老帛书》云：

---

① 参见冯时《郭店楚简〈太一生水〉研究》，载《出土古代天文学文献研究》，(台湾)古籍出版有限公司2001年版。
② 冯友兰:《中国哲学史新编》(上卷)，人民出版社1998年版，第335页。
③ 徐梵澄:《老子臆解》，中华书局1988年版，第63页。
④ 蒋锡昌:《老子校诂》，商务印书馆1937年版，第279页。
⑤ 陈鼓应:《老子今译今注》，商务印书馆2003年版，第233页。

"一者，道其本也。"（《十六经·成法》）"一者，其（指"道"）号也。"（《道原》）"一"是"道"的另一种表述，事物的根本在于"一"，"一"逐渐被认为是万物的根源。《鹖冠子》云："物乎物，芬芬份份，孰不从一出，至一易。"（《鹖冠子·能天》）《淮南子》云："道始于一。"（《淮南子·天文训》）黄老学派在论述"一"的时候，常常把"一"与"万"对应起来，以说明"一"作为万物的根本，对万物的统摄作用。黄老学派文献中这样的文句相当多，如"万物之多，皆阅一空。"（《十六经·成法》）"万物崇一，阴阳同度，曰道"（《管子·正》）"万物虽多，其治一也。"（《庄子·天地》）"见本而知末，执一而应万，谓之术。"（《文子·微明》）"一也者，万物之本也。"（《淮南子·诠言》）

在"一"之外，黄老学派文献中还出现了"太一"概念。《庄子》在概述老子思想时云："建之以常无有，主之以太一。"（《庄子·天下》）《淮南子》云："秉太一者，牢笼天地，弹压山川，含吐阴阳，伸曳四时，纪纲八极，经纬六合。"（《淮南子·本经训》）这是诸子中较早使用"太一"概念的，而后关于"太一"的论述层出不穷。"太一"就是《老子》中的"一"，二者是相同的，黄老学者发挥老子的思想，常常拿"一"来代表万物的根本、百事的起源。"一"的作用就不仅指哲学发生性的根源，更表明为天下殊多事物的统摄。人们在纷繁的事物中，找到共同的根源，把万物的存在归结为"一"。"一"成为万物的起点，"一"也存在于万物之中，从而使秩序成为可能。如张岱年所云："万象虽繁而实统于一，这兼涵万有，赅总一切，而为一切之宗主的即是本根。"[1]

可见，"一"是黄老学者们普遍关注的话题，他们在论述"一"时，常常使用"万""万物""万端"等与之对应，以说明繁多的事物统一性。以一统万，万物归一，"一"是人类秩序的基

---

[1] 张岱年：《中国哲学大纲》，江苏教育出版社2005年版，第39页。

点，这就为"法"的存在提供了理论前提。

二 "一"与"法"

"法"作为文字出现得比较久远，在金文中就已大量出现。[①] 春秋末期以后，在思想文献中，"法"在原有字义的基础上被赋予了更丰富的含义。如"法度者，正之至也"(《经法·道法》)。"法者，天地之正器也。"(《鹖冠子·泰鸿》)"法度者，万民之仪表也。"(《管子·形势解》) 可见法的规范意义逐渐凸显出来，随着各国变法运动的推进，法逐渐成为调整社会关系的重要规范，也成为各家普遍关注的话题。黄老学派探讨了法存在的依据，认为法具有统一性特征，如《管子》云："所谓仁义礼乐，皆出于法，此先圣之所以一民也。"(《管子·任法》) 仁义礼乐也必须以法的形式表现出来，表明法对于齐一民众行为的重要性。

黄老学者们认识到了道的统一性特征，以及法作为规范的齐一属性，开始把法和道联系起来，提出了"道生法"的命题。如《黄老帛书》云："道生法。法者，引得失以绳，而明曲直者也。"(《经法·道法》)《鹖冠子》云："贤生圣，圣生道，道生法，法生神，神生明。"(《鹖冠子·兵政》)《管子·心术上》云："故事督乎法，法出乎权，权出于道。""道生法"成为了法哲学史上的重大命题，黄老学者们普遍认识到，"道"可以推演出"法"，"法"也必须以"道"为依据，"道"与"法"之间有密切的联系。

近年来，"道生法"这一命题引起了学术界的普遍关注，一些学者诠释了"道生法"的内在机理，认为"道生法"的命题是从本体论、宇宙论的高度对"法"产生的必然性进行解读，为"法"找到了理论依据，具有巨大的理论意义。[②] 实际上，在"道生法"的命题中，道所体现的不仅是规律性，也是道化生万物又统摄、规

[①] 参见张永和《"灋"义探源》，《法学研究》2005年第3期。
[②] 丁原明：《黄老学论纲》，山东大学出版社1997年版，第97页。

范万物的性质。道是宇宙的本根，其特征为整体、普遍、统一、绝对、独一无二的本体，它虚而无形，以无为自然为原则，天道或天之道都是本根于道。① 如前文所述，道的这种属性集中体现为"一"，"一"对万物具有统摄功能，"法"也是对殊多事物的统摄，"法"正是纷繁事物背后的"恒""常""一"，是万事万物统一性的表现。

所以，黄老学派"道生法"的内涵表明，"道"与"法"都体现了"一"的特征。"道"体现在"法"的作用上就是对万物的统摄，如《鹖冠子》云："一为之法，以成其业，故莫不道。一之法立，而万物皆来属。"（《鹖冠子·环流》）"散无方化万物者，令也；守一道制万物者，法也。"（《鹖冠子·度万》）《尹文子》云："万事皆归于一，百度皆准于法。"（《尹文子·大道上》）由这些论述可以看出，法由道生，也就是法对道的必然规律性即恒常性、统一性的展现。因此，可以说"法"是"一"的体现，"一"也就是"法"的终极依据。

通过对时代背景的分析，我们可以更加明确地理解黄老学派中"一"与"法"的关系的内涵。春秋战国时期，周王室衰微，诸侯各自为政，战乱连绵，社会动荡，没有统一秩序可言，人民生活困苦，向往国家统一、社会稳定，诸子对此都提出自己的主张。如孟子认为天下应该"定于一"（《孟子·梁惠王上》）。《管子》提到"吾欲陶天下而以为一家，为之有道乎"（《管子·地数》）的问题。这些都表明了人们对统一天下之道的强烈关切，统一已是时代的主题。

天下的统一首先要求制度的统一，面对"天下不合而为一家，诸侯制法各异习俗"（《文子·上礼》）的局面，人们希望建立统一的法律制度。《黄老帛书》认为："抱道执度，天下可一也。"（《道

---

① 李增：《〈管子〉法思想》，《管子学刊》2001年第1期。

原》)《管子》认为:"衡石一称,斗斛一量,丈尺一綧制,戈兵一度,书同名,车同轨,此至正也。……此先王之所以一民心也"。(《管子·君臣上》)这一观念随着秦朝统一全国而得以实现,秦朝"天下已定,法令出一"(《史记·秦始皇本纪》),形成了"海内为郡县,法令由一统"(《史记·秦始皇本纪》)的政治局面。汉承秦制,作为汉初政治理论的奠定者,陆贾认为:"故圣人执一政以绳百姓,持一概以等万民,所以同一治而明一统也。"(《新语·怀虑》)这表明汉朝在思想上沿袭了秦朝的一统体制。汉初在法制建设上也体现了这一点,当时人们对汉初政局歌颂道:"萧何为法,斠若划一;曹参代之,守而勿失;载其清静,民以宁一。"(《史记·曹相国世家》)。这说明了人们对社会安定、法律制度统一的认可。

所以说黄老学派"道生法"命题是在一定历史背景下提出的,它的一个基本内涵就是"一"与"法"的关系问题,从这个角度来看,它是具有坚实依据的。

三 君主执"一"生"法"

黄老学派"道生法"的命题说明了"法"出于"一","一"是"法"的最高依据。在具体的政治秩序中,"一"的体现就是君主。《文子》云:"夫一者,至贵无适于天下。圣王托于无适,故为天下命。"(《文子·下德》)《吕氏春秋》云:"执一者至贵也,至贵者无敌。圣王托于无敌,故民命敌焉。"(《吕氏春秋·为欲》)君主的高贵地位是确立秩序所必需的,君主就是人间的"一",是社会秩序的基点,没有他便没有秩序。[①]《管子》云:"天下得失,道一人出。"(《管子·七臣七主》)"为人君者,坐万物之原。"(《管子·君臣上》)可见,君主就是秩序的根源,他的存在是唯一

---

① 葛兆光:《中国思想史》(第一卷),复旦大学出版社1999年版,第177页。

的，君主施政也应以"一"为原则，如《淮南子》云："君执一则治，无常则乱。"（《淮南子·诠言》）

君主应该体会"一"的含义，占据"一"的位置。《管子》云："明一者皇。"（《管子·兵法》）《文子》云："帝者体太一。"（《文子·下德》）"一"是一切秩序的根基，在现实的政治秩序中，君主是秩序的中心，他的存在也是至高无上的。老子云："圣人抱一为天下式"。（《老子·第二十二章》）"侯王得一以为天下贞。"（《老子·第三十九章》）《吕氏春秋》云："王者执一而为天下正。"（《吕氏春秋·执一》）君主要"抱一""得一""执一"，这是执政的最高原则，在此原则的指导下才能制定良好的法律，进而形成稳定的社会秩序。

"道生法"为"法"的存在提供了理论前提，它说明了法的终极依据，在现实的政治活动中，只有君主才是执道者，才能执道生法。《黄老帛书》云："执道者，生法而弗敢犯也，法立而弗敢废也。"（《经法·道法》）"人主者，天地之□也，号令之所出也，□□之命也。"（《经法·论》）《管子》云："生法者，君也。"（《管子·任法》）《鹖冠子》云："天用四时，地用五行，天子执一以居中央。调以五音，正以六律，纪以度数，宰以刑德。"（《鹖冠子·王钺》）君主占据了中央之位，以"一"的原则来制定法，而法也必然体现出"归一""齐一"的特点。在黄老学派文献中，多以尺寸、权衡、斗石、准绳、规矩来说明法的性质，正体现了法具有"一"的这个特点，意为用统一的标准来衡量纷繁的事物。

四 "法"是实现"一"的途径

黄老学派认为"一"是秩序的根源，万事万物只有归于"一"，人类社会才会形成良好秩序。君主应该执一、守一、抱一，以"一"的原则治理国家。君主要"见本而知末，执一而应万"（《文子·微明》），要做到"执一不失，能君万物"（《管子·内业》)。要维持独一的位置,并体会"一"所表现出来的为政原则,就要求君主做到"执一无为"(《文子·九守》),因为"无为则得于一也"(《淮南子·诠言训》)。可见,无为是实现"一"的途径,所以《淮南子》云:"得要以应众,执约以治广,处静持中,运于璇枢,以一合万,若合符者也。"(《淮南子·主术训》)君主是"璇枢",应该持中,以一合万,也就是实现"执一"的原则。有了法,君主必须以之为标准,自己也要受到法的约束。《淮南子》云:"无为者,非谓其凝滞而不动也,以其言莫从己出也。"(《淮南子·主术训》)君主的命令不是出于自己的个人意志,而是对客观法则的表达,因此君主要受到法律的约束,即所谓"法籍礼仪者,所以禁君,使无擅断也"(《淮南子·主术训》)。

法是万物之中恒常不变的规则、准绳。《文子》云:"万物之总,皆阅一孔;百事之根,皆出一门。故圣人一度循轨,不变其故,不易其常,放准循绳,曲因其直,直因其常。"(《文子·道原》)君主要遵循常轨、常法,以实现其总统"万物""百事"的目的,而"法"具有统摄万事万物而归于"一"的功能。《尹文子》云:"万事皆归于一,百度皆准于法。"(《尹文子·大道上》)《黄老帛书》云:"吾闻天下成法,故曰不多,一言而止。循名复一,民无乱纪。"(《十六经·成法》)这里的"名"就是指法律制度,如《尹文子》云:"政者,名法是也。以名法治国,万物所不能乱。"(《尹文子·大道下》)万事万物准于"法"也就是实现了"一",从而形成了稳定、和谐的社会秩序。

五 "一"体现了"法"的基本特征

黄老学派认为"一"是"法"的依据,也体现了"法"的基本特征。如前文所述,黄老学派认为万事万物由"一"产生,所以纷繁的事物要形成稳定的秩序,必须向"一"复归,而"法"具有统摄万事万物向"一"复归的功能,法的基本特征也可以从

"一"的内涵中显现出来。李增对黄老学派"道生法"思想进行了深入研究，他认为："'一'的属性最根本的是超越独立，绝对而不相对，一贯而不分歧，普遍而不偏，简一明了，纲目有统。以一统万，以一本统末，以一统贯系统。执法者唯法是从，不可歧俩。法律不能脱离这些根本的原则，否则就不成法律。"① 这对"一"与"法"的关系理解是确切的，可以说法的一些基本属性可以通过"一"与"法"的关系进行深入的理解。

"一"是万物的根源，它相对于万物具有优越的地位，它也赋予了"法"至上的效力。作为立法者的君主也要遵守法，如《黄老帛书》云："故执道者，生法而弗敢犯也，法立而弗敢废也。"（《经法·道法》）《管子》云："明主者，一度量，立表仪，而坚守之，故令下而民从。法者，天下之程式也，万事之仪表也。"（《管子·明法解》）立法者、执法者也要受到法的约束。

法就是现实政治中统一的标准，具有"一民"的功能。《管子》云："和民一众，不知法不可。"（《管子·七法》）《吕氏春秋》云："有金鼓，所以一耳；必同法令，所以一心也。"（《吕氏春秋·不二》）慎子甚至认为："法虽不善，犹愈于无法，所以一人心也。"（《慎子·威德》）法的统一性要优于法的其他价值，"法不一，则有国者不祥"（《管子·任法》），因此法律必须统一，统一的法律是民众行为的标准、治国的原则，是不可或缺的。法应该简而不繁，这样才符合"一"的要求。《黄老帛书》云："一以趋化，少以知多。……夫百言有本，千言有要，万言有总。万物之多，皆阅一空。"（《十六经·成法》）"法"就是万物的"本""要""总"，这也是以简御繁的思维方式的表现。《尹文子》云："万事皆归于一，百度皆准于法。归一者，简之至；准法者，易之极。"（《尹文子·大道上》）法只有简易，才能体现黄老学派的以

---

① 李增：《帛书〈黄帝四经〉道生法思想之研究》，《哲学与文化》第 26 卷第 5 期，1999 年 5 月。

一制万、以简御繁的思想。

"一"作为万物的根源，对万物具有统摄作用，万物不可脱离"一"而存在，《黄老帛书》云："一者，道其本也，……一之解，察于天地。一之理，施于四海。"（《十六经·成法》）所以"法"体现了"一"的内涵，也具有普遍性，为君民所共同遵守，即所谓"君臣上下贵贱皆从法，此之谓大治"（《管子·任法》）。"一"是不变的大恒、大常，法也体现了恒常性，如《淮南子》云："今夫权衡规矩，一定而不易，不为秦、楚变节，不为胡、越改容，常一而不邪，方行而不流，一日刑之，万世传之。"（《淮南子·主术训》）

综上所述，"一"是黄老学派中十分重要的概念，黄老学者们把"一"作为万事万物的根本，以"一"作为秩序的基点，由"一"的内涵推演出"法"的必然性，认为"一"是"法"的最高依据，"法"是"一"的具体显现。"法"体现了"一"的以一应万、以简御繁的思维方式，凸显了"一"所具有的一般特点，这充分表明了黄老学派法哲学思维的深度。

第二节　道、德与法

道德与法律的关系一直是中国传统中法理论重要的论题，但学术界多是沿着儒家的线索来理解的，那就是强调"道德"的人伦性，认为法反映并保障人伦道德。道家黄老学派也比较关注道德与法的关系问题，但由于其独特的道德观念，对道德与法的关系也有自己独到的理解。探究黄老学派中道、德与法的内涵及其相互关系对于理解传统法律观念是具有重要意义的。

一　黄老学派的"道"与"德"

道与德这两个范畴是道家哲学的主干，道家所有的理论体系都是围绕道德展开的。所以，在说明黄老学派中道、德与法三个概念的关系之前，我们首先要了解黄老学派中道与德的含义及其相互关系。

在中国思想史上，道的概念具有深远的历史。春秋末期，作为周王室史官的老子，在前人道论的基础上提出了自己的思想体系。老子认为道"先天地生"，是"万物之宗"（《老子·第四章》）。道化生万物，如云："道生一，一生二，二生三，三生万物。"（《老子·第四十二章》）老子还论述了道的规律意义，又云："执古之道以御今之有。能知古始，是谓道纪。"（《老子·第十四章》）"独立不改，周行而不殆。"（《老子·第二十五章》）可见老子的"道"是指天地万物的本根、万物运行的规律。

在道与德的关系上，老子提出："孔德之容，惟道是从。"（《老子·第二十一章》）"道生之，德畜之，物形之，势成之。是以万物莫不尊道而贵德。道之尊，德之贵，夫莫之命而常自然。"（《老子·第五十一章》）可见老子不只是论道，而且重视德，认为德是道的本性，把道德结合起来论述，建立了自己的哲学体系。关于道德关系，学术界已进行了详细的探讨，徐复观认为："万物得道之一体以成形，此道之一体，即内在于各物之中，而成为物之所以为物的根源；各物的根源，老子即称之为德。……道与德，仅有全与分之别，而没有本质上之别。"[①] 道德本质上是一样的，德是道表现于万物的性质。陈鼓应认为："形而上的'道'，落实到物界，作用于人生，便可称它为'德'。'道'与'德'的关系是二而一的，老子以体和用的发展说明'道'和'德'的关系：'德'是'道'的作用，也是'道'的显现。混一的'道'在创生活动中，内化于万物，而成为各物的属性，这便是'德'，简言之，落向经验界的'道'，就是'德'。"[②] 可以说在老子的道德理论中，道是

[①] 徐复观：《中国人性论史》，上海三联书店2001年版，第298页。
[②] 陈鼓应：《老子今译今注》，商务印书馆2003年版，第34页。

德的本体，德是道的显现，道是虚无的，德是可经验的，德是人与万物的本性，它使道的作用显现出来。

战国中期，道家黄老学派对老子道德理论进行了发挥，① 它继承了道是万物根源、依据的意义。如《黄老帛书·道原》云："万物得之（道）以生，百事得之以成。人皆以之，莫知其名；人皆用之，莫见其形。一者其号也，虚其舍也，无为其素也，和其用也。是故上道高而不可察也，深而不可测也。显明弗能为名，广大弗能为形，独立不偶，万物莫之能令。"相对于老子，黄老学派更强调道的恒常规律性。《十六经·前道》云："道有原而无端，用者实，弗用者藿。合之而涅于美，循之而有常。古之贤者，道是之行。"道虽然是无形的，但具有现实的功用，能为人们所遵循，引导人们的行为。

在道与德的关系上，黄老学派对老子理论进行了发挥。稷下先生慎到、环渊、接子、田骈"皆学黄老道德之术，因而发明序其指意"（《史记·孟子荀卿列传》），作为齐国稷下学派经典的《管子》对道、德的论述很有代表性。②《管子心术上》云："虚无无形谓之道，化育万物谓之德。"《管子·心术上》又云："德者，道之舍，物得以生，生知得以职道之精。故德者，得也。得也者，其谓所得

---

① 黄老学派是道家重要的派别，学界一般认为是在战国中期形成的。1973 年，长沙马王堆三号汉墓出土了包括《老子》甲乙本在内的一批帛书。而后黄老学研究成为学术界的热点。一般把出土的《黄老帛书》《管子》中的部分篇章、《庄子》外篇、《鹖冠子》《慎子》《尹文子》《文子》《吕氏春秋》《淮南子》等划为黄老学派的著作，这些著作对"道""德"与"法"三个概念及相互关系的论述比较丰富。参见吴光《黄老之学通论》，浙江人民出版社 1985 年版；陈丽桂《战国时期的黄老思想》，（台湾）联经出版事业公司 1991 年版；陈丽桂《秦汉时期的黄老思想》，（台湾）文津出版社 1997 年版；丁原明《黄老学论纲》，山东大学出版社 1997 年版。

② 稷下学宫是战国中期田齐桓公在齐国都城临淄创立的，齐威王、宣王时逐渐兴盛，《史记》云："宣王喜文学游说之士，自如邹衍、淳于髡、田骈、接予、慎到、环渊之徒七十六人，皆赐列第，为上大夫，不治而议论。是以稷下学士复盛，且数百千人。"（《史记·田敬仲完世家》）齐威王时国力强大，以黄帝为自己的祖先，有统一天下的政治抱负，稷下学者也托名黄帝，把道论与现实政治结合起来，黄老学是稷下学宫的主流学派。胡家聪认为《管子》是稷下学的经典，参见胡家聪《管子新探》，中国社会科学出版社 2003 年版，第 449 页。

以然也。以无为之谓道，舍之之谓德。故道之与德无间，故言之者不别也。"黄老学派认为道是无形的，德是"道之舍"，是事物因道"所得以然"的本性，因此，道和德是一体的。

黄老学派更注重道德的现实规范作用，如《管子·君臣上》云："是故别交正分之谓理，顺理而不失之谓道，道德定而民有轨矣。"道德是万物存在的依据，是人们必须遵守的行为规范，所以黄老学派以道德为理论基础，探讨了人的本性、法的必然性等问题，开始把道德原理引向现实政治，在道德理论的基础上引申出一套社会行为规则，其中重要的一点就是"道生法"命题的提出。

二 "道生法"中的"德"

在中国传统的法律思想中，黄老学派具有强大的理论创造能力，集中表现在"道生法"命题的提出。如《经法·道法》云："道生法。法者，引得失以绳，而明曲直者也。"[1] "道生法"命题说明了道与法的关系，道是法的依据，法是道的具体呈现，如"明者以为法，而微道是行"（《十六经·观》），道与法是一体一用，一隐一显，相辅相成的。[2]

"道生法"说明了法的理论依据问题，但在现实的立法活动中，"道生法"这一原理要凭借"德"才能体现出来。如前文所述，在黄老学派的理论中，道、德是密切联系在一起的，德是由道所赋予万物的本性，德也就是人的自然本性。黄老学派以道的原则来看待人性，道之本性是自然，人既源于道，道之性亦即人之性，所以人的本性也是自然。[3] 可以说黄老学派对人性的认识是非常客观的，它不是先定人性为善恶，而是认为人都是有欲望的，这是人的自然

---

[1] 另见《鹖冠子》云："贤生圣，圣生道，道生法，法生神，神生明。"（《鹖冠子·兵政》）《管子》云："故事督乎法，法出乎权，权出于道。"（《管子·心术上》）

[2] 赵中伟：《道者，万物之宗：两汉道家形上思维研究》，（台湾）洪叶文化事业公司2004年版，第61页。

[3] 罗安宪：《虚静与逍遥——道家心性论研究》，人民出版社2005年版，第326页。

本性。如《尹文子·大道上》云："心欲人人有之。"《经法·道法》云："生有害，曰欲，曰不知足。"《吕氏春秋·情欲》云："天生人而使有贪有欲。"基于对人性的这种认识，黄老学派认为法就是对人性的引导，而不是压抑人性，法是在人与人之间的欲望冲突中建立的一套平衡机制。

黄老学派继承了老子道德的思想，并进一步提出"道生德"的观念，如《管子·四时》云："道生德，德生正，正生事。"这里，德所生的"正"具有标准、规则的意义。黄老学派"道生法"与"道生德"这两个命题是紧密联系的，在道的统摄之下，德与法有相通之处。德是人的自然本性，法也因自然之性而产生，是对人的自然本性的确认。所以"道生法"一定意义上也就是德生法，也就是说法来源于德，即人与万物的自然本性。如《慎子·逸文》云："法非从天下，非从地出，发于人间，合乎人心而已。"法是合于"人心"的，而"人心"在黄老学派的理论体系中是指人的自然本性。作为人的本性，德就是道的自然状态。如《鹖冠子·环流》云："故生法者命也，生于法者亦命也。命者，自然者也。"所以，立法者必须根据人们的本性去制定法，这符合"自然"的要求，如《文子·自然》云："物必有自然而后人事有治也，故先王之制法，因民之性而为之节文。"这就是从德的角度对"道生法"命题的理解。

三 "德"与"法"互为表里

法是有德的，甚至就是德的体现。但又区别于儒家的德治，强调规范，而不是圣人的教化，因其尊重人的自然本性。

黄老学派认为道是万物的本源和依据，德是人与万物因道而获得的本性，德体现了道的规律性，道的无形的规律性在具体的德上表现出来，那就是万物之间的必然联系。黄老学派认为理想的政治是道治，但黄老学派不只在描述道治理想，更是在探讨道治实现的途径，那就是法治的必要性。可以说黄老学派是在道德理论的背景下论述法的，德是道的显现，也是制定法的现实依据，在道的原则下，德与法是互为表里的。

在"道生法"思想中，"法"与"德"是相互依存的，德是法的依据，法必须以德为内涵，以辅助德的实现。在"道生法"的理论框架中，黄老学派主张"以道统法"，强调法必须在道的统摄下运行，这样才能实现法的目的。法不必过于繁杂、琐碎，法能辅助德的实现，这就避免了老子所说的"法令滋彰，盗贼多有"的状态。

黄老学派还从道德的角度讨论人性，从德、性的关系来看，性是德的具体内容。《淮南子·缪称训》云："道者，物之所导也；德者，性之所扶也。"人的自然本性就是德，遵循自然本性而行为就是道。黄老学派认为法是出于自然的，如《淮南子·主术训》云："进退应时，动静循理，不为丑美好憎，不为赏罚喜怒，名各自名，类各自类，事犹自然，莫出于己。"《淮南子·主术训》又云："法生于义，义生于众适，众适合于人心，此治之要也。……法者，非天堕，非地生，发于人间而反以自正。"正是因为法合于人的自然本性，通过这样的法人们才可以达到"自正"的效果。

德与法相互作用，法可以成就德，德又可以促进法的制定和实施。《鹖冠子·兵政》云："法者，天地之正器也，用法不正，玄德不成。"德也是法的依据，法是德的保障，法与德是互为表里的，如《淮南子·泰族训》云："圣人之治天下，非易民性也，拊循其所有而涤荡之。故因则大，化则细矣。……故先王之制法也，因民之所好而为之节文者也。……故因其性则天下听从，拂其性则法悬而不用。"执政者应该因循人的本性而立法，而不是用先定的主观标准去改变人的本性。法由人的本性而来，也必须尊重人的本性，这样的法才能得到有效的实行。

四 "法"因"德"而区别于"刑"

黄老学派认为法来源于德,也应该保障德的实现,所以法的指导性突出,与刑具有很大区别。虽然黄老学派中有系统的"刑德"理论,但"刑德"理论中的"德"与黄老学派道德系统的"德"的含义是不一样的,"刑德"的"德"更具有传统色彩。如《黄老帛书·姓争》云:"刑德皇皇,日月相望,以明其当。望失其当,环视其殃。天德皇皇,非刑不行。穆穆天刑,非德必倾。刑德相养,逆顺若成。刑晦而德明,刑阴而德阳,刑微而德章。"可见,黄老学派的"刑德"来源于西周时期的刑德观念,如《尚书·康诰》云:"克明德慎罚。"《尚书·吕刑》云:"惟敬五刑,以成三德。"作为基本的施政方式,刑德观念为后世所继承,如《左传·成公十六年》云:"德以施惠,刑以正邪。"孔子继承了这一观念,提出:"道之以政,齐之以刑,民免而无耻;道之以德,齐之以礼,有耻且格。"(《论语·为政》)到了韩非那里,刑德甚至成为统御臣民的根本手段,如"杀戮之谓刑,庆赏之谓德"(《韩非子·二柄》)。黄老学派继承了春秋时期的刑德观念,但这只是其思想体系的一部分,刑德理论并不足以用来概括黄老学派中法和德的关系,也就是说,黄老学派中的"法"不是用"刑"来表述的。实际上,黄老学派继承并超越了西周以来的刑德结合的治理模式,认为法是普遍的行为规则,不同于基于习俗发展出的礼。德是道所赋予的人与万物的自然本性,而不只是执政者对臣民的仁爱、恩惠。刑或刑法仅仅是法之一部分,与法不是完全等同的概念。

黄老学派法哲学中法的指导性意义突出,并不完全等同于刑的禁止性、惩罚性。黄老学派法哲学的道治意味着人类秩序是自发形成的,而不是出于执政者的强制性命令。在执政者与民众的关系上,黄老学派法哲学主张民众要进行一定程度的自治,主张把执政者的行为限制在一定的范围之内。所以,黄老学派法哲学的法治体现了道的自然原则，法是建立在人的自然本性基础上的，是对人们行为的指导，而不是为了立法者的主观目的而进行的强制，法与刑的内涵是完全不同的。所以，基于黄老学派法哲学的立场，《淮南子·览冥训》批评韩非等法家云："今若夫申、韩、商鞅之为治也，挬拔其根，芜弃其本，而不穷究其所由生。何以至此也？凿五刑，为刻削，乃背道德之本，而争于锥刀之末，斩艾百姓，殚尽太半，而忻忻然常自以为治，是犹抱薪而救火，凿窦而出水。"法家强调法的强制性，突出刑法的威慑功能，在黄老学派看来是违背"道德之本"的，不符合道治的原则。

可见黄老学派认为法的作用就是使人们的行为归于自然，而不是出于统治者功利目的制定的，这一认识非常深刻，只有客观地考察人的本性，并在此基础上制定的法才是具有效力的。法的制定、实施要充分考虑到人的自然本性，不能把人完全对象化，以纯粹的功利目的去看待人性，并以刑德手段去控制民众。《文子·自然》云："圣人立法，以导民之心，各使自然，故生者无德，死者无怨。"以德为内涵的法是对民众行为的指导，保障社会个体的自我实现，这与强制性的"刑"是截然不同的。所以法因德而与刑有不同的内涵，刑德理论不足以概括"法"与"德"的关系。

五 "法""德"以"道"为终极目的

在黄老学派的道、德与法三者的关系中，道是根本，德、法必须以道为依归。黄老学派认为人类理想的状态是道治，在道治下，民众的自然本性受到尊重，正常欲望得到实现，人们能够实现"自正"，执政者做到"无为"，社会因而达到和谐、安定的自然状态，而以德为内涵的法就是实现这种道治理想的根本途径。

第一，黄老学派法哲学认为社会秩序是自发形成的，强调万物的自正。《经法·论》云："物自正也，名自命也，事自定也。"万物各有其自身的规定性，事物运行所遵循的规则是自发产生的，这是道的体现。《文子·自然》云："天地之道，以德为主，道为之命，物以自正。"民众的自治要求君主的无为，君主必须遵循无为原则，施政中不能违背这个原则，妄求有为。《十六经·顺道》云："欲知得失情，必审名察形。形恒自定，是我愈静。事恒自施，是我无为。"民众的行为遵循客观的规则，社会个体的利益得以确认，社会秩序自然形成，这是符合自然的，执政者应该清静为政，不去干扰人们自然的生活状态。

第二，道治要求执政者遵守无为的施政原则，执政者的行为要受到法的约束。《管子·白心》云："是以圣人之治也，静身以待之，物至而名自治之。正名自治之，奇身名废。名正法备，则圣人无事。"君主作为执道者，也要受到道的制约，法也是君主行为符合道的途径，如《淮南子·主术训》云："法籍礼仪者，所以禁君，使无擅断也。人莫得自恣，则道胜，道胜而理达矣，故反于无为。"法的作用是限制君主的权力，使其不能"擅断""自恣"，这样才符合道的要求。

第三，法的目的是实现人的自然本性。黄老学派以道德为政治的根本，道德是对自然本性的尊重。《淮南子·齐俗训》云："率性而行谓之道，得其天性谓之德。性失然后贵仁，道失然后贵义。是故仁义立而道德迁矣，礼乐饰则纯朴散矣，是非形则百姓眩矣，珠玉尊则天下争矣。凡此四者，衰世之造也，末世之用也。"黄老学派认为儒家倡导的仁义礼乐违背了人的本性，是对人性的束缚。《淮南子·精神训》云："今夫儒者，不本其所欲而禁其所欲，不原其所以乐而闭其所乐。是犹决江河之源而障之以手也。"黄老学派并不主张无欲，而是承认人的正常欲望，黄老学派认为在欲望的驱使下人们追求各自的利益，社会冲突是不可避免的，但不能因此而否定人的欲望，要客观地认识人的欲望，不去遏制它，而是疏导它。法的制定也是顺应人的本性，在一定程度上规范人的欲望，而不是抑制人的欲望。但人类也不能放纵欲望，放纵欲望就是违背人的本性，不但是失德，而且会破坏法，如《黄老帛书·称》云："环□伤威，弛欲伤法，无随伤道。"

黄老学派认为法的功能是使君主和人民的行为都符合德的要求，实现了德，也就可以归于道。如《尹文子·大道上》云："法用则反道，道用则无为而自治。"黄老学派法哲学中的法是对德的保障，目的是使万物归于道，达到道治的理想状态。

可见，在黄老学派理论中，道、德与法是三个关系密切的范畴，道论是黄老学派全部理论的基础，但黄老学派更注重道的实现途径，所以也强调作为"道之舍"的德，认为德就是因道而获得的自然本性。在此认识的基础上，强调社会秩序的建立应遵循人的本性，法应以德为内涵。德、法都来源于道，德是人的自然本性，不是执政者主观规定的伦理标准。法由德而来，体现了道的基本特征。反之，法也是维护德的基本手段，以实现每个人的自然本性，法是对人们社会行为的指导而不是强制。通过黄老学派中法与道、德关系的分析，我们可以看到其法理论所包含的价值因素，对今天的法制建设也具有积极的借鉴意义。

第三节　圣、王与法

黄老学派在本质上是"内圣外王"之学、"君人南面之术"。在黄老学派法哲学中，圣人具有特殊地位，只有圣人才能"究道之情"，协调万事万物，以臻"道"境。圣人是人与道的中介，在政治现实中，圣人等同于帝王，帝王通过内在修养，能体道成圣，并执道生法。道、法、君互为关系，是黄老学派法哲学关注的重要主题。

一　内圣外王

先秦诸子都有崇圣的观念，在黄老学派中崇圣思想尤为突出。

它认为圣人是具有崇高道德修养的人，通过修身养性，获得与天地相参的位置，从而具有了某种神圣性，能贯通并协调天、地、人的关系。黄老学派认为只有圣人才能成为帝王，并治理万民，并明确提出"内圣外王"（《庄子·天下》）、"玄圣素王"（《庄子·天道》）、"素皇内帝"（《鹖冠子·王鈇》）等概念。① 这里的"内圣"与"外王"是体与用的关系，"内圣事业，属于个人身心性命修养之事，为本体工夫；外王事业，属于经世治国平天下之事，为应用工夫"②。黄老学派认为只有圣人才能执道，执道就需要内圣，内圣的目的是身国兼治，内圣使外王成为可能，君主因此获得立法的正当性。"内圣外王"这一概念是理解"道生法"的关键。

1. 治身与治国

黄老学派认为，对于君主来说，治身与治国为一体之术，治身就是体道，并以道的原则治国。黄老学派认为：

> 心安是国安也，心治是国治也。治也者心也，安也者心也。治心在于中，治言出于口，治事加于民。（《管子·心术下》）
>
> 夫治身与治国，一理之术也。（《吕氏春秋·审分》）
>
> 由此观之，天地宇宙，一人之身也；六合之内，一人之制也。是故明于性者，天地不能胁也；审于符者，怪物不能惑也。故圣人者，由近知远，而万殊为一。（《淮南子·本经训》）

老子主张"见素抱朴，少私寡欲""咎莫大于欲得""去甚，去奢，去泰""致虚极，守静笃"等内在修养，只有这样，才能客观地反映外物，也就是体道。黄老学派认为，圣人修身的内容是达

---

① "内圣外王"是黄老学的一个重要概念，对先秦其他各家有一定的影响。
② 萧天石：《道德经圣解》，（台湾）自由出版社1983年版，第650页。

到少欲、虚、静、正的境界,"天之道虚,地之道静。虚则不屈,静则不变。不变则无过,故曰不伐。"(《管子·心术上》)"形不正,德不来。中不静,心不治。"(《管子·内业》)"节欲之本,在于反性。反性之本,在于去载。去载则虚,虚则平。平者,道之素也;虚者,道之舍也。"(《淮南子·诠言训》)"人君之道,处静以修身,俭约以率下,静则下不扰矣,俭则民不怨矣。"(《淮南子·主术训》)

有学者认为,道家是一种"身国同构"的学说,道的原则既可用于治身,也可用于治国,推而至于天下,故倡导天人同构,身国一理。道家之书,大多可以做人体养生学和国家政治学的双重解释,这和道学的一体两用是分不开的。① 黄老学派认为圣人是体道者,甚至圣人就是道的体现,所以圣人要加强内在的修养,以达到虚静的道境,体味道的微妙意指,然后才能以道的原则治理国家。治身与治国的道理相同,那些认为道家仅仅是用来修身养性的说法是有偏颇的。在黄老学派文献中这方面的论述很多:

有身不治,奚待于人?有人不治,奚待于家?有家不治,奚待于乡?有乡不治,奚待于国?有国不治,奚待于天下?天下者,国之本也;国者,乡之本也;乡者,家之本也;家者,人之本也;人者,身之本也;身者,治之本也。(《管子·权修》)

能有天下者必不失其国,能有其国者必不丧其家,能治其家者必不遗其身,能修其身者必不忘其心,能原其心者必不亏其性,能全其性者必不惑于道。(《淮南子·诠言训》)

圣人必须遵循道的原则治理国家,治国与治身一体,治身也就

---

① 胡孚琛、吕锡琛:《道学通论——道家·道教·仙学》,社会科学文献出版社1999年版,第25页。

是体道，治国就是行道，唯有圣人才能体道与行道，也只有圣人才能立法。所以在黄老学派法哲学中，圣人已不单纯是一个哲学概念，他已具有现实政治意义，他与帝王一体，帝王就是圣人。老子强调圣人的作用，主张："圣人执一以为天下牧。"(《老子·第二十二章》)"侯王得一以为天下正。"(《老子·第三十九章》)实际上，圣人和侯王是相通的。黄老学派法哲学继承这一思想，认为执道者自然就是帝王，"帝王者，执此道也"(《经法·论》)，"而圣王明君，善知而道之者也"(《管子·君臣上》)，所以天下的治乱安危都系于帝王：

　　故一人之治乱在其心，一国之存亡在其主。天下得失，道一人出。(《管子·七臣七主》)

黄老学派认为现实政治制度的设立，也是以圣人及帝王为核心而展开的，这是整个政权组织的基本原理，《淮南子》云：

　　古之立帝王者，非以奉养其欲也；圣人践位者，非以逸乐其身也。为天下强掩弱，众暴寡，诈欺愚，勇侵怯，怀知而不以相教，积财而不以相分，故立天子以齐一之。为一人聪明而不足以遍照海内，故立三公九卿以辅翼之。绝国殊俗，僻远幽间之处，不能被德承泽，故立诸侯以教诲之。(《淮南子·修务训》)

2. 圣人执一

"执一"是黄老学派中非常重要的观念，它具有丰富的内涵，可以说是黄老学派政治理论的核心内容，它深刻地影响了中国古代政治体制的形成和发展。通过对黄老学派"执一"这一政治观念的深入考察，我们从一个独特的视角来理解中国传统政治观念的特点与发展脉络。

在黄老学派中,"一"是万事万物的根源,对天下殊多事物具有统摄作用。黄老学派在纷繁的事物中,探求共同的根源,把万物的存在归结为"一"。"一"成为万物的起点,"一"也存在于万物,从而使秩序成为可能。正如张岱年所云:"万象虽繁而实统于一,这兼涵万有,赅总一切,而为一切之宗主的即是本根。"[①] 正是因为"一"具有如此深刻的内涵,为执政者、思想家所关注,才会从中发展出丰富的政治理论。

在黄老学派中,"一"是万物的根本,是人间秩序的起点,所以黄老学派学者认为掌握了"一"也就是掌握了万物的根本,从而支配了万事万物。在对"一"的认识基础上,黄老学派提出了"王者执一"的理论,认为"执一"是君主地位的体现,是君主治国修身的基本原则。

(1) "执一"是君主地位的体现。

基于对"一"的深刻认识,黄老学派者认为君主就是"一"的体现,是现实政治秩序的基点。黄老学派认为:"天下安宁,要在一人。"《文子·道德》"天下得失,道一人出。"《管子·七臣七主》"一物能化谓之神,一事能变谓之智。化不易气,变不易智,唯执一之君子能为此乎!执一不失,能君万物。君子使物,不为物使。得一之理,治心在于中,治言出于口,治事加于人,然则天下治矣。一言得而天下服,一言定而天下听,公之谓也。"《管子·内业》这说明君主是公共权力的体现,政治秩序是以君主的公共性为基础的,君主也必须以"执一"作为执政的原则,正所谓"执一而不失,能君万物,日月之与同光,天地之与同理。"(《管子·心术下》)

所以黄老学派认为君主是人间政治秩序的中心,决定着整个政

[①] 张岱年:《中国哲学大纲》,江苏教育出版社2005年版,第39页。

治秩序的运行，因此君主具有至高无上的地位。《吕氏春秋·为欲》云："执一者至贵也，至贵者无敌。圣王托于无敌，故民命敌焉。"《鹖冠子·王铁》云："成鸠得一，故莫不仰制焉。"

（2）"执一"是君主施政的基本原则。

老子曾强调君主"抱一""得一"的重要性。如老子云："是以圣人抱一为天下式。"（《老子·第二十二章》）"侯王得一以为天下贞。"（《老子·第三十九章》）黄老学派更加强调"执一"对于君主的重要意义。如《吕氏春秋》云："王者执一，而为万物正。军必有将，所以一之也；国必有君，所以一之也；天下必有天子，所以一之也；天子必执一，所以抟之也。一则治，两则乱。今御骊马者，使四人人操一策，则不可以出于门闾者，不一也。"（《吕氏春秋·执一》）《新语》云："故圣人执一政以绳百姓，持一概以等万民，所以同一治而明一统也。"（《新语·怀虑》）

"执一"是君主的执政原则，在政治活动中必须贯彻这一原则，才能形成良好的政治秩序。《淮南子》云："民有道所同道，有法所同守，为义之不能相固，威之不能相必也，故立君以一民。君执一则治，无常则乱。君道者，非所以为也，所以无为也。何谓无为？智者不以位为事，勇者不以位为暴，仁者不以位为患，可谓无为矣。夫无为，则得于一也。一也者，万物之本也，无敌之道也。"（《淮南子·诠言训》）民众必须有统一的行为标准才会形成稳定的秩序，君主的作用就是"一民"，也就是必须以"执一"为政治活动的原则。

（3）"执一"是君主身心修养的最高要求。

在黄老学派的理论中，治身与治国是一体的。《管子·心术下》云："心安，是国安也。心治，是国治也。"《吕氏春秋·审分》云："夫治身与治国，一理之术也。"这也表现在"执一"的观念上，"执一"既是为政的方法，也是修身的原则。

对于君主来说，修身要以"执一"为原则。老子云："载营魄抱一，能无离乎？"（《老子·第十章》）庄子继承了老子的思想，在引述老子的思想时云："老子曰：'卫生之经，能抱一乎？能勿失乎？'"（《庄子·庚桑楚》）司马谈在《论六家要指》中云："道家使人精神专一，动合无形，赡足万物。"（《史记·太史公自序》）可见黄老学派认为"一"是万物的根源，当然也就是生命的根基，守住"一"，归于"一"，生命就会长存。

"执一"也是认识万物的方法，黄老学派认为万物是由"一"而来的，所以掌握了"一"也就是掌握了万物的根本，从而把握万物。《吕氏春秋》云："故知一，则应物变化，阔大渊深，不可测也；德行昭美，比于日月，不可息也；豪士时之，远方来宾，不可塞也；意气宣通，无所束缚，不可收也。故知知一，则复归于朴，嗜欲易足，取养节薄，不可得也；离世自乐，中情洁白，不可量也；威不能惧，严不能恐，不可服也。故知知一，则可动作当务，与时周旋，不可极也；举错以数，取与遵理，不可惑也；言无遗者，集肌肤，不可革也；逸人困穷，贤者遂兴，不可匿也。故知知一，则若天地然，则何事之不胜？何物之不应？"（《吕氏春秋·论人》）《淮南子》云："夫天地运而相通，万物总而为一。能知一，则无一之不知也；不能知一，则无一之能知也。"（《淮南子·精神训》）"一"是天地万物的根本，体会了"一"的意义就能掌握万物的根本，所以"执一"具有政治方法论的意义，是君主治身治国的基本原则。

3. 执一应万

黄老学派认为"一"是纷纭事物中的根本，掌握了事物的根本就可以支配事物。如班固在评价道家时云："道家者流，盖出于史官，历记成败存亡祸福古今之道，然后知秉要执本，清虚以自守，卑弱以自持，此君人南面之术也。"《汉书·艺文志》这里的"秉要执本"概括了黄老学派的"执一"观念的基本特征。在黄老学派文献中，往往把"一"解释成"本""要""约""少"等概念，黄老学派认为执政的基本原则是把握事物的根本。《黄老帛书》云："得道之本，握少以知多；得事之要，操正以（政）正（畸）奇。"（《道原》）《淮南子》云："得一之道，而以少正多。"（《淮南子·原道训》）《管子》云："而圣王明君，善知而道之者也。是故治民有常道，而生财有常法。道也者，万物之要也。为人君者，执要而待之。"（《管子·君臣上》）道是万物的根本，"执一"也表现为执道。

黄老学派认为找到繁杂的事物的根本，就可以把握事物。所以黄老学派常常通过"一"与"万"的对应来论述执一的内涵，在"一"与万物的关系中，"一"为万物的根本，把握根本就能支配万物。《黄老帛书》云："乃能操正以正奇，握一以知多。"（《十六经·成法》）《吕氏春秋》云："先王不能尽知，执一而万物治。使人不能执一者，物惑之也。"（《吕氏春秋·有度》）《淮南子》云："圣王执一而勿失，万物之情既矣。"（《淮南子·齐俗训》）

在政治活动中君主要遵循"执一"原则，真正做到"执一"，就会有效统摄万物，从而形成良好的秩序。《淮南子》云："秉太一者，牢笼天地，弹厌山川，含吐阴阳，伸曳四时，纪纲八极，经纬六合，覆露照导，普氾无私，蠉飞蠕动，莫不仰德而生。"（《淮南子·本经训》）"执一"原则表现在对君臣关系的处理上，《管子》云："是故有道之君者执本、相执要、大夫执法以牧其群臣，群臣尽智竭力以役其上。四守者得则治，易则乱、故不可不明设而守固。"（《管子·君臣下》）因此，以一应万的思维成了君主为政的基本原则，《淮南子》云："发一端，散无竟，周八极，总一管，谓之心。见本而知末，观指而睹归，执一而应万，握要而治详，谓之术。"（《淮南子·人间训》）可见执一应万是"执一"观念的基本内容，其他思想都是在这个基础上展开的。

4. 执一与法治

黄老学派的"执一"原则也体现在重视法治上。首先，黄老学派中执一也表现为君主的无为，如《黄老帛书》云："能一乎？能止乎？能毋有己，能自择而尊理乎？"(《十六经·顺道》) 君主在政治活动中应掌握根本，遵循客观的道理，而不是固执主观的一己成见，这就要求做到无为。无为就是要遵守一定原则，不去干预人民的生活，良好的秩序自然会形成。《文子》云："执一者，见小也，见小故能成其大也。无为者，守静也，守静能为天下正。"(《文子·道德》) 保守基本的原则，而不是迷惑于纷繁的事物。《文子》云："所谓天子者，有天道以立天下也。立天下之道，执一以为保，反本无为，虚静无有，忽恍无际，远无所止，视之无形，听之无声，是谓大道之经。"(《文子·自然》) 无为就是要守静，让事物按自身的规律去运行，不要人为地去干预。所以"执一"也就是要遵守事物自身的常道，而常道的表现就是法。《淮南子》云："万物之总，皆阅一孔；百事之根，皆出一门。……是故圣人一度循轨，不变其宜，不易其常，故准循绳，曲因其当。"(《淮南子·原道训》) 这里的"一度循轨""故准循绳"就是说明遵循客观规则的重要性，作为这些规则的法就是"万物之总""百事之根"，也就是纷繁事物中的"一"。

在"一"与万物的关系中，"一"能支配万物。法就是万物中的"一"，是必须遵守的恒常之道，法治也就是"秉本执要"政治原则的体现。"执一"也就是表现为守法，执政者必须遵守客观的规则，如《黄老帛书》云："抱道执度，天下可一也。"(《道原》) "执道循理，必从本始，顺为经纪，禁伐当罪，必中天理。"(《经法·四度》)

黄老学派认为掌握了万物的根本就能统摄万物，法就是能使执政者支配万物的有效手段。《黄老帛书》云："夫百言有本，千言有要，万言有葱（总）。万物之多，皆阅一空。""得道之本，握少以知多；得事之要，操正以政（正）畸（奇）。"(《道原》) 法正是体现道的特征，法是纷纭事物中的"一"，对万物具有统摄的作用。《鹖冠子》云:"一为之法,以成其业,故莫不道。一之法立,而万物皆来属。"(《鹖冠子·环流》)"散无方化万物者令也,守一道制万物者法也。"(《鹖冠子·度万》)法也是"一"的体现,并具有实现"一"的功能,"执一"的一个重要含义就是施行法治。通过遵循法,纷纭的事物就会向"一"归附,从而形成稳定的秩序。如《黄老帛书》云:"吾闻天下成法,故曰不多,一言而止。循名复一,民无乱纪。"(《十六经·成法》)

二 圣人生法

在黄老学派法哲学中,圣人观念是十分突出的,黄学者认为圣人具有非凡的能力,只有圣人才是执道者,只有执道者才能治理天下,包括制定法。黄老学派云:

唯圣人能察无形,能听无声。知虚之实,后能大虚。乃通天地之精,通同而无间,周袭而不盈。服此道者,是胃(谓)能精。明者固能察极,知人之所不能知,人服人之所不能得。是胃(谓)察稽知极。(《道原》)

故唯执道者能上明于天之反,而中达君臣之半,富密察于万物之所终始,而弗为主。故能至素至精,悎(浩)弥无刑(形),然后可以为天下正。(《经法·道法》)

圣王明君,善知而道之者也。(《管子·君臣上》)

故圣人者,后天地而生,而知天地之始,先天地而亡,而知天地之终。力不若天地,而知天地之任;气不若阴阳,而能为之经;不若万物多,而能为之正;不若众美丽,而能举善指过焉;不若道德富,而能为之崇;不若神明照,而能为之主;不若鬼神潜,而能着其灵;不若金石固,而能烧其劲;不若方圆治,而能陈其形。(《鹖冠子·能天》)

圣人之道,与神明相得,故曰道德。(《鹖冠子·泰鸿》)

故大人者，与天地合德，日月合明，鬼神合灵，与四时合信。故圣人怀天气，抱天心，执中含和，不下庙堂而衍四海，变习易俗，民化而迁善，若性诸己，能以神化也。(《淮南子·泰族训》)

唯有圣人能体悟道的微妙意义，洞察天、地、人交互作用的道理。圣人是道与人事、万物的中介，只有圣人才有资格制定人间的法则。因而只有圣人才是真正的执道者，具有体悟道的优越地位。圣人体悟了道的微妙旨意，因而有能力为万事万物确定秩序。如《鹖冠子》云："道者，通物者也；圣者，序物者也。"(《鹖冠子·能天》) 圣人能将人间的事务纳入道的系统之中。圣人与帝王基本上是同一的，圣人在成为帝王治理天下时才能表现出他的本质。

圣人的作用就是"齐一"天下，天下治乱兴亡之道都系于圣人，所以法也因圣人而生。黄老学派云：

人主者，天地之□也，号令之所出也，□□之命也。(《经法·论》)

有生法，有守法，有法于法。夫生法者，君也；守法者，臣也；法于法者，民也。君臣上下贵贱皆从法，此谓为大治。(《管子·任法》)

圣人之功，定制于冥冥，求至欲得，言听行从，近亲远附，明达四通。(《鹖冠子·道端》)

在黄老学派的理论中，"圣人"是一个重要的概念。"圣"的原初含义是与有别于普通人的高超智慧密切相关的。《说文解字》认为"圣"（聖）"从耳，呈声"[1]，可见"圣"与人的听觉能力有

---

[1] （宋）徐铉校定，（汉）许慎著：《说文解字》，中华书局1963年版，第250页。

关，说明圣人的听觉功能超越于普通人之上，能够"闻其末而达其本"(《韩诗外传》卷五)。在先秦较早的典籍中，"圣"一般表示聪明、智慧的意思。春秋战国时期，"圣"和"圣人"由原初含义发生崇高化、理想化、神秘化的转变，诸子百家均假托远古时代的圣人之名，塑造符合自己理想的圣人形象。

老子重视圣人的作用，《老子》文中多处提到圣人，如云："是以圣人处无为之事，行不言之教。"(《老子·第二章》)"是以圣人之治，虚其心，实其腹，弱其志，强其骨。常使民无知无欲，使夫智者不敢为也。"(《老子·第三章》)"是以圣人抱一为天下式。"(《老子·第二十二章》)"朴散则为器，圣人用之则为官长。"(《老子·第二十八章》)"圣人无常心，以百姓心为心。"(《老子·第四十九章》)"故圣人云，我无为而民自化，我好静而民自正，我无事而民自富，我无欲而民自朴。"(《老子·第五十七章》)"是以圣人处上而民不重，处前而民不害，是以天下乐推而不厌。以其不争，故天下莫能与之争。"(《老子·第六十六章》)

《老子》中的"圣人"崇尚道术，以道治国，与儒家、墨家的"圣人"有所区别。黄老学派也认同了圣人的作用，认为圣人是体道者、执道者，在法的制定和实施过程中，圣人有重要的作用，圣人可以执道生法：

> 故执道者，生法而弗敢犯也，法立而弗敢废也。(《经法·道法》)
>
> 生法者我也，成法者彼也。生法者，日在而不厌者也。生成在己，谓之圣人。(《鹖冠子·环流》)
>
> 贤生圣，圣生道，道生法，法生神，神生明。神明者正之末也，末受之本，是故相保。(《鹖冠子·兵政》)
>
> 惟圣人究道之情，唯道之法公政以明。(《鹖冠子·环流》)

圣人通过内在修养，获得了超越常人的认识能力，能体悟道的精微，因而也就有了"生法"的能力，其所制定的法因而也就具有了正当性。

三 王术与法

黄老学派的本质是"君人南面之术"，它构建了一个以加强君主权力为核心的理论体系，在这个理论体系中，"术"的作用特别突出。"术"作为君主驾驭群臣的方法，是在"道"的统摄下运行的。在"法"与"术"的关系上，"术"要超越于"法"，但"术"的运行也必须以"法"为依托，所以"法"往往成为"术"的一个环节。

1. 君臣之分

战国中期，以君主为首的官僚制日益完善，法在官僚政治中具有重要的作用。黄老学派认为法只能由君主制定，法的主要作用就是规范君臣关系。从这个意义上讲，"术"与"法"的性质是相同的，然而在具体的法律运行过程中，"术"往往在"法"之上，"法"成为"术"的一个环节。

在春秋战国时期形成的新的君臣关系中，诸子皆关注新的官僚政体，强调君道和臣道的差异，并探讨君主驾驭官僚机器的基本技能。黄老学派云：

> 何谓道？有天道，有人道。无为而尊者，天道也；有为而累者，人道也。主者，天道也；臣者，人道也。（《庄子·在宥》）

> 王天下者之道，有天焉，有地焉，有人焉，三者参用之，然后而有天下矣。为人主，南面而立。臣肃静，不敢蔽其主。下比顺，不敢蔽其上。万民和辑而乐为其主上用，地广人众兵

强，天下无敌。(《经法·六分》)

《管子》认为法应成为确立君臣关系的基本规范：

> 法令者，君臣之所共立也；权势者，人主之所独守也。故人主失守则危，臣吏失守则乱。罪决于吏则治，权断于主则威，民信其法则亲。是故明王审法慎权，下上有分。(《管子·七臣七主》)

虽然法令是君臣所共立，但法必须维护君臣上下的名分。在权势为君主"独守"的情况下，法令是作为君主统御臣下的手段而言的。《淮南子》云：

> 主道员者，运转而无端，化育如神，虚无因循，常后而不先也；臣道员者，运转而无方，论是而处当，为事先倡，守职分明，以立成功也。是故君臣异道则治，同道则乱。各得其宜，处其当，则上下有以相使也。夫人主之听治也，虚心而弱志，清明而不暗，是故群臣辐凑并进，无愚智贤不肖莫不尽其能者，则君得所以制臣，臣得所以事君，治国之道明矣。(《淮南子·主术训》)

君道与臣道不同，君道更具有"道"的形上意味，臣道只是在具体的活动中"守职分明"，臣下终为君主所制，法令规定了臣下的职分，是君主驾驭臣下的手段，保证国家机器得以有效运转。《淮南子》又云：

> 上操其名以责其实，臣守其业以效其功，言不得过其实，行不得逾其法，群臣辐凑，莫敢专君。事不在法律中，而可以

便国佐治，必参五行之。阴考以观其归，并用周听以察其化。不偏一曲，不党一事。是以中立而遍，运照海内，群臣公正，莫敢为邪，百官述职，务致其公迹也。主精明于上，官劝力于下，奸邪灭迹，庶功日进，是以勇者尽于军。(《淮南子·主术训》)

这就使法具有了术的意味，成为"主术"的一个方面。《尹文子》云：

仁义礼乐，名法刑赏，凡此八者，五帝三王治世之术也。故仁以道之，义以宜之，礼以行之，乐以和之，名以正之，法以齐之，刑以威之，赏以劝之。(《尹文子·大道下》)

法是君主的"度量""准绳"，君主以法来驾驭群臣、百姓，《淮南子》云：

法者，天下之度量，而人主之准绳也。(《淮南子·主术训》)

故法律度量者，人主之所以执下，释之而不用，是犹无辔衔而驰也，群臣百姓反弄其上。是故有术则制人，无术则制于人。(《淮南子·主术训》)

既然君主是执道者也是立法者，"以法禁君"与"以法制下"就存在无法克服的矛盾，这也是黄老学派无法突破的理论困境。

2. 君人南面之术

黄老学派法哲学始终是以君术为出发点的，其关注的核心问题是君主如何维持有效的统治，以法来协调君臣的关系，保持官僚体系的有效运转。在黄老学派法哲学中，"术"是"道"在具体政治活动中的体现。正如东汉班固评论道家时云:"道家者流,盖出于史官,历记成败存亡祸福古今之道,然后知秉要执本,清虚以自守,卑弱以自持,此君人南面之术也。"(《汉书·艺文志》)黄老学派强调君主的内在修养,主张清虚自守,而不是无限地扩张私欲。"术"的思想在黄老学派中占有重要地位,黄老学派文献中对"术"的论述较多,见下文:

  术者,人君之所密用,群下不可妄窥;势者,制法之利器,群下不可妄为。人君有术,而使群下得窥非术之奥者。有势,使群下得为非势之重者,大要在乎先正名分,使不相侵杂,然后术可秘,势可专。(《尹文子·大道上》)
  执柄持术,得要以应众,执约以治广,处静持中,运于璇枢,以一合万,若合符者也。(《淮南子·主术训》)
  发一端,散无竟,总一管,谓之心。见本而知末,观指而睹归,执一而应万,谓之术。(《淮南子·人间训》)
  主术者,君人之事也。其所以因作任督,则使群臣各尽其能也。明摄权操柄,以制群下,提名责实,考之参伍,所以使人主秉数执要,不妄喜怒也。(《淮南子·要略》)

"术"为君主所独擅,是君主督责臣下、掌控政局的根本。有术的君主逸乐而治,因为"不知王术,不王天下。知王术者,驱骋驰猎而不禽荒,饮食喜乐而不湎康,玩好罾好而不惑心"(《经法·六分》)。黄老学派认为这种"王术"要比儒家"以为人主天下之仪表也,主倡而臣和,主先而臣随"的统治措施更为有效。作为君主要变"主劳而臣逸"为"主逸而臣劳",就要掌握"术"。术与法之间也要平衡,如果君主一味注重术的作用而不守规范也会产生很多问题。

  综上所述,黄老学派认为,圣人在社会秩序中具有核心地位,圣人通过内在的修养才能体道，然后根据道的原则立法。圣人在政治现实中的体现就是君主之位，圣人与君主一体，道的原则要求君主在实践中做到无为，而无为是以臣下的有为来实现的。这就使术成为必要，术的实现又要以法为保障，法是术的重要环节，术始终处于优越的位置。

第四节　刑名、因循、无为与法

一　刑名与法

黄老学派中的刑名理论非常丰富，刑名理论使黄老学派法哲学有了方法论的内涵。刑名理论在立法、行法过程中也起着关键作用。

先秦时期，形名学具有悠久的思想渊源。《庄子·天道》云："故书曰：'有形有名。'形名者，古人有之，而非所以先也……形名比详，古人有之。"这里的"名"为记事物的符号，亦为记"言"的符号。[①] 关于"名"的理论，先秦文献多有记述。《管子》云："名者，圣人之所以纪万物也。"(《管子·心术上》)《吕氏春秋》云："以其言为之名，取其实以责其名，则说者不敢妄言。"(《吕氏春秋·审应》)这里，"刑"同"形"，是指相对于名而言的具体事物，而不是指刑罚。

春秋战国时期，主张法治的思想家多精于刑名学，如"商鞅少好刑名之学"(《史记·商君列传》)、"申子之学本于黄老而主刑名"(《史记·老子韩非列传》)、"韩非者，韩之诸公子也。喜刑名法术之学，而其归本于黄老"(《史记·老子韩非列传》)。战国变法运动促使刑名理论形成，使之成为一种法律思维方式，用以消除法律条文之间的矛盾，以便建立起统一的法律体系。《淮南子·要

[①] 李耽：《先秦形名之家考察》，湖南大学出版社1998年版，第10页。

略》载:"申子者,韩昭釐之佐。韩,晋别国也,地墩民险,而介于大国之间。晋国之故礼未灭,韩国之新法重出,先君之令未收,后君之令又下。新故相反,前后相缪,百官背乱,不知所用,故刑名之书生焉。"可见,在解决当时法律制度混乱问题的过程中,刑名理论逐渐成熟起来。

全面分析黄老学派文献,我们会发现刑名理论与法的理论密不可分,它是理解法的产生、运行的基本途径之一。

1. 因名生法

黄老学派提出了"道生法"这一命题,但道如何生法,学术界虽然多有论述,却一直没有予以明确的解释。前文已对"道生法"的可能性问题进行了论述,但"道"具体"生法"的过程则要通过刑名理论来阐释。

在道家看来,道是万事万物背后那个无形无名的东西,是很难用语言准确表达的,如老子说"强名之谓道"。若用语言来表述道,则必然要凭借名。

《老子》已经明确提出了刑名的概念,确定了理解刑名问题的基本思路,老子云:

> 无名天地之始,有名万物之母。(《老子·第一章》)
> 绳绳不可名,复归于无物。(《老子·第十四章》)
> 道常无名,朴虽小,天下莫能臣也。侯王若能守之,万物将自宾。天地相合以降甘露,民莫之令而自均。始制有名,名亦既有,夫亦将知止,知止可以不殆。(《老子·第三十二章》)
> 大象无形,道隐无名。(《老子·第四十一章》)

但老子并没有进一步论述刑名问题。老子主张"绝圣弃智",反对定"名",要求回到"无名"的境界,就是"复归于无名之朴"。但在老子的某些论述中,"名"也具有某种向有"形"即社会制度方面转化的可能性。《老子·第三十二章》云:"始制有名。"王弼注云:"始制,谓朴散始为官长之时也。始制官长,不可不立名分以定遵卑,故始制有名也。"① 清人傅山撰《读老子》释云:"'始制有名','制'即'制度'之'制',谓治天下者初立法制,则一切名从之而起……后世之据崇高者,只知其名之既立,尊而可以常有。"② 可以说"名"就是对"道"的表达,定名一定要符合道的原则,应体现道的"无为""清静""因循"等内涵。黄老学派在老子基础上,更详细地讨论了刑名问题,主张通过"名"来体现"道",道开始积极地向有名过渡。如《尹文子》云:"大道无形,称器有名。名也者,正形者也,形正由名,则名不可差。"(《尹文子·大道上》)与老庄相比,黄老学派更加注重对道的客观表述,即通过名来表现道。

黄老学派在老子刑名理论的基础上,从刑名的角度对"道生法"的过程进行了详细解析。

首先,黄老学派继承了老子的道论,认为"道"虽是无形无名的,但人们却想认识这个道,并表述这个道。如有学者认为形名学是"有形有名"和"无形无名"两个原理的扩展,主要体现在把无知、无欲、无为纳入"无形无名"的形上学,而同时将知(感性的和理性的)、欲(系于情与物的)、为(例如仁义和礼法)归诸"有形有名"的物的(或人的)范畴。③《黄老帛书》认为:

  虚无刑(形),其裻冥冥,万物之所从生。(《经法·道法》)

---

① 参见(魏)王弼注,楼宇烈校释《老子道德经注校释》,中华书局2008年版,第81页。
② (清)傅山:《霜红龛集》卷三十二《读老子》,陕西人民出版社1985年影印本,第855—856页。
③ 郑开:《道家形而上学研究》,宗教文化出版社2003年版,第65页。

道者，神明之原也。神明者，处于度之内而见于度之外者也。……有物始［生］，建于地而洫（溢）于天，莫见其刑（形），大盈冬（终）天地之间而莫知其名。(《经法·名理》)

恒先之初，迥同大虚，虚同为一，恒一而止。……古未有以，万物莫以。古无有刑（形），大迥无名。……万物得之以生，百事得之以成。人皆以之，莫知其名；人皆用之，莫见其刑（形）。一者其号也，虚其舍也，无为其素也，和其用也。……显明弗能为名，广大弗能为刑（形），独立不偶，万物莫之能令。天地阴阳，（四）时日月，星辰云气，规行侥重（动），带根之徒皆取生，道弗为益少；皆反焉，道弗为益多。(《道原》)

其次，在黄老学派思想中，"无形无名"的道开始向"有形有名"的现实世界过渡，"道"向现实转化是借助"刑名"来完成的。黄老学派认为：

见知之道，唯虚无有。虚无有，秋稿（毫）成之，必有刑（形）名。刑（形）名立，则黑白之分已。故执道者之观于天下也，无执也，无处也，无为也，无私也。是故天下有事，无不自为刑（形）名声号矣。刑（形）名已立，声号已建，则无所逃匿正矣。(《经法·道法》)

昔天地既成，正若有名，合若有刑（形），□以守一名。上拾之天，下施之四海。吾闻天下成法，故曰不多，一言而止。循名复一，民无乱纪。……一者，道其本也，胡为而无长？□□所失，莫能守一。一之解，察于天地。一之理，施于四海。……（总）凡守一，与天地同极，乃可以知天地之祸福。(《十六经·成法》)

道无始而有应。其未来也，无之；其已来，如之。有物将来，其刑（形）先之。建以其刑（形），名以其名。其言胃（谓）何？环□伤威。（弛）欲伤法。无隋伤道。数举参（三）者，有身弗能葆（保），何国能守？（《称》）

大道无形，称器有名。名也者，正形者也。形正由名，则名不可差。故仲尼云：必也正名乎，名不正则言不顺也。大道不称，众有必名，生于不称，则群形自得其方圆。名生于方圆，则众名得其所称也。（《尹文子·大道上》）

最后，定名的过程也要体现道的无为、虚静原则，即不要从人的主观出发，要因循事物的本性去定名。《黄老帛书》云："故唯执道者能虚静公正，乃见□□，乃得名理之诚。"（《经法·名理》）《鹖冠子》又云：

有一而有气，有气而有意，有意而有图，有图而有名，有名而有形，有形而有事，有事而有约。约决而时生，时立而物生。故气相加而为时，约相加而为期，期相加而为功。功相加而为得失，得失相加而为吉凶，万物相加而为胜败。莫不发于气，通于道，约于事，正于时，离于名，成于法者也。（《鹖冠子·环流》）

这里描述了道凭借名向法的转化过程。"一"为万物所由生的元气，人的意识也由元气而生。"意"为意念思想，是人对外界的认知能力，"图"为图谋，是一定的动机，促使人们通过思维把握外部世界，并以"名"的形式表现出来，从而进入一个普遍的思维世界，并最终以法的形式表现出来。[①]

道是万事万物运行的依据，因为有了道，万物才得以产生、运

[①] 黄怀信：《鹖冠子汇校集注》，中华书局2004年版，第71—74页。

行，但道是"虚无有""无有刑""无名"的，它是万物之中的一种抽象的东西，只有通过刑名才能进入现实状态，成为法律规范。"称器有名""建以其刑（形），名以其名"就是这个过程，"刑（形）名立，则黑白之分已"，每个事物都确定了自己的位置，所谓"授之以其名，而万物自定"（《道原》），社会秩序因之形成。能遵循"名"所确立的秩序，就会形成良好的法律秩序，即"循名复一，民无乱纪"。

作为"法"的正当性根源，"道"与西周时期人格意义上的"天"不同，这来自"道"本身所具有的自然性，这一自然性就是与天文历数相关的度数，因此这一种"法"所强调的就不是在德治中作为礼之辅助的刑罚，而是与规范性的度数相关，具有独立位置的"法"，它在人文制度中是作为裁量的准则，赏罚的依据不是依凭于礼，而是依凭于"法"。[①] 郑开认为，稷下道家、黄老学派、法家的名学，既可以看作刑名的余绪，也可以看作道家形名学的蜕化。怎样从道的原则中推导出法和刑，或者说从道的高度论证法和刑的合理性，乃是黄老学派的理论主题。作为概念性符号，"名"意味着概念思维，即理性（知性）；它之所以是制度性符号，一方面是因为社会政治制度是"有意味"的符号，另一方面是因为制度是由概念以及概念思维建构起来的。[②] 刑名是道的外在呈现，所以刑名也要依于道。

2. 正名而治

刑名是认识"道"的手段，也是"道"向"法"过渡的中间环节。通过刑名之论可以在万物之中发现统一之"道"，并根据"道"制定和执行法律。

黄老学派中，立法就是对现实社会事物（形）的考察，然后以道的原则用"名"来确定，从这个意义上讲，"名"就是"法"的

---

① 郭梨华：《〈经法〉中"形—名"思想探源》，《安徽大学学报》1998年第3期。
② 郑开：《道家形而上学研究》，宗教文化出版社2003年版，第71页。

另一种形式。《管子》云:"名者,圣人之所以纪万物也。"(《管子·心术上》)"凡物载名而来,圣人因而财之,而天下治。"(《管子·心术下》)《黄老帛书》云:"天下有事,无不自为形名声号矣。形名已立,声号已建,则无所逃迹匿正矣。"(《经法·道法》)又云:"执道者之观于天下也,必审观事之所始起,审其刑名,刑名已定,顺逆有立(位),死生有分,存亡兴坏有处,然后参之天地之恒道,乃定祸福死生存亡兴坏之所在。是故,万举不失理,论天下而无遗策,故能立天子、置三公,而天下化之,之胃(谓)有道。"(《经法·论约》)"执道者"观察万物运行规律,用以确定刑名,制定法律制度,以规范纷繁复杂的社会关系。《尹文子》云:"政者,名法是也。以名法治国,万物所不能乱。"(《尹文子·大道下》)如冯友兰所云:"'名'是一般,'形'是特殊。法律也是这样。法律的条文是'名',是一般;某具体的事是'形',是特殊。"[①]

道向法的过渡需要通过刑名这一途径,即通过审形定名的过程,道才能在客观的事物之中得到确定。法通过语言即"名"对"道"的一部分特性的表达,使道由"无形""无名"的状态下降到"有名"的状态。

审形定名的过程也体现了"无为"原则,主张要根据事物的性质。黄老学派文献云:

> 凡事无大小,物自为舍;逆顺死生,物自为名;名形已定,物自为正。(《经法·道法》)
>
> 是以圣人之治也,静身以待之,物至而名自治之。正名自治之,奇身名废。名正法备,则圣人无事。不可常居也,不可废舍也。随变断事也,知时以为度。大者宽,小者局,物有所

[①] 冯友兰:《中国哲学史新编》(上卷),人民出版社1998年版,第795页。

余有所不足。(《管子·白心》)

> 君不可与臣业，臣不可侵君事，上下不相侵与，谓之名正，名正而法顺也。(《尹文子·大道上》)

人们要想把握事物的名，必须"索其端"，也就是探索事物的本质。只有认识了事物的本质，才能知道事物的名，也就是说名是对事物本质的反映。黄老学派文献论述道：

> 物固有形，形固有名。名当谓之圣人。故必知不言之言，无为之事，然后知道之纪。(《管子·心术上》)

> 有形者必有名，有名者未必有形。形而不名，未必失其方圆白黑之实，名而不可不寻，名以检其差。故亦有名以检形，形以定名，名以定事，事以检名。察其所以然，则形名之与事物，无所隐其理矣。(《尹文子·大道上》)

> 名者，名形者也。形者，应名者也。然形非正名也，名非正形也，则形之与名，居然别矣，不可相乱，亦不可相无。无名，故大道无称，有名，故名以正形。今万物具存，不以名正之则乱，万名具列，不以形应之则乖。故形名者，不可不正也。(《尹文子·大道上》)

概念是对万物的抽象。掌握了基本概念，就可以支配万物，这是黄老学派以一应万、以简御繁思想的另一种表现形式。

3. 循名责实

对于君主来说，立法就是明确君臣名分的过程，臣下的职责一旦以法的形式规定下来，君主就可以根据明文规定的职责予以奖惩，即循名责实。《尹文子》认为："庆赏刑罚，君事也；守职效能，臣业也。君科功黜陟，故有庆赏刑罚；臣各慎所务，故有守职效能。君不可与臣业，臣不可侵君事，上下不相侵与，谓之名正，名正而法顺也"(《尹文子·大道上》)。

刑名理论在具体的执法活动中也有重要的作用。在执法的过程中，必须做到名实相应，也就是说法必须与具体的社会关系相符，才能达到"名正法备，则圣人无事"(《管子·白心》)的目的。《管子》云："修名而督实，按实而定名。名实相生，反相为情。名实当则治，不当则乱。"(《管子·九守》)《黄老帛书》强调"名功相抱"，如果"名功不相抱，名进实退，是胃（谓）失道，其卒必□身咎"(《四度》)。

作为"执道者"的君主，在处理政事的过程中，应当做到"□见正道循理，能与（举）曲直，能与（举）冬（终）始。故能循名厩（究）理。刑名出声，声实调合，祸（灾）废立，如景（影）之隋（随）刑（形），如向（响）之隋（随）声，如衡之不臧（藏）重与轻。故唯执道者能虚静公正，乃见□□，乃得名理之诚"(《经法·名理》)。"欲知得失情，必审名察刑（形）。刑（形）恒自定，是我俞（愈）静，事恒自施，是我无为。"(《十六经·顺道》)

黄老学派强调，在执法过程中必须循名责实，才能维护君臣的上下名分。《吕氏春秋》云："凡君也者，处平静，任德化，以听其要。若此，则形性弥嬴，而耳目愈精；百官慎职，而莫敢愉綖；人事其事，以充其名。名实相保，之谓知道。"(《吕氏春秋·勿躬》)《淮南子》云："治国则不然，言事者必究于法，而为行者必治于官。上操其名以责其实，臣守其业以效其功，言不得过其实，行不得逾其法。群臣辐凑，莫敢专君。"(《淮南子·主术训》)可见相对于事实而言，法律属于名，君主应因名责实，名实当则赏，不当则罚，这是执法过程中必须遵循的一条原则。

二 因循与法

司马谈在论述黄老学派的主旨时云："其术以虚无为本，以因循为用。无成执，无常形，故能究天地之情。不为物先，不为物后，故能为万物主。有法无法，因时为业；有度无度，因物与合。"(《史记·太史公自序》)可见"因循"思想在黄老学派中占有重要的位置，它是"道"的一个基本原则，这在黄老学派法哲学中也表现出来。

道家强调人类认识能力的局限性，人类的活动要因循万物的自然状态，否定以智治国。老子在这方面颇多论述：

> 大道废，有仁义；智慧出，有大伪；六亲不和，有孝慈；国家混乱，有忠臣。(《老子·第十八章》)
>
> 绝圣弃智，民利百倍；绝仁弃义，民复孝慈；绝巧弃利，盗贼无有。(《老子·第十九章》)
>
> 人法地，地法天，天法道，道法自然。(《老子·第二十五章》)
>
> 圣人无常心，以百姓之心为心。(《老子·第四十九章》)
>
> 以辅万物之自然而不敢为。(《老子·第六十四章》)
>
> 民之难治，以其智多。故以智治国，国之贼；不以智治国，国之福。(《老子·第六十五章》)

相对于老子，黄老学派更加强调遵循外在规律的重要性，即因"天"也就是"道"的运行规则，《黄老帛书》云："不专己，不豫谋，不为得，不辞福，因天之则。"(《称》)《淮南子·主术训》云："不因道之数，而专己之能，则其穷不达矣。智不足以治天下也。"黄老学派并不是否认人的认知能力，而是认为要因循外在的规律。《管子·白心》云："孰能去辩与巧，而还与众人同道。"黄老学派强调民众必须遵循道法，如田骈、慎到主张："弃知去己，而缘不得已，泠汰于物，以为道理。"(《庄子·天下》)认为应该除掉人的主观性，遵循道的原则，这就使法成为必要，使法有了认识论的基础。黄老学派相关的论述还有:"弃道术,舍度量,以求一人之识识天下,谁子之识能足焉"?(《慎子·逸文》)"故曰去听无以闻则聪,去视无以见则明,去智无以知则公。去三者不任则治,三者任则乱。以此言耳目心智之不足恃也。"(《吕氏春秋·任数》)"夫无知之物,无建己之患,无用知之累,动静不离于理。"(《庄子·天下》)"不因道之数,而专己之能,则其穷不达矣。智不足以治天下也。"(《淮南子·主术训》)这就否定了君主那种事必躬亲的治理方法,转而求诸外在规范的作用。所以提出了具体可依据的法,并重视建立一套完善的、能体现道的内涵的法律制度,并因循法律制度来进行政治活动。《慎子·逸文》云:"守成理,因自然,祸福生乎道法,而不出乎爱恶。"黄老学派法哲学继承了这一思想,并将其应用到对法的论述之中。

黄老学派强调去除人的主观好恶,因循道的要求,认为:

> 天道因则大,化则细。因也者,因人之情也,人莫不自为也,化而使之为我,则莫可得而用矣。是故先王见不受禄者不臣,禄不厚者不与入难。人不得其所以自为也,则上不取用焉。故用人之自为,不用人之为我,则莫不可得而用矣。此之谓因。(《慎子·因循》)

> 无为之事,因也。因也者,无益无损也。以其形因为之名,此因之术也。(《管子·心术上》)

> 是以君子不怵乎好,不迫乎恶,恬愉无为,去智与故。其应也,非所设也;其动也,非所取也。过在自用,罪在变化。是故有道之君子,其处也若无知,其应物也若偶之。静因之道也。(《管子·心术上》)

> 古之王者,其所为少,其所因多。因者,君术也;为者,臣道也。为则扰矣,因则静矣。因冬为寒,因夏为暑,君奚事哉?故曰君道无知无为,而贤于有知有为,则得之矣。(《吕氏

春秋·任数》)

可以说无为与因循是道的两个方面，无为就是因循事物运行的规则，反之，因循万物本性就可实现无为。

黄老学派认为"法"不是君主的主观造作，而是因循外物而形成的。《淮南子·齐俗训》云："先王之法籍，非所作也，其所因也。"法的制定要体现因循的原则，要充分考虑到人的本性、社会风俗等因素，在此基础上制定法才会得到实行。所以《淮南子》又云：

> 圣人之治天下，非易民性也，拊循其所有而涤荡之。故因则大，化则细矣。……故先王之制法也，因民之所好而为之节文者也。因其好色而制婚姻之礼，故男女有别；因其喜音而正雅颂之声，故风俗不流；因其宁家室、乐妻子，教之以顺，故父子有亲；因其喜朋友而教之以悌，故长幼有序。……故先王之教也，因其所喜以劝善，因其所恶以禁奸，故刑罚不用而威行如流，政令约省而化耀如神。故因其性则天下听从，拂其性则法悬而不用。(《淮南子·泰族训》)

因循思想也要求法必须与时代的发展相适应，法的内容应根据时代的发展而有所调整。《吕氏春秋》云：

> 故凡举事必循法以动，变法者因时而化，若此论则无过务矣。夫不敢议法者，众庶也；以死守者，有司也；因时变法者，贤主也。是故有天下七十一圣，其法皆不同。非务相反也，时势异也。时已徙矣，而法不徙，以此为治，岂不难哉？(《吕氏春秋·察今》)

《淮南子》云：

> 七十余圣，法度不同，非务相反也，时事异也。是故不法其已成之法，而法其所以为法。所以为法者，与化推移者也。夫能与化推移为人者，至贵在焉尔。（《淮南子·齐俗训》）

这里的"因时变法""法与化移"的思想是与慎到"以道变法"的思想相一致的，这使变法活动有了坚实的理论基础。

黄老学派的人性理论也体现了因循原则，顺应人的本性立法也是黄老学派法哲学重要的内容。

春秋战国时期，诸子百家对人性问题展开了广泛的讨论，形成了不同的人性论。黄老学派对人性的阐述体现了道的原则，它不去认定人的本性是善是恶，而是主张遵循人性的自然状态。黄老学派尊重人的欲望，在制定法的过程中，主张顺应人的自然本性，也要客观地考虑到人的欲望。

春秋战国时期，天、天命从人格神的性格转化为道德法则性的性格。在这一背景下，孔子所说的天、天命、天道实际是指道德的超经验性格，因此道德才有普遍性、永恒性。孔子的"性"与天命连在一起，性自然是善的，"性相近也，习相远也"（《论语·阳货》），这里的"性"是善，是"仁"。"仁"是性和天道的融合，是生命根源的人性，内在于每一个人的生命之中，"我欲仁，斯仁至矣"（《论语·述而》），"为仁由己"（《论语·颜渊》），以"仁"为人性。[①] 孟子继承孔子的人性论，主张"道性善，言必称尧舜"（《孟子·滕文公上》），认为"仁，人心也"（《孟子·告子上》）。

孟子与告子就人性问题展开了激烈争论，也表明儒家与道家人性论的基本分歧。告子认为"生之为性"（《孟子·告子上》），即

[①] 参见徐复观《中国人性论史》，上海三联书店 2001 年版，第 55—90 页。

人生而就有的欲望便是性。生而就有的欲望中最显著的莫如食与色,所以告子云:"食色,性也。"又云:"性犹湍水也,决诸东方则东流,决诸西方则西流。人性无分于善与不善也,犹水之无分于东西也。"(《孟子·告子上》)既然人性无分善与不善,仁义也是由外铄而来,所以他说:"性犹杞柳也,义犹杯棬也。以人性为仁义,犹以杞柳为杯棬。"(《孟子·告子上》)而孟子则认为:"仁,人心也。"(《孟子·告子上》)"仁义礼智,非由外铄我也,我固有之也。"(《孟子·告子上》)这场争论一定意义上代表了道家与儒家关于人性论的分歧。体现在实际的制度上,儒家主张制定烦琐的礼制,并加强对人的教化,而黄老学派则强调顺应人的本性,制定客观性的法,作为人们的行为规则。

黄老学派认为人都是有欲望的,但这种欲望是客观的,并没有善恶之分。这方面的论述有:

> 心欲人人有之。(《尹文子·大道上》)
>
> 生有害,曰欲,曰不知足。(《经法·道法》)
>
> 天生人而使有贪有欲。欲有情,情有节,圣人修节以止欲,故不过行其情也。故耳之欲五声,目之欲五色,口之欲五味,情也。此三者,贵贱、愚智、贤不肖欲之若一,虽神农、黄帝,其与桀、纣同。(《吕氏春秋·情欲》)

相对于儒家来说,黄老学派对人性的认识更为客观,其认为儒家没有认识人的本性,一味地用礼制来约束人的行为。《淮南子》云:"今夫儒者不本其所欲,而禁其所欲,不原其所以乐,而闭其所乐。是犹决江河之源而障之以手也。"(《淮南子·精神训》)黄老学派认为在欲望的驱使下人们追求各自的利益,因而产生了冲突。统治者要客观地认识人的欲望,不要完全禁止,而是要疏导。法的制定也是顺应人的本性,是在一定程度上规范人的欲望，而不是完全禁制。《管子》云："人主之所以令则行、禁则止者，必令于民之所好而禁于民之所恶也。民之情莫不欲生而恶死，莫不欲利而恶害。故上令于生、利人，则令行；禁于杀、害人，则禁止。令之所以行者，必民乐其政也，而令乃行。"（《管子·形势解》）

黄老学派法哲学论述法的来源时云：

> 法非从天下，非从地出，发于人间，合乎人心而已。治水者，茨防决塞，九州四海，相似如一，学之于水，不学之于禹也。（《慎子·逸文》）

> 法生于义，义生于众适，众适合于人心，此治之要也。故通于本者不乱于末，睹于要者不惑于详。法者，非天堕，非地生，发于人间，而反以自正。是故有诸己不非诸人，无诸己不求诸人。（《淮南子·主术训》）

黄老学派对于"法"应该合于"人心"的认识是非常深刻的，只有客观地考察人的本性，并在此基础上制定的法才是最有效的。所以《文子》云："物必有自然而后人事有治也，故先王之制法，因民之性而为之节文。无其性，不可使顺教；有其性，无其资，不可使遵道。人之性有仁义之资，其非圣人为之法度，不可使向方，因其所恶以禁奸，故刑罚不用，威行如神，因其性即天下听从，拂其性即法度张而不用。"（《文子·自然》）在法的实践活动中要充分考虑到人的自然本性。

老子主张圣人"辅万物之自然而弗敢为"，所以黄老学派认为法应该因循人的自然本性而产生，所以法也保障人的自然本性，是对人们行为的引导，而不是对人们行为的强制。《文子·自然》认为："圣人立法，以导民之心，各使自然，故生者无德，死者无怨。"

人们之所以服从法律，服从君主的命令，是因为"以欲生而恶死也。使人不欲生，不恶死，则不可得而制也"（《管子·明法解》）。《管子》认为："人故相憎也，人之心悍，故为之法。"（《管子·枢言》）所以根据人"欲生而恶死"的本性设置赏罚二柄加以控制，因为"人之可杀，以其恶死也；其可不利，以其好利也"（《管子·心术上》）；"凡民者，莫不恶罚而畏罪。是以人君严教以示之，明刑罚以敬之"（《管子·版法解》）。

黄老学派认为万物皆有自己的本性，有效的治理不是改变、干扰万物的本性，而是顺应万物的本性，《淮南子·原道训》云："夫太上之道，生万物而不有，成万象而弗宰。"这体现了无为的原则，"万物固以自然，圣人何事焉"。圣人尊重道的本然状态，不能去刻意改变万物的本性。"率性而行谓之道，得其天性谓之德，性失然后贵仁，道失然后贵义。"（《淮南子·缪称训》）

法的制定也要因循人的自然本性，《淮南子·齐俗训》云："先王之法籍，非所作也，其所因也。"法的制定要体现因循的原则，充分考虑到人的本性、社会风俗等因素，在此基础上制定法律才会得到实行。

因循思想也要求法必须与时代的发展相适应，根据时代的发展对法的具体内容进行调整。《吕氏春秋·察今》云："故凡举事必循法以动，变法者因时而化，若此论则无过务矣。夫不敢议法者，众庶也；以死守者，有司也；因时变法者，贤主也。是故有天下七十一圣，其法皆不同。非务相反也，时势异也。……时已徙矣，而法不徙，以此为治，岂不难哉？"这并不说明法的随意，始终是以道为自己的理论依据。这里的"因时变法""法与化移"的思想与慎到"以道变法"思想相一致，这使变法活动有了坚实的理论基础。

三 无为与法

"无为"思想在《老子》中已经相当丰富。老子云："是以圣人处无为之事，行不言之教。"(《老子·第二章》)"为无为，则无不治。"(《老子·第三章》)"爱国治民，能无为乎？"(《老子·第十章》)"道常无为而无不为，侯王若能守之，万物将自化。"(《老子·第三十七章》)"天下之至柔，驰骋天下之至坚。无有入无间，吾是以知无为之有益。不言之教，无为之益，天下希及之。"(《老子·第四十三章》)"为学日益，为道日损，损之又损，以至于无为，无为而不为。取天下常以无事，及其有事，不足以取天下。"(《老子·第四十八章》)

无为是君主处理与民众关系的基本原则。老子云："故圣人云，我无为而民自化，我好静而民自正，我无事而民自富，我无欲而民自朴。"(《老子·第五十七章》)老子所说的"自化""自正""自富""自朴"是指没有外力干预的自发状态，老子主张自然而然的和谐秩序，反对执政者以自己的意志、欲望及强制性的手段来破坏这种秩序。[1]

黄老学派的"王术"体现了"道"的要求，其最突出的表现就是"无为"。"无为"是黄老学派的一个重要理论。君主要真正做到无为，必须以法为依托，这使无为思想具有了可操作性。张舜徽认为："大抵汉以上称黄老，本以清静无为，施之治国，故其效著。"[2]

汉初司马谈对"无为"原则进行了概括：

> 道家无为，又曰无不为，其实亦行，其辞难知。其术以虚无为本，以因循为用。无成势，无常形，故能究天地之情。不为物先，不为物后，故能为万物主。有法无法，因时为业；有度无度，因物与合。(《史记·太史公自序》)

---

[1] 刘笑敢：《老子——年代新考与思想新诠》，(台湾)东大图书股份有限公司2005年版，第84页。

[2] 张舜徽：《周秦道论发微》，中华书局1982年版，第78页。

黄老学派认为"无为"是"道"的体现。如《黄老帛书》在论述"道"的性质时云："一者其号也,虚其舍也,无为其素也,和其用也。"所以作为"执道者"的君主要遵循"道"的原则,应该做到无为而治。《黄老帛书》云："故执道者之观于天下也,无执也,无处也,无为也,无私也。"(《经法·道法》)《淮南子》云："无为者,道之宗。"(《淮南子·主术训》)《淮南子》云："所谓无为者,不先物为也;所谓无不为者,因物之所为。所谓无治者,不易自然也;所谓无不治者,因物之相然也。"(《淮南子·原道训》)

无为是道的基本原则,君主施政应效法道,君主是协调百官的枢机,《吕氏春秋·君守》云:

故曰天无形,而万物以成;至精无象,而万物以化;大圣无事,而千官尽能。此乃谓不教之教,无言之诏。

无为的宗旨就是有效处理君主与官僚机构的关系,《淮南子·主术训》云:

故有道之主,灭想去意,清虚以待,不伐之言,不夺之事,循名责实,使有司,任而弗诏,责而弗教,以不知为道,以奈何为宝。如此,则百官之事各有所守矣。

道家的"无为"在一定意义上是相对于儒家"有为"而提出来的,因为儒家政治的风格是强调有为,烦琐的礼制就是有为政治的体现。君主以道德教化去感召群臣,在黄老学派看来这样做收不到良好的效果。《史记》云："儒者则不然。以为人主天下之仪表也,主倡而臣和,主先而臣随。如此则主劳而臣逸。"(《史记·太史公自序》）君主以"无为"原则处理君臣关系，就可以做到"臣事事而君无事，君逸乐而臣任劳"，"大圣无事，而千官尽能"，这才是比较高明的统治术。

然而，圣人要做到无为而治，必须以系统的法为依托，要将整个国家机器纳入法的规范来运作。《淮南子》云：

> 古之置有司也，所以禁民，使不得自恣也。其立君也，所以剙有司，使无专行也。法籍礼仪者，所以禁君，使无擅断也。人莫得自恣，则道胜，道胜而理达矣，故反于无为。无为者，非谓其凝滞而不动也，以其言莫从己出也。（《淮南子·主术训》）

可见"无为"不是"凝滞而不动"，而是指"言莫从己出"，也就是说君主应以客观性的法为依据，这样才能达到道的无为状态。法是一个客观标准，可以控制君主的"私志"与"嗜欲"，《淮南子》云：

> 若吾所谓无为者，私志不得入公道，嗜欲不得枉正术，循理而举事，因资而立功，权自然之势，而曲故不得容者，事成而身弗伐，功立而名弗有，非谓其感而不应，攻而不动者。（《淮南子·修务训》）

"公道"与"正术"是基本的标准，用以限制君主的"私志"与"嗜欲"，所以，只有具备了完善的法，君主才能做到"无为"。"无为"与"法治"是道的两个方面，二者相辅相成，都体现了道的内涵。黄老学派文献中这类论述颇多：

> 凡能用名法权术，而矫抑残暴之情，则己无事焉。己无

事，则得天下矣。(《尹文子·大道下》)

是以圣人之治也，静身以待之，物至而名自治之。正名自治之，奇身名废。名正法备，则圣人无事。(《管子·白心》)

先王之治国也，使法择人，不自举也；使法量功，不自度也。(《管子·明法》)

今夫权衡规矩，一定而不易，不为秦、楚变节，不为胡、越改容，常一而不邪，方行而不流，一日刑之，万世传之，而以无为为之。(《淮南子·主术训》)

"无为"相对于"有为"而言，"无为"是以法为治，君主施政应遵守基本的规范，"有为"是指君主"舍法而以身治"，以自己的意志取代法律，这样会干扰正常的政治运行秩序。

第五节　正与法

一　"正"与"奇"

在道家哲学中，老子首先提出了"以正治国"的概念，老子云："以正治国，以奇用兵，以无事取天下。"(《老子·第五十七章》)但老子并没有进一步论述"以正治国"的具体内容，这为后世研究者提供了一定的诠释空间。迄今为止，历代学者对"以正治国"的注解多局限在老子思想范围内，注重在《老子》中发掘"以正治国"的微言大义。实际上，黄老学派继承并发展了"以正治国"思想，赋予其更丰富的内涵，因此，应该把"以正治国"放到整个道家思想发展史中来理解，应进一步结合相关道家文献理解其确切含义。

要理解"以正治国"的内涵，首先我们必须明确"正"的含义。在先秦文献中，"正"是个政治意味浓厚的概念，如《洪范》篇云："无偏无党，王道荡荡；无党无偏，王道平平；无反无侧，王道正直。"把"正"作为政治活动的根本价值标准。在先秦不同的学术流派中,"正"的意义有所差别,对于道家来说,"正"的含义是较为一致的,它是一种价值标准、行为规范,也是执政的手段与目的。"正"在《老子》的有些版本中被写作"政",如《文子·上礼》篇、傅奕本、邢玄本、磻溪本均为"政"。郭店竹简本为"以正治邦",① 马王堆帛书甲本为"以正之邦",乙本为"以正之国",② 虽然"政"与"正"为通假字,但使用"政"还是"正",在意义上却有着根本的区别,如南齐顾欢认为是"政"字,意为"名教法律也"(《道德真经注疏》卷六)。③ 唐李荣认为是"正"字,意为"养百姓者,妙在平均;宣风化者,要归于正直"(《道德真经玄德纂疏》卷十五)。④ 综观《老子》和先秦文献,可以看到"正"是作为与"奇"相对的概念而出现的,"正"应是老子的本意。

老子强调"以正治国,以奇用兵",认为治国与用兵的性质完全不同,治理国家应采用稳定、常规的方法,而不能像用兵一样使用"诡道"。在兵法中,"奇"与"正"也是一对重要的概念。《孙子兵法·势篇》云:"凡战者,以正合,以奇胜。故善出奇者,无穷如天地,不竭如江海。""正"即常规的方法,"奇"是出乎敌人意料之外的诡道。《孙膑兵法·奇正》云:"刑(形)以应刑(形),正也;无刑(形)而裚(制)刑(形),奇也。奇正无穷,分也。分之以奇数,裚(制)之以五行,斳(斗)之以□□。"⑤ 兵法强调战争中"奇"与"正"的辩证关系,认为"奇"与"正"是可以相互转化的,讲究出奇制胜。但是老子认为治国要以"正"为原则,要遵守恒常之道,而不能出奇,否则就会造成秩序

---

① 李零:《郭店楚简校读记》,北京大学出版社2002年版,第5页。
② 《马王堆汉墓帛书》(一),文物出版社1975年版,第106页。
③ 《道藏》第13册,文物出版社、上海书店、天津古籍出版社1988年版,第332页。
④ 同上书,第489页。
⑤ 张震泽:《孙膑兵法校理》,中华书局1984年版,第193页。

的混乱。《老子·第五十八章》云:"祸尚福之所倚,福尚祸之所伏。孰知其极,其无正。正复为奇,善复为妖。"此处老子是把"正"与"奇"联系起来,看到其转化的可能性,所以强调守正的重要意义。①

老子对"正"做了进一步论述,认为"正"就是遵循大道,是相对于"奇"也就是"邪"而言的。《老子·第五十三章》云:"使我介然有知,行于大道,唯施是畏。大道甚夷,而民好径。朝甚除,田甚芜,仓甚虚。服文彩,带利剑,厌饮食,财货有馀,是谓盗夸。非道也哉。"韩非解释"大道甚夷,而人好径"云:"所谓'大道'也者,端道也。所谓貌'施'也者,邪道也。所谓'径'也者,佳丽也。佳丽也者,邪道之分也。"(《韩非子·解老》)《老子河上公章句》卷三注云:"径,邪不正也。"②清代王念孙认为:"'施'读为迤。迤,邪也。言行于大道之中,唯惧其入于邪道也。"③可见,老子对非道的政治进行了批判,认为其违背了"正"的原则。老子进一步强调"正"对于政治活动的重要意义,如"清静为天下正"(《老子·第四十五章》)。蒋锡昌认为:"'正'者,所以正人也,故含有模范之义。此言人君应以清静之道为天下人民之模范也。"④所以"以正治国"就是以稳定、恒常的规则为标准从事政治活动的意思。

黄老学派讨论了奇、正的关系,①强调"正"在制度建立中的重要意义,并详细论述了"正"与"奇"关系。在对待"名"的问题上,要求正名,如《黄老帛书》云:"名正者治,名奇者乱。正名不奇,奇名不立。正道不殆,可后可始。"(《十六经·前道》)在具体的政治活动中,把"正"作为基本的原则,认为名与具体的

---

① 高亨:《老子正诂》,中国书店 1988 年版,第 120 页。
② 王卡点校:《老子河上公章句》,中华书局 1993 年版,第 203 页。
③ (清)王念孙:《读书杂志》余编卷上,江苏古籍出版社 1985 年版,第 1011 页。
④ 蒋锡昌:《老子校诂》,商务印书馆 1937 年版,第 327 页。

事物要相符，应以道的原则使奇归于正，如《黄老帛书》（道原）云："得道之本，握少以知多；得事之要，操正以正奇。"

二 "正"与"静"

在道家思想中"正"与"静"两个概念的关系非常密切。老子认为通过"静"才能实现"正"，也就是通过"守静"的修养才能归于道。《老子·第十六章》云："致虚极，守静笃，万物并作，吾以观复。夫物芸芸，各复归其根，归根曰静，是谓复命，复命曰常，知常曰明。"老子认为人的本性是平正、安静，"致虚""守静"的目的是"知常"，即恒常之道，这就是"正"。黄老学派发挥了老子思想，认为"正""静"是认知事物的根本方法，也就是排除主观的杂念，保持冷静的理性。《经法·亡论》云："嬴极必静，动举必正。嬴极而不静，是谓失天。动举而不正，是谓后命。""正静"甚至作为一个词汇出现，表明二者内涵的一致性。《管子·心术下》云："人能正静者，筋肕而骨强；能戴大圆者，体乎大方；镜大清者，视乎大明。正静不失，日新其德，昭知天下，通于四极。""正静"对于执政者具有重要意义，只有做到"正静"，才能洞察天下，乃至整个宇宙，也就是体察道的含义。

"正静"并不是否认知识的作用，而是强调执政者要去除主观成见，遵循客观规律。《管子·心术上》云："是以君子不怵乎好，不迫乎恶，恬愉无为，去智与故。其应也，非所设也；其动也，非所取也。过在自用，罪在变化。是故有道之君子，其处也若无知，其应物也若偶之。静因之道也。""静"就是抛开主观好恶，因道而动，遵循外在的规律。《庄子》也有相同的论述，如云："去知与故，循天之理"（《庄子·刻意》）。《庄子·天下》篇在总结黄老学者慎到的思想时说他"弃知去己，而缘不得已，泠汰于物，以为道理"，这些都说明"静"所包含的因循客观规律的意思，只有守静，清除主观成见，用冷静的理性去认识并因循事物的规律，才能实现"正"。

"正"意味着万物各处其宜、各循其性,"静"是不干扰事物的本然状态,道家认为通过"正"与"静"能实现清静无为的理想政治状态。只有"静"才能实现"正",有了"正"也就确立了统一的标准,有了统一的标准,才能治理天下。如《老子·第四十五章》云:"清静为天下正。"《文子·道德》云:"无为者,守静也,守静能为天下正。""守静"也就是体道,因为道是至正的。"正静"成了政治活动的标准。"正"是根本,"正"就可以"静",执政者和民众都遵守了"静"的原则,就能实现"正",也就是道的状态。如《黄老帛书·道原》云:"上虚下静而道得其正。"

三 "正"是治国的根本

老子把"正"作为治国的基本原则,也就是以清静之道治国,但清静之道要落实到现实的政治上,那就要确立一个标准,并依照标准施政。黄老学派进一步探讨"正"的内涵,把它看成道的基本特征、事物的根本所在。《经法·四度》云:"正者,事之根也。""正"是最高的标准,是事物运行的根本依据。《经法·论》云:"明以正者,天之道也。"《称》又云:"天贵正,过正曰诡。""正"是天地万物的准则,自然秩序和人类秩序都应以"正"来调节。《鹖冠子·度万》云:"阴阳者,气之正也;天地者,形神之正也;圣人者,德之正也;法令者,四时之正也。"就自然秩序而言,"正"也是一种必然性,事物中最根本的性质就是"正",天地、四时、万物都有其"正",引申到人类社会秩序中,"正"就是政治活动的常规、常则。

黄老学派认为执政者就是"正"的体现。《鹖冠子·泰鸿》云:"以天子为正,调其气,和其味,听其声,正其形,迭往观今,故业可循也。""天子"是天下的标准,可以协调万物的关系,使万物各归其正，和谐共存。执政者应该以"正"作为修身治国的基本原则。《文子·道德》云："夫道德者，匡邪以为正，振乱以为治，化淫败以为朴，淳德复生。"修身要以"道德"为原则，不受外物的干扰，维持自身的正气，也就会使邪行归于"正"。《经法·名理》云："故执道者之观于天下，□见正道循理，能与曲直，能与终始。""正道"就是不断体道并以道指导自己的行为，这是一切政治活动的根本。"正"也是道的体现，因此成为人们必须遵循的标准，"正己"与"正民"是结合在一起的，"正民"也强调民众的"自正"，就是要遵循清净无为的为政理念。如《文子·自然》云："天地之道，以德为主，道为之命，物以自正。""正"的原则也强调个体的"自正"，就是尊重并实现人的自然本性。

"正"是施政的基本原则。《管子·法法》云："政者，正也。正也者，所以正定万物之命也。是故圣人精德立中以生正，明正以治国。""正"可以"定万物之命"，圣人也就是执政者的作用是"生正"，就是确立"正"的标准。孔子曾云："政者，正也。子帅以正，孰敢不正？"（《论语·颜渊》）孔子认识到"正"的作用，但更强调执政者的道德示范作用，而不是以"正"为原则确立普遍的行为标准。《管子》是在道家"道德"系统中言"正"的，"正"不只是从执政者的个人道德修养出发，以道德去同化民众，而是从"万物"各存其性的角度，去确定万物各自的适当位置。《管子》在老子之后提出"明正以治国"的观念，"正"成为一切政治活动的标准，过与不及都不是"正"，国家的政事必须遵循"正"的原则。

四 "名法"为"正"

"正"是道家基本的执政理念，它要求政治活动要遵守恒常之道。黄老学派发挥了老子的思想，认为"正"不仅是执政理念，而且是具体制度的根本价值。"正"表现在"名""法"的作用上，

"名""法"就是恒常的标准,也就是"正"的体现,执政者用这个标准去衡量纷繁的社会关系,民众也以法为自己的行为准则,这样"以正治国"的政治理念就在现实政治中得以落实。

《尹文子》是黄老学派的重要文献,[①] 它在解释"以正治国"时云:"老子曰:以政治国,以奇用兵,以无事取天下。政者,名法是也,以名法治国,万物所不能乱。奇者,权术是也,以权术用兵,万物所不能敌。凡能用名法权术,而矫抑残暴之情,则己无事焉,己无事,则得天下矣。"(《尹文子·大道下》)可见,"名法"正是说明了"正"的内涵,所以此处"政"应为"正",它与"奇"相对,是治国的基本原则,这符合老子的本意,也是黄老学派对老子"以正治国"思想的发展。汉代严遵解释"以正治国"也体现了这层含义,严遵云:"王道人事,一柔一刚,一文一武,中正为经。刚柔相反,兵兴德连;兵终反德,德终反兵,兵德相保,法在中央。法数相参,故能大通。是以明王圣主,损欲以虚心,虚心以平神,平神以知道,得道以正心,正心以正身,正身以正家,正家以正法,正法以正名,正名以正国。"(《老子指归》卷四《以正治国》)实际上,老子并不完全排斥法的作用,而是认为要实现清静无为必须有一定的制度保障,这种制度要以"正"为内涵。有学者认为在老子的思想中,"正"是清静无为,法度就是"奇",老子不重法度,[②] 这是不客观的,老子并不否认法度的作用,只是批判违背道的法度。

道家思想是不断发展的,黄老学派继承并发挥了老子"正"的观念,认为在现实政治中,"名法"就是"正"。《经法·君正》云:"法度者,正之至也。而以法度治者,不可乱也。"《鹖冠子·泰鸿》云:"法者,天地之正器也。"法就是"正"的体现,法的

[①] 胡家聪:《〈尹文子〉与稷下黄老学派——兼论〈尹文子〉并非伪书》,《文史哲》1984年第2期。

[②] 陈鼓应:《黄帝四经今注今译》,台湾商务印书馆1995年版,第77页。

基本价值就是公正，所以先秦诸子常用规矩、权衡、绳墨来比喻"法"具有"正"的意义。如《经法·四度》云："规之内曰员（圆），柜（矩）之内曰方，县之下曰正，水之曰平。"所以"正"也是法的基本价值，在一定意义上，"正"就是"法"的意思。

法的基本特征是"正"，所以它也具有"正民"与"自正"的作用。《十六经·成法》云："黄帝问力黑，唯余一人兼有天下，猾民将生，佞辩用智，不可法组。吾恐或用之以乱天下。请问天下有成法可以正民者？力黑曰：然。昔天地既成，正若有名，合若有形，□以守一名。上拴之天，下施之四海。吾闻天下成法，故曰不多，一言而止。循名复一，民无乱纪。"法可以用来"正民"，也就是以法来规范民众的行为，使人们的行为有统一的标准，从而形成稳定的社会秩序，所以，在一定意义上，"以正治国"就是以法治国，这就明确了"法"在政治活动中的重要作用。

黄老学派的文献往往以绳墨、权衡、规矩、斗斛、度量、仪表来说明法的作用，以此来强调法的客观性。《黄老帛书》云："法者，引得失以绳，而明曲直者也。"（《经法·道法》）"称以权衡，参以天当，天下有事，必有巧验。事如直木，多如仓粟。斗石已具，尺寸已陈，则无所逃其神。故曰：度量已具，则治而制之矣。"（《经法·道法》）《管子》云："法度者，万民之仪表也。"（《管子·形势解》）"法者天下之仪也，所以决疑而明是非也，百姓所县命也。"（《管子·禁藏》）《管子》又云："尺寸也、绳墨也、规矩也、衡石也、斗斛也、角量也，谓之法。"（《管子·七法》）《淮南子》云："法者，天下之度量，而人主之准绳也。"（《淮南子·主术训》）法的这种客观性也反映了道的客观性、统一性。

黄老学派认为法具有公正性。《黄老帛书》云："法度者，正之至也。而以法度治者，不可乱也。而生法度者，不可乱也。精公无私而信赏罚，所以治也。"（《经法·君正》）《鹖冠子》云："法者使去私就公，同知一警，有同由者也，非行私而使人合同者也。"

(《鹖冠子·度万》)"法者,天地之正器也,用法不正,玄德不成,上圣者,与天地接,结六连而不解者也。"(《鹖冠子·泰鸿》)法的公正性使它成为判断是非的客观标准,所有社会群体的功过是非都以法来衡量。《慎子》云:"故蓍龟,所以立公识也;权衡,所以立公正也;书契,所以立公信也;度量,所以立公审也;法制礼籍,所以立公义也。凡立公,所以弃私也。"(《慎子·威德》)"法者,所以齐天下之动,至公大定之制也。故智者不得越法而肆谋,辩者不得越法而肆议,士不得背法而有名,臣不得背法而有功。我喜可抑,我忿可窒,我法不可离也;骨肉可刑,亲戚可灭,至法不可阙也。"(《慎子·逸文》)

五 "以正治国"的目的是"正天下"

在春秋战国时期诸侯征战不休的政治形势下,人们向往天下的统一、社会秩序的稳定。有军事实力的诸侯都有统一天下的抱负,思想界也重视探讨统一天下之道。实际上,道家理论并没有局限在"治国"的范围内,而是在"治国"的基础上进一步"取天下",也就是以"正"的原则统一并治理天下。

老子主张"以道莅天下",认为应该以道统一并治理天下,这也是一个实现道治的过程。这一观点为黄老学派所发挥,如《文子·道德》云:"执一者,见小也;见小故能成其大也。无为者,守静也,守静能为天下正。""正"与"静"相通,守静也就是守正,进而为"天下正"。《经法·道法》又云:"故唯执道者能上明于天之反,而中达君臣之半,富密察于万物之所终始,而弗为主。故能至素至精,浩弥无形,然后可以为天下正。"黄老学派以道的视野来看待现实政治,认为执道者应贯通天、人、万物的道理,体会道的宗旨,就可以为"天下正",实践"以道莅天下"的政治主张。

执政者欲"正天下",首先必须修道德,使自己的行为符合道德的要求。老子论述了道对于修身治国的重要性,如"修之于身,其德乃真；修之于家，其德乃馀；修之于乡，其德乃长；修之于邦，其德乃丰；修之于天下，其德乃普"(《老子·第五十四章》)，道的作用是按身、家、乡、邦、天下的序列扩展的，道的终极目的是修之于天下，使天下归于道。《文子·上仁》发挥了这一思想云："古者修道德即正天下，修仁义即正一国，修礼智即正一乡。"这说明了"道德"对于"正天下"的重要意义，"正天下"就是使天下归于道治的过程。

欲"正天下"应建立完善的法律制度，使每一社会个体都各当其位。《黄老帛书·四度》云："君臣当立（位）胃（谓）之静，贤不肖当立（位）胃（谓）之正，动静参于天地胃（谓）之文。诛□时当胃（谓）之武。静则安，正则治，文则明，武则强。安得本，治则得人，明则得天，强则威行。参于天地，合于民心，文武并立，命之曰上同。审知四度，可以定天下，可安一国。""正"就是使君臣、贤不肖各当其位，动静、生杀要遵循一定的标准，不能随意进行。"正天下"要求实现制度的统一，也就是实现理想的"至正"状态，如《管子·君臣上》云："衡石一称，斗斛一量，丈尺一綧制，戈兵一度，书同名，车同轨，此至正也。"所以"正天下"最重要的一点是要有一个稳定、完善的制度，也就是要有一套完善的法律制度。

在以道论法、内圣外王思想的指导下，黄老学派对法的性质把握得相当全面、深刻。因为"道生法"，法由道引申出来，所以法具有超越性、客观性、公正性、稳定性。在此基础上，黄老学派进一步论述了以法治国、以道变法的重要性。

第四章

黄老学派的法治理论

在对道法关系及相关范畴进行了深湛的论述后,黄老学派指出了法治的重要性,并对法治内涵进行了全面的论述,涉及以法禁君、立法、变法、法与其他社会规范的关系等诸多问题。在此基础上,黄老学派指出法治的终极目的是达到道治状态。

一 案法而治

黄老学派认为法是确立社会秩序的基础,是判定是非的标准,治国理政的根本准则。《黄老帛书》云:"是非有分,以法断之。虚静谨听,以法为符。"(《经法·名理》)"案法而治则不乱。"(《称》)《尹文子》云:"政者,名法是也。以名法治国,万物所不能乱。"(《尹文子·大道下》)《慎子》云:"大君任法而弗躬,则事断于法矣。法之所加,各以其分,蒙其赏罚而无望于君也。是以怨不生而上下和矣。"(《慎子·君人》)《管子》云:"虽圣人能生法,不能废法而治国。"(《管子·法法》)

黄老学派探讨了"圣人之治"和"圣法之治"的区别,并高度赞赏了"圣法之治"。《尹文子》记载了黄老学者的一次讨论:

田子读书,曰:"尧时太平。"宋子曰:"圣人之治以致此乎?"彭蒙在侧,越次答曰:"圣法之治以至此,非圣人之治也。"宋子曰:"圣人与圣法,何以异?"彭蒙曰:"子之乱名甚矣。圣人者，自己出也；圣法者，自理出也。理出于己，己非理也；己能出理，理非己也。故圣人之治，独治者也；圣法之治，则无不治矣。此万物之利，唯圣人能该之。"宋子犹惑，质于田子，田子曰："蒙之言然。"（《尹文子·大道下》）

黄老学者彭蒙认为"圣法之治"要优于"圣人之治"，圣人之治出于个人的意志，起到的作用是有限的，而圣法是出于普遍之理，圣法之治能达到上古时代的太平之世，因为圣法的依据是"理"，因而更具有普遍性、公共性，这更合乎黄老学派所主张的道治原则。这一原则为黄老学派者所阐发，法治成为不可动摇的为政宗旨。

如前文所述，黄老学派法哲学中"道生法""圣人执道生法"的思想十分突出，这些思想都是围绕着君主的立法权问题展开的。黄老学派以独特的道法结合思维方式，对君主独掌立法权的合理性做了充分论证。认为只有圣人才能体道、悟道，以"道"的原则制定法律，如《鹖冠子》云："唯圣人究道之情，唯道之法公政以明。"（《鹖冠子·环流》）"事治者，招仁圣而道知焉。苟精牧神，分官成章。教苦利远，法制生焉。"（《鹖冠子·度万》）作为圣人的君主的作用是统一民众，法律是达到这一目的的基本手段，法的统一性与君主的至上性是相对应的。《慎子》云："故有道之国，法立则私议不行，君立则贤者不尊，民一于君，事断于法，是国之大道也。"（《慎子·逸文》）《淮南子》云："故立君以一民，君执一则治，无常则乱。"（《淮南子·诠言训》）

黄老学派的"无为"与"术"的理论为处理君臣关系提供了指导思想。黄老学派主张："为人君者不多听，据法倚数以观得失。无法之言，不听于耳；无法之劳，不图于功；无劳之亲，不任于官。官不私亲，法不遗爱，上下无事，唯法所在。"（《慎子·君臣》）"君臣之道：臣事事而君无事，君逸乐而臣任劳，臣尽智力以善其事，而君无与焉，仰成而已。故事无不治，治之正道然也。人君自任，而务为善以先下，则是代下负任蒙劳也，臣反逸矣。"（《慎子·民杂》）"有生法，有守法，有法于法。夫生法者，君也；守法者，臣也。"（《管子·任法》）"故有道之主，因而不为，责而不诏，去想去意，静以待，不伐之言，不夺之事，督名审实，官使自司，以不知为道，以奈何为实。"（《吕氏春秋·知度》）"主术者，君人之事也。所以因任督责，使群臣各尽其能也。明摄权操柄以制臣下，提名责实，为之参伍，所以使人主秉数持要，不妄喜怒也。其数直施而正邪，外私而立公，使百官条达而辐辏，各务其业，人致其功，此主术之明也。"（《淮南子·要略》）在这一理论的指导下，尽管中国的古代官僚机构相当庞大，但尊崇和维护君权的核心理念是一贯的。为了维护君权一统，确保整个官僚机构正常运转，历朝历代都很重视行政立法，在中国古代各种形式的法律中，行政法规占立法总数的一半以上。

黄老学派具有执一应万、以简御繁的思想，因而崇尚立法简约，反对繁刑苛法。汉初陆贾批判秦朝法制云："事逾烦天下逾乱，法逾滋而奸逾炽。"（《新语·无为》）《淮南子》云："故有道以统之，法虽少，足以化矣。无道以行之，法虽众，足以乱矣。治身，太上养神，其次养形。治国，太上养化，其次正法。……民交让争处卑，委利争受寡，力事争就劳，日化上迁善而不自知其所以然，自治之上也。利赏而劝善，畏刑而不为非，法令正于上而百姓服于下，此治之末也。"（《淮南子·泰族训》）圣人之治，应"除刻削之法，去烦苛之事"（《淮南子·览冥训》）。"立法简约"的思想在汉初被奉为法制建设的指导原则。

《淮南子》对汉武帝时期文法繁密的状况提出了建议，主张："治国之道，上无苛令，官无烦治。"（《淮南子·齐俗训》）"严令繁刑，不足以为威。"（《淮南子·兵略训》）"夫峭法刻诛者，非霸王之业也；箠策繁用者，非致远之术也。"（《淮南子·原道训》）

"位高者事不可以烦，民众者教不可以苛。夫事碎，难治也；法烦，难行也；求多，难澹也。……故功不厌约，事不厌省，求不厌寡。功约，易成也；事省，易治也；求寡，易澹也。"（《淮南子·泰族训》）这些建议是很有针对性的，但并不符合汉武帝的有为宗旨，未得到应有的重视。

二　以法禁君

黄老学派法哲学认为法是统一的、普遍有效的行为规范。《管子》认为："法者，天下之至道也，圣君之宝用也。"（《管子·任法》）"法度者，万民之仪表也。"（《管子·形势解》）"法者天下之仪也，所以决疑而明是非，百姓所县命也。"（《管子·禁藏》）。《淮南子》认为："法者，天下之度量，而人主之准绳也。"（《淮南子·主术训》）

黄老学派强调君主权力具有一定的公共性，认为君主的设立就是为了公共的利益，所以君主权力的行使应该是有限度的，应该受到规则的约束，不能任其放纵。黄老学派的这一观点在当时的各种学术流派中是比较突出的，在中国古代思想史上也独树一帜。《吕氏春秋》云：

> 昔先圣王之治天下也，必先公，公则天下平矣，平得于公。尝试观于上志，有得天下者众矣，其得之以公，其失之必以偏。凡主之立也，生于公。……天下非一人之天下也，天下之天下也。阴阳之和，不长一类；甘露时雨，不私一物；万民之主，不阿一人。（《吕氏春秋·贵公》）

对于上述观点，有学者甚至认为，《吕氏春秋》反对君主专制、主张虚君分权，为吕不韦主持朝政并继续分享政治权力制造舆论。① 全面考察黄老学派文献，可以看出黄老学派限制君权这一思想不是孤立的，是有着深厚的时代背景与理论基础的，是黄老学派代表性的观点。如黄老学派文献中还有相关论述：

> 古者，立天子而贵之者，非以利一人也。曰：天下无一贵，则理无由通，通理以为天下也。故立天子以为天下，非立天下以为天子也；立国君以为国，非立国以为君也；立官长以为官，非立官以为长也。（《慎子·威德》）
>
> 圣人践位者，非以逸乐其身也。为天下强掩弱，众暴寡，诈欺愚，勇侵怯，怀知而不以相教，积财而不以相分，故立天子以齐一之。（《淮南子·修务训》）

人类的矛盾冲突造成了混乱，君主的设立就是用来调整这些纷争，从而形成稳定的社会秩序，这也使法成为必需。《慎子》云：

> 法者，所以齐天下之动，至公大定之制也。故智者不得越法而肆谋，辩者不得越法而肆议，士不得背法而有名，臣不得背法而有功。我喜可抑，我忿可窒，我法不可离也；骨肉可刑，亲戚可灭，至法不可阙也。（《慎子·逸文》）

因为君主的权力具有公共性，所以权力的行使不能单纯出于君主自己的意志，要受到外在规则的制约。黄老学派在这方面的论述很丰富，这些思想都是法家、儒家等没有的，是黄老学派对以法制约君权的初步探索，具有重要的理论意义，黄老学派还有如下论述：

---

① 吕锡琛：《道家、道教与中国古代政治》，湖南人民出版社2002年版，第181页。

>明君置法以自治，立仪以自正。(《管子·法法》)
>
>不为君欲变其令，令尊于君。(《管子·法法》)
>
>君臣上下贵贱皆从法，此之谓大治。(《管子·任法》)
>
>故执道者，生法而弗敢犯（也），法立而弗敢废也。□能自引以绳，然后见知天下而不惑矣。(《经法·道法》)
>
>古之置有司也，所以禁民，使不得自恣也。其立君也，所以剬有司，使无专行也。法籍礼仪者，所以禁君，使无擅断也。人莫得自恣，则道胜，道胜而理达矣，故反于无为。(《淮南子·主术训》)

既然君主的权力是为了天下而设，那么权力的行使也要遵循体现公共性的法。实际上，君主的权力往往会因为自身的贪欲而无限扩张，所以，一方面黄老学派强调君德，认为君主应该加强自身的修养，另一方面认为君主应该受到法的限制，法能够"禁君"，而君主不能随意"擅断"，这也是道的根本要求。《淮南子》系统阐述了黄老学派的思想，也是针对汉武帝强化君权而言的。但君主是"生法者"，如《管子》云："夫生法者，君也。"(《管子·法法》)要求作为"生法者"的君主守法，始终是黄老学派乃至先秦诸子普遍面临的一个理论难题。

三 以道变法

黄老学派强调法要具有稳定性，法一旦制定就不能轻易改变。《管子》云："法者不可不恒也，存亡治乱之所以出，圣君所以为天下大仪也。"(《管子·任法》)《淮南子》云："今夫权衡规矩，一定而不易，不为秦楚变节，不为胡越改容。"(《淮南子·主术训》)同时，黄老学派也认为，执政者应根据时代的变化调整自己的治国措施。汉初，司马谈在概括黄老学派的特征时提出"圣人不朽，时变是守"，"与时迁移，应物变化"(《史记·太史公自序》)，这说明了黄老学派因时变革的思想主旨,因而法也必须与时代的需求相适应,因时代的不同而有所变革。所谓"守法而不变则衰"(《慎子·佚文》),"礼义法度者,应时而变者也"(《庄子·天运》)。

《淮南子》宏观地考察了法的发展历史,认为夏、商、周至春秋,法治经历了不断变革的过程,法治如不从具体时代的特征出发,一味地遵循古制,就会造成混乱。《淮南子》云:

> 夫殷变夏,周变殷,春秋变周,三代之礼不同,何古之从?大人作而弟子循。知法治所由生,则应时而变;不知法治之源,虽循古,终乱。今世之法籍与时变,礼义与俗易,为学者循先袭业,据籍守旧教,以为非此不治,是犹持方枘而周员凿也。欲得宜适致固焉,则难矣!(《淮南子·氾论训》)

这里所说的"法治之源"应是一定的社会历史条件,时代变化了,法也"应时而变"。

如前文所述,黄老学派法哲学的主旨就是以道论法,具体到法的变革也体现了道的原则,即所谓:"有法无法,因时为业;有度无度,因物与合。"(《史记·太史公自序》)执政者也应"论世而立法,随时而举事。……不法其已成之法,而法其所以为法。所以为法者,与化推移者也。……今欲学其道,不得其清明玄圣,而守其法籍宪令,不能为治,亦明矣"(《淮南子·齐俗训》)。可见黄老学派认为"法"始终以"道"为依据,根据时代的发展对法律的相应调整是符合"道""与时迁移,应物变化"的原则。而且守法与变法的关系是相反相成的。变法并不表明法没有稳定性,《吕氏春秋》认为:"治国无法则乱,守法而弗变则悖,悖乱不可以持国。世易时移,变法宜矣。"(《吕氏春秋·察今》)《慎子》也主张:"治国无其法则乱,守法而不变则衰。"(《慎子·逸文》)守法与变法是对不同的政治主体而言的,既然圣人能生法,当然也能变法,变法就是道的最高原则。《吕氏春秋》认为:"夫不敢议法者,众庶也;以死守者,有司也;因时变法者,贤主也。"(《吕氏春秋·察今》)《慎子》也认为:"以力役法者,百姓也;以死守法者,有司也;以道变法者,君长也。"(《慎子·逸文》)君主作为"执道者"能生法,当然也能变法。"以道变法""因时变法"的思想也是黄老学派的独特之处。

四 礼法相济

黄老学派突出法的作用,同时也承认社会规范的重要意义。《黄老帛书》明确提出:"春夏为德,秋冬为刑。先德后刑以养生。……先德后刑,顺于天。"(《十六经·观》)这一观念为以后的黄老学派所继承。《淮南子》云:"故仁义者,治之本也。今不知事修其本,而务沼其末,是释其根而灌其枝也。且法之生也,以辅仁义,今重法而弃义,是贵其冠履而忘其头足也。"(《淮南子·泰族训》)"无法不可以为治也,不知礼义不可以行法。"(《淮南子·泰族训》)

黄老学派关于礼法关系的理论十分丰富,提出这一理论的时间较其他各家较早。黄老学派关于这方面的论述很多:

> 制断五刑,各当其名,罪人不怨,善人不惊,曰刑。正之服之,胜之饰之,必严其令,而民则之,曰政。如四时之不忒,如星辰之不变,如宵如昼,如阴如阳,如日月之明,曰法。爱之生之,养之成之,利民不德,天下亲之,曰德。无德无怨,无好无恶,万物崇一,阴阳同度,曰道。刑以弊之,政以命之,法以遏之,德以养之,道以明之。(《管子·正》)

虚无无形谓之道，化育万物谓之德，君臣父子人间之事谓之义，登降揖让、贵贱有等、亲疏之体谓之礼，简物小大一道、杀戮禁诛谓之法。（《管子·心术上》）

义者，谓各处其宜也。礼者，因人之情，缘义之理，而为之节文者也，故礼者谓有理也。理也者，明分以谕义之意也。故礼出乎义，义出乎理，理因乎宜者也。法者所以同出，不得不然者也，故杀戮禁诛以一之也。故事督乎法，法出乎权，权出于道。（《管子·心术上》）

仁义礼乐，名法刑赏，凡此八者，五帝三王治世之术也。故仁以道之，义以宜之，礼以行之，乐以和之，名以正之，法以齐之，刑以威之，赏以劝之。（《尹文子·大道下》）

在黄老学派所确立的治术中，"法"起着重要的作用，但同时认为维持社会秩序都不能单纯依靠法，仁义、礼乐、教化也同样重要。《管子》在论述礼、法关系时云："法出于礼，礼出于治。治、礼道也。"（《管子·枢言》）"所谓仁义礼乐，皆出于法，此先圣之所以一民也。"（《管子·任法》）

"法出于礼"，说明了由"礼"这种习俗性质的规范向成文法过渡，这与法的起源说是相适应的。"仁义礼乐，皆出于法"，是说在法作为统一的社会规范出现之后，仁、义、礼、乐必须在法的范围内实施。[1] 后世的"以礼入法"理论，一方面可以理解为法受礼的影响，另一方面也可以理解为礼已经不能单独完成规范社会活动的功能，必须上升为法律。与其说法律儒家化，还不如说法是礼发展的一个结果，礼是法产生的根据。[2]

在黄老学派法哲学中，法相对于"刑"而言，更多的是规范意

---

[1] 吴龙辉：《原始儒家考述》，中国社会科学出版社1996年版，第164页。
[2] 汪公文：《"道""术"谱系中的法律精神：中国传统法律文化的批判与重构研究》，法律出版社2004年版，第210页。

义，而不是单纯的刑罚。它认为法有指引、规范人们行为的作用，"法令，所以导民也；刑罚，所以禁奸也"（《史记·循吏列传》）；"法者，引得失以绳，而明曲直者也"（《经法·道法》）。法律涉及的领域很多，刑法只是其中的一方面。《尹文子》云："法有四呈，一曰不变之法，君臣上下是也；二曰齐俗之法，能鄙同异是也；三曰治众之法，庆赏刑罚是也；四曰平准之法，律度权量是也。"（《尹文子·大道上》）《管子》云："夫法者，所以兴功惧暴也；律者，所以定分止争也；令者，所以令人知事也。法律政令者，吏民规矩绳墨也。夫矩不正，不可以求方；绳不信，不可以求直。法令者，君臣之所共立也。"（《管子·七臣七主》）先秦时期，黄老学派已对法有比较成熟和相对全面的认识，不是仅用"刑"就能概括的。

五　道治之境

道治是黄老学派对和谐社会秩序的终极追求，所谓"法用则反道，道用则无为而自治"（《尹文子·大道上》）。而道治的要求是"和"，《黄老帛书》云："和其用也。"（《道原》）《管子》云："畜之以道，养之以德。畜之以道，则民和；养之以德，则民合。和合故能习，习故能偕，偕习以悉，莫之能伤也。"（《管子·幼官》）黄老学派认为"和"也是天地万物的本质属性，认为："天地之气，莫大于和。和者，阴阳调，日夜分，故万物春分而生，秋分而成，生与成，必得和之精。"（《文子·上仁》）人也是天地和气的产物，"凡人之生也，天出其精，地出其形，合此以为人。和乃生，不和不生。"（《管子·内业》）所以，黄老学派认为："清静恬和，人之性也。"（《文子·微明》）"无为而治"也是以天下和谐为目的的，君主应该做到"漠然无为而天下和，淡然无欲而民自朴，不忿争而财足，施者不得，受者不让，德反归焉，而莫之惠。"（《文子·下德》）作为君主应该"与天地合德，与日月合明，与鬼神合灵，与四时合信，怀天心，抱地气，执冲含和，不下堂而行四海，变易习俗，民化迁善，若出诸己，能以神化者也"（《文子·精诚》）。

黄老学派认为应以"和"为原则建立和谐有序的社会秩序。如下文所述：

> 万民和辑而乐为其主上用。（《经法·六分》）
> 举错得，则民和辑；民和辑，则功名立矣。（《管子·五辅》）
> 夫万民不和，国家不安，失非在上，则过在下。（《管子·正世》）
> 君臣亲，上下和，万民辑，故主有令则民行之，上有禁则民不犯。君臣不亲，上下不和，万民不辑，故令则不行，禁则不止。（《管子·形势解》）
> 公侯有道，则人民和睦，不失其国。（《文子·道德》）

在处理刑、德关系上也要做到二者调和，"阳为德，阴为刑，和为事。"（《管子·四时》）法是达到这种和谐状态的手段，"和民一众，不知法不可。"（《管子·七法》）。

陆贾在《新语》中描述这种和谐安定的政治秩序时云：

> 是以君子之为治也，块然若无事，寂然若无声，官府若无吏，亭落若无民。闾里不讼于巷，老幼不愁于庭。近者无所议，远者无所听。邮无夜行之卒，乡无夜召之征。犬不夜吠，鸡不夜鸣。耆老甘味于堂，丁男耕耘于野。在朝者忠于君，在家者孝于亲。于是赏善罚恶而润色之，兴辟雍庠序而教诲之。然后贤愚异议，廉鄙异科，长幼异节，上下有差，强弱相扶，大小相怀，尊卑相承，雁行相随。不言而信，不

怒而威。岂待坚甲利兵、深牢刻令、朝夕切切而后行哉？（《新语·至德》）

陆贾描述的这一治理状态体现了黄老学派的道治理想，这与法家所强调的"深牢刻令"形成鲜明的对比。[①]

[①] 参见《淮南子·泰族训》云："圣主在上，廓然无形，寂然无声，官府若无事，朝廷若无人。无隐士，无轶民，无劳役，无冤刑。四海之内，莫不仰上之德，象主之指。夷狄之国，重译而至。非户辩而家说之也，推其诚心，施之天下而已矣。"

第五章

黄老学派法哲学与西方自然法哲学的区别

在战国时期激烈的学派论争中，黄老学派开创性地提出了"道生法"的命题，并以之为中心构建了一套法哲学体系。学术界超越了先秦的文化传统，借鉴西方古典自然法哲学的因素来论证黄老哲学的基本特征，这是非常有价值的学术探讨。然而，黄老学派与西方自然法学派毕竟是不同历史文化环境的产物，简单地将二者等同起来，不免令人有方枘圆凿之感，这不利于客观地理解黄老哲学的主旨，也不利于吸纳古典自然法哲学的优良因素。概括而言，学术界是从对"自然"的理解、自然法的认知方式与法律自然主义等方面探讨这一问题的。本书拟就这三方面对黄老哲学与自然法的区别进行初步的探讨。

一 "自然"的内涵

战国时期，黄老学派学者"皆学黄老道德之术，因而发明序其指意"（《史记·孟子荀卿列传》），他们在老子"道法自然"（《老子·第二十五章》）思想的基础上，对"自然"进行了新的阐释。黄老学派认为"自然"是事物发展、变化的必然性，如《鹖冠子·环流》云："故生法者命也，生于法者亦命也。命者自然者也。"圣人根据人的自然本性立法，法又指引人们归于自然的状态。

《文子·自然》云："故圣人立法，以导民之心，各使自然，故生者无德，死者无怨。"

许多学者认为黄老学派中的"道"就是自然法，如李增指出，在《黄帝四经》中，"道"是由三才（天、地、人）之道展现其自然律的，但自然律是不成文法，是自然万物的规律。圣人仰观俯察天地万物，体会其自然律之道理而"效法"之，为人类社会、国家、人事设立规则而行之于文，是为成文法。由于这种法的设立是"道法自然"，"因道全法"，其所本根最高依据在"道"，故而称之为"自然法"。① 美国学者裴文睿对《黄老四经》进行了系统的研究，他的观点也较有代表性。他认为，作为自然主义，人类被认为是宇宙自然秩序的一部分，这种秩序被理解成有机系统或生态系统。在黄老学派的词汇里，道是宇宙自然秩序，它包括人道与天道两部分。自然秩序具有规范的优先性，它被赋予最高的价值。人类社会的秩序必须与自然秩序相协调，而不是自然秩序屈从于人类的需要。②

认为黄老学派具有自然法因素的学者，都以"道法自然"观念作为主要的立论依据。他们将"道"笼统地等同于"自然"，认为老子、庄子、杨朱、鹖冠子、尹文子等均崇尚自然法，并以自然主义作为其思想基础。认为老子以"自然"居于宇宙秩序之最高位置，为天地万物之本源，宇宙之极则。③ 持这一观点的学者对"自然"概念的理解并不确切，这给理解黄老学派的"自然"观念造成了一定的障碍。现代汉语中的"自然"本来是个外来语，对应于nature，与道家的"自然"概念不同，从西方文化中的"自然"概念出发，无法确切地把握黄老学派中"自然"的含义，更无法深入

---

① 李增：《帛书〈黄帝四经〉道生法思想之研究》，（台湾）《哲学与文化》第 26 卷第 5 期，1999 年 5 月。

② R. P. Peerenboom, *Law and Morality in Ancient China: The Silk Manuscripts of Huang-Lao*, State University of New York Press, 1993. p. 27.

③ 耿云卿：《先秦法律思想与自然法》，台湾商务印书馆 1980 年版，第 103 页。

理解黄老学派法哲学的独特性。

在西方基督教的传统观念中，认为应以神法和自然法来统摄人间的法律，因为宇宙万物，包括人在内，都是上帝创造的，都由上帝统治。而道家所论述的一体之"道"笼罩着全宇宙，每一个个体都在道里面。许倬云认为："中国的'道'却是先天地而生，道要你作为一个人，你也是大道里面的一部分。你要能研究道的时候，一直要到你相信你这个个体映照全体，不可推演到全体。"[①] 所谓"道法自然"是说"道"以它自己的状况为依据，以它内在的原因决定了本身的存在和运动，而不必靠外在其他的原因。可见"道法自然"中的"自然"一词，并不是名词，而是状词。也就是说"自然"并不是指具体存在的东西，而是形容"自己如此"的一种状态。[②] 道家的"自然"范畴不是一个实体概念，"自然"范畴是对天、地、人等一切事物的本然状态和发展趋势的一种确认，"自然"一词究其词义就是自来如此、自然如此、自己如此。[③]《老子》中关于"自然"的论述，以及后人对此的注释说明关于"自然"一词的运用，都不是指关于自然存在的自然界，乃是一种不加限制力量而顺任自然的状态。老子云："悠兮其贵言。功成身遂，百姓皆谓我自然。"(《老子·第十七章》)"希言自然。"(《老子·第二十三章》)"人法地，地法天，天法道，道法自然。"(《老子·第二十五章》)"道之尊，德之贵，夫莫之命而常自然。"(《老子·第五十一章》)"是以圣人欲不欲，不贵难得之货；学不学，复众人之所过，以辅万物之自然而不敢为。"(《老子·第六十四章》) 对于"道法自然"，河上公注："'道'性自然，无所法也。"(《老子河上公注》) 王弼注曰："道不违自然，乃得其性。法自然者，在方则法方，在圆则法圆，于自然无所违。"(《道德真经注》) 元代吴

[①] 许倬云:《中国文化与世界文化》，贵州人民出版社1991年版，第68页。
[②] 陈鼓应:《老子今译今注》，商务印书馆2003年版，第49页。
[③] 朱哲:《先秦道家哲学研究》，上海人民出版社2000年版，第127页。

澄注云:"'道'之所以大,以其自然,故曰'法自然'。非'道'之外别有自然也。"(《道德真经注》)

因此,"道法自然"中的"自然"概念与 natural law 中的"自然"是两个全然不同的概念。实际上,在西方自然法哲学中,自然法并非"自然"的,而是理性的,它有神圣的渊源,源自至高无上的立法者——理性的存在。① 自然法来自一个超验的世界,这个超验的世界,或者是柏拉图的绝对理念,或者是基督教神性的绝对存在。自然法的制定者是神明,具有超越性。由此可见,黄老学派法哲学中的"道"与犹太基督教中的上帝、亚里士多德的不移动的推动者、柏拉图的形式的含义是不同的。

二 理性与自然法的认知

西方古典自然法学派主张,人类具有普遍的理性,任何人都可凭借理性发现自然法。如古希腊哲学家柏拉图强调,必然存在着正义和勇敢这样永远不变的实在,这些实在不是由感觉或经验所能领悟的,必须由纯理性,即由哲学通过逻辑推理而获得。古希腊斯多噶学派认为,人的理性是自然的一部分,理性支配宇宙,人作为宇宙的一部分也受理性的支配,按照理性去生活,就是自然的生活,因而自然法就是理性法。古罗马思想家西塞罗发展了斯多噶学派的传统,对自然法与理性的关系进行了更为系统的论述,他说:"没有什么比理性更优越,而理性既存在于人,也存在于神,因此人和神的第一种共有物便是理性。既然理性存在于人和神中间,那么在人和神中间存在的应是一种正确的共同理性。因为法律即理性,因此应该认为,我们人在法律方面与神明共有。"② "凡被自然赋予理性者,自然赋予他们的必定是正确的理性,因此也便赋予了他们法律,因为法律是允行

---

① 梁治平:《"自然法"与"法自然"》,《中国社会科学》1989 年第 2 期。
② [古罗马]西塞罗:《论共和国论 法律》,王焕生译,中国政法大学出版社 1997 年版,第 192 页。

禁止的正确理性。如果自然赋予了人们法律，那也便赋予人们法。因为自然赋予所有的人理性，因此也便赋予所有人法。"①

李约瑟以西方思想传统为参照，对中国古代思想史进行了系统的研究，指出了二者的巨大差异，他认为："无疑地，西方文明中最古老的观念之一就是，正如人间帝王的立法者们制定了成文法为人们所遵守那样，天上至高的、有理性的造物主这位神明也制定了一系列为矿物、晶体、植物、动物和在自己轨道上运行的星辰所必须遵守的法则。"②"本来由于一个自然界的创造者的合理性而能够加以描绘和重述的那种精确公式化的抽象法律概念，在中国就没有出现。中国的世界观依赖于另一条全然不同的思想路线。一切存在物的和谐合作，并不是出自它们自身之外的一个上级权威的命令，而是出自这样一个事实，即它们都是构成一个宇宙模式的整体阶梯中的各个部分，它们服从的乃是自己本性的内在的诫命。"③

可见，西方自然法学派认为自然法是可以通过理性方式来认识的，即可通过严密的、科学的、逻辑形式的纯粹知识性的推理、演绎及论证的过程，理智地抽象出"自然法"的准则，而排斥感情式的感觉与顿悟。④

在黄老学派法哲学中，生法的"道"或"自然"是自动、自发而不带丝毫人为含义的。这里的"自然"不是指自然现象中的实体，而是用来表明事物存在和运动的方式。《黄老帛书》云：

> 万物得之以生，百事得之以成。人皆以之，莫知其名；人皆用之，莫见其刑（形）。一者其号也，虚其舍也，无为其素

---

① ［古罗马］西塞罗：《论共和国 论法律》，王焕生译，中国政法大学出版社1997年版，第196页。
② 李约瑟：《中国科学技术史·科学思想史》（第二卷），科学出版社、上海古籍出版社1990年版，第551页。
③ 同上书，第619页。
④ 罗昶：《中国"法自然"观与西方"自然法"说比较》，《法商研究》1996年第5期。

也,和其用也。是故上道高而不可察也,深而不可则(测)也。显明弗能为名,广大弗能为刑(形),独立不偶,万物莫之能令。(《道原》)

通过这些论述,可以看出圣人对道的认识方式主要是直觉体悟性的,这与西方自然法学派重理性的思维方式有着巨大的差异。黄老学派文献中论述道的认知方式有很多,简摘几则如下:

见知之道,唯虚无有。(《经法·道法》)
静则平,平则宁,宁则素,素则精,精则神。至神之极,[见]知不惑。(《经法·论》)
修心静意,道乃可得。(《管子·内业》)
是以君子不怵乎好,不迫乎恶,恬愉无为,去智与故。其应也,非所设也;其动也,非所取也。过在自用,罪在变化。是故有道之君子,其处也若无知,其应物也若偶之。静因之道也。(《管子·心术上》)

黄老学派继承了老子"致虚极,守静笃"的认知方式。这种依靠直觉的思维方式排斥理性的作用,认为圣人要抛开主体的智虑,从事物内部去体验事物的本质。[1] 这种对道的体悟是圣人独有的活动,因此只有圣人才是"执道者",才是"生法者",普通人的理性无法认知道的奥妙。

西方古典自然法学派强调人的理性的平等,如斯多噶学派的哲学家深信,人在本质上是平等的;因性别、阶级、种族或国籍不同而对人进行歧视的做法是不正义的,是与自然法背道而驰的。[2] 在

---

[1] 那薇:《汉代道家的政治思想与直觉体悟》,齐鲁书社1992年版,第2页。
[2] [美]博登海默:《法理学——法律哲学与法律方法》,邓正来译,中国政法大学出版社1999年版,第16页。

西方自然法学派的观念中，普遍承认人的普遍理性，人通过理性能认识到什么是善，什么是恶。就每一个体来说，他们的理性并没有什么差别。然而，在黄老学派的观念中，"道"只是对圣人而言的，关于这一点，有些西方学者认为，在中国的典籍中，描述法律与自然联系的道不是作为所有人都可以据以判断法律的合法性的手段提出来的。相反，中国人承认了圣明的君主有超越凡人的认知能力，他们能够代表所有人将自然法作为指导世界的模式加以运用。中国的自然法不被设想为所有的人可根据理性用于判断国家法律是否正义的原则，而是被设想为某些特别的人的指导，这些人有权代表普遍的人类社会共同体设立法律和制度。[1] 黄老学派并不承认所有人的平等的理性，而是更加强调人的社会地位的差别，认为人们"贵贱有恒立（位）"（《经法·道法》），而且人的智力、品行也因这种地位而相差悬殊，"贵贱有别，贤不宵（肖）衰（差）也"（《经法·君正》）。既然自然法哲学强调平等及正义，而黄老学派的主张在"道"的体认上就是不平等的，可见黄老学派的思维与自然法哲学有着根本的区别。自然法哲学主张，人们可以基于普遍的理性发现自然法，并以之为原则对人定法进行批判，这一意蕴在黄老学派的法哲学中是相对薄弱的。虽然黄老学派也提出"圣法者，自理出也"（《尹文子·大道下》）的重要论断，但这个"理"是否为普遍的理性呢？我们认为其基本含义还是"道"的体现，而在对道的认识上，圣人具有极为优越的地位。

黄老学派崇尚"内圣"之道，认为圣人具有超越凡人的认知能力，圣人观察"天""君臣""万物"中的道，《黄老帛书》云："故唯执道者能上明于天之反，而中达君臣之半，富密察于万物之所终始，而弗为主。故能至素至精，恬（浩）弥无刑（形），然后可以为天下正。"（《经法·道法》）"唯圣人能尽天极，能用天当。"

---

[1] 高道蕴：《中国早期的法治思想？》，载高道蕴、高鸿钧、贺卫方主编《美国学者论中国法律传统》，中国政法大学出版社1994年版，第238、253页。

(《经法·国次》)"故唯圣人能察无刑（形），能听无声。知虚之实，后能大虚。乃通天地之精，通同而无间，周袭而不盈。服此道者，是胃（谓）能精。"(《道原》)《鹖冠子》云："惟圣人究道之情，唯道之法公政以明。"(《鹖冠子·环流》)

如前文所述，圣人在黄老学派思想中的位置相当重要，他是"执道者"，具有协调天地万物的功能，他执道生法，在一定意义上他就是道的显现。黄老学派中法的合理性是基于"法天道"的思维方式的，法与道之间的中介是圣人，在道的面前，圣人与凡人是不平等的。既然"道"不是人类普遍的理性所能认识的，那么对于普通人来说就不能以道的原则来批判现实的法律，从这一点来看，黄老哲学与自然法的思维方式完全不同。

三 "法律自然主义"不是自然法的特征

美国学者 D. 布迪、C. 莫里斯指出："在法律儒家化的同时，还存在一个或许可以称之为法律'自然化'的过程。法律自然化的含义在于：法律的内容逐渐吸收广义的天人合一理论，根据这一理论，人类必须使自己的行为与自然界相适应。法律自然化最显著的表现是：死刑的执行日期，只能选择在秋季或冬季，春季和夏季禁止执行死刑。"[1] 在此基础上，中国学术界提出了"法律自然主义"的概念，并认为"法律自然主义"是一种文化现象，它表现在立法上是以自然法则作为制定法律的根据，使法律合乎自然法则；在司法上，以自然现象作为司法的根据，使司法程序合乎自然现象的变化。法律自然主义在中国古代法律文化中的典型表征是：把"天"或"天道"当成立法的根据，此谓"则天立法"；把四季变化和自然灾异当成执行刑罚的前提，此谓"顺天行罚"。

---

[1] [美] D. 布迪、C. 莫里斯：《中华帝国的法律》，朱勇译，江苏人民出版社1995年版，第37页。这一观点得到一些学者的认同，参见朱勇《中国古代法律的自然主义特征》，《中国社会科学》1991年第5期；崔永东《论中国古代的法律自然主义》，《中外法学》2002年第1期。

第五章 黄老学派法哲学与西方自然法哲学的区别

在西方文化中,同样存在着法律自然主义这一文化现象,源远流长的自然法学就是明证。①

主张中国古代存在"法律自然主义"的学者往往引述黄老学派的文献来论证自己的观点,有代表性的文献如下:

> 顺天者昌,逆天者亡。毋逆天道,则不失所守。天地已成,黔首乃生。胜(姓)生已定,敌者生争,不谌不定。凡谌之极,在刑与德。德行皇皇,日月相望,以明其当。望失其当,环视其央(殃)。天德皇皇,非刑不行。缪(穆)缪(穆)天刑,非德必(顷)倾。刑德相养,逆顺若成。刑晦而德明,刑阴而德阳,刑微而德章。其明者以为法,而微道是行。(《十六经·姓争》)

> 其时赢而事绌,阴节复次,地尤复收。正名修刑,执(蛰)虫不出,雪霜复清,孟谷乃萧(肃),此材(灾)□生,如此者举事将不成。其时绌而事赢,阳节复次,地尤不收。正名施(弛)刑,执(蛰)虫发声,草苴复荣。已阳而有(又)阳,重时而无光,如此者举事将不行。(《十六经·观》)

> 道生天地,德出贤人。道生德,德生正,正生事。是以圣王治天下,穷则反,终则始。德始于春,长于夏;刑始于秋,流于冬。刑德不失,四时如一。刑德离乡,时乃逆节;作事不成,必有大殃。(《管子·四时》)

根据这些文献,一些学者认为黄老学派把治国之道(文武、刑德)与自然之道(天道)结合起来,赋予人类政治生活以自然的根据,使政治自然化,因而具有自然法的某些特征。通过对黄老学派相关文献的分析,我们可以看到这种"法律自然主义"只是将一

---

① 崔永东:《论中国古代的法律自然主义》,《中外法学》2002 年第 1 期。

些司法活动与自然现象进行了一些联系,并没有对作为法的来源的自然做进一步解释,因此并不能说明法律意义上的"自然主义"。这里所理解的"自然"当然不是黄老学派之"道"所具有的"自然"意义。天地、日月、四时的运行是道的显现,刑德与之相应是"人法地,地法天,天法道,道法自然"(《老子·第二十五章》)的含义,是指人类行为应效法道,达到一种"道"的本然状态,并不是单纯地比附"道"之外的"自然",所以,上述对中国古代法律的"自然主义"的理解是不确切的,这种理解忽略了一个至关重要的环节,那就是"道"的思维。如李约瑟所言:"这并不是对中国人来说,自然界就没有秩序,倒不如说它不是由一个有理性的人格神所规定的秩序;因此,他们也就没有这样一种信念,即有理性的人格神能够以其较低级的世俗语言说出他们此前已经规定了的神圣法典,的确,道家会对这样一种观念加以藐视,认为这对他们所直觉到的宇宙的微妙性和复杂性是太幼稚了。有理性的人世上的人具有着另一种信仰;普遍的秩序是可以理解的,因为他们就是由它所产生的。他们就是它那最高的组成模式——'天、地、人同此一理','仁者与天地为一体','圣贤与天、地三者为一'。"[①] 许倬云认为中国文化中始终没有产生寻求法则、寻求终极根源的习惯,而终极根源是基督教教义中一个很重要的观念。中国古代的"道"本身并不是一个法则,它是一个实实在在的本体,它是所有东西的总名称,它本身就是一切,所以中国古代的"道",不论儒家或道家的用法,都与自然律不同。中国的道是天道和人道的相互作用,两样并非独立分离。天道见于人事,人道见于天象,相互作用。[②]

有学者从天人关系的角度来理解中国古代法律的特点,认为"天人合一"是中国传统法律的价值观念与精神境界的最高体现,

[①] 李约瑟:《中国科学技术史·科学思想史》(第二卷),科学出版社、上海古籍出版社1990年版,第617—618页。

[②] 许倬云:《中国文化与世界文化》,贵州人民出版社1991年版,第68—69页。

或者说是各种法律制度的终极依据。中国传统文化中的"天道"也具有超越性质,在此意义上,根据"天道"而来的"人定法"也要受到相应制约,据此,它与西方的"自然法"有相似相近的地方。①但是,中国传统文化的"天道"与"人道"可以相互沟通,乃至"合一","法自然"意义上的中国古代法哲学与西方的自然法哲学本质上是不同的。学术界基本上用刑德的施行与自然节律相对应作为论据来论证黄老哲学的自然法因素,黄老学派也确实认为刑德与日月运行、阴阳变化配合,但这些外在的自然现象是道的体现。如前文所述,自然法哲学中的"自然"不同于自然界中的"自然",更多的是具有先验的、超越的意义,把人类法律活动与自然现象简单比附不是自然法哲学的主要内涵。

纵观人类文明发展史,在不同的自然地理环境中,人类形成了不同的社会形态,也塑造了基本的思想文化特质。人类的生活方式有共性,但也有自身的独特性,不同环境下的风俗、艺术、法律千差万别。哲学作为人类文明的抽象的存在形式,也呈现出不同的气质。不同的哲学有不同的概念体系,对于一些概念只有放在其存在的体系中才能得到客观的理解。黄老哲学与自然法是两种文明下的产物,我们在理解二者共性的同时,也要明确二者的差别,进而认识中西法律文化的不同性格。在法律文化研究中,我们要批判西方文化中心主义的立场,也要杜绝狭隘的民族主义,客观认识中国的文化传统,并积极吸纳外来文化的优良因素,这应该是我们对待黄老学派法哲学与自然法哲学的基本态度。

---

① 徐忠明:《"天人合一"与中国古代法律观念》,《法律史论集》第1卷,法律出版社1998年版,第371页;高道蕴:《中国早期的法治思想?》,载高道蕴、高鸿钧、贺卫方主编《美国学者论中国法律传统》,中国政法大学出版社1994年版,第254页。

第 六 章

黄老学派法哲学与诸子

黄老学派在形成过程中吸收了各家的理论，但相对于各家而言，黄老学派较早地提出了法哲学体系，其以道论法的思维方式具有理论上的原创性，相对于儒家、法家，黄老学派法哲学有着鲜明的个性。黄老学派法哲学也为儒家、法家所借鉴，这从各家学术发展脉络上看是相当清晰的。

第一节 黄老学派法哲学与申不害、韩非

一 申不害对黄老学派法哲学的发挥

申不害，郑国人，后韩灭郑，韩昭侯八年（公元前351年），任韩相国，卒于韩昭侯二十二年（公元前337年），是早期法家代表人物之一。《史记》载："申不害者，京（今河南郑州东南）人也。故郑之贱臣，学术以干韩昭侯。昭侯用为相，内修政教，外应诸侯，十五年。终申子之身，国治兵强，无侵韩者。"又载："申子之学本于黄老而主刑名。著书二篇，号曰《申子》。"《史记·老子韩非列传》载"学术以干韩昭侯"，是说他用自己所学的"君人南面之术"辅佐韩昭侯。"申子之学本于黄老而主刑名"是有一定文献依据的。《申子》原书虽然亡佚，现存的《大体》篇（录于《群

书治要》中）尚存七百余字，[①] 其中仍可看到他确有浓厚的黄老思想。另外，在其他一些古籍中，也还保留了一些有关申不害的言论，均可与《大体》篇相印证。从残留的《申子》遗文中，可知申不害为健全和巩固封建的中央集权政治，运用道家的一些基本观点，来论证自己的政治主张，发挥了黄老学派的"君人南面之术"。《大体》篇的中心思想就是将"道术"用于政治。这主要表现在以下几个方面。

1. 无为

申不害汲取了道家的"无为"理论，主张应明确君臣的职分。他说："明君如身，臣如手；君若号，臣如响；君设其本，臣操其末；君治其要，臣行其详；君操其柄，臣事其常。……故善为人主者，倚于愚，立于不盈，设于不敢，藏于无事，窜端匿疏，示天下无为。是以近者亲之，远者怀之。"（《大体》）这是对《老子》"无为""无事"思想在政治上的改造运用，它体现了"君道无为，臣道有为"的统治术。这种思想同黄老学派的观点是一致的，《庄子·天道》云："本在于上，末在于下；要在于主，详在于臣。"《管子·心术上》云："心之在体，君之位也。九窍有职，官之分也。心处其道，九窍循理。……故曰：上离其道，毋代马走，使其尽力，毋代鸟飞，使弊其羽翼，勿先物动，以观其则多动则失位，静乃自得。"又云："心术者，无为而制窍者也。"申不害的"人君如身，臣如手；君若号，臣若响；君设其本，臣操其末"同《管子·心术上》所讲的"心处君位""无为而制窍"的道理是相通的。

申不害继承和改造了道家贵虚、守柔和好静的思想。老子主张柔弱胜刚强，提倡虚静，《大体》篇则云："示人有余者，人夺之；示人不足者，人与之。刚者折，危者覆，动者摇，静者安。名自正

[①] 参见（唐）魏徵等撰，沈锡麟整理《群书治要》，中华书局2014年版，第445—446页。

也，事自定也。"此外，申不害还说："地道不作，是以常静。常静是以正，方举事为之，乃有恒常之静者，符信受令必行也。"（《北堂书钞》卷一百五十七《地篇一》）① 这和《管子·心术上》所说的"天曰虚，地曰静"是同一思路。申不害用"正"和"方"来比喻地道的特征。"地道不作，是以常静"也表示无为之意。《大体》篇讲的"刚者折""动者摇""静者安"也是主张以静制动、以柔制刚。

2. 刑名

申不害对刑名理论有专门的研究，《淮南子·要略》载："申子者，韩昭釐之佐。韩晋别国也，地墽民险，而介于大国之间。晋国之故礼未灭，韩国之新法重出，先君之令未收，后君之令又下。新故相反，前后相缪，百官背乱，不知所用，故刑名之书生焉。"《汉书·张欧传》云："孝文时以治刑名侍太子。"颜师古注引刘向《别录》云："申子学好刑名。刑名者，循名以责实。其尊君卑臣，崇上抑下。"

在刑名理论上，申不害的思想同黄老学派基本一致。申不害认为："名者，天地之纲，圣人之符。张天地之纲，用圣人之符，则万物之情无所逃之矣。"（《大体》）黄老学派注重刑名之学，《管子·心术上》云："名者，圣人之所以纪万物也。"（《管子·心术上》）"名正法备，则圣人无事。"（《管子·白心》）黄老学者主张以名制形，"形"指众多和复杂的事物，"名"是对万物的概括。就具体的政治秩序而言，"形"指臣下及其所担任的职责事务，"名"是关于这些职责事务的规定和职权范围。即所谓"以其形因为之名"，"以形务名，督言正名"（《管子·心术上》），有了这样的"名"，统治者就可以执"名"以考察其"形"，从而看臣下是否做到了名实相应。由此可见，在形、名关系上，申不害同黄老学

---

① （唐）虞世南编撰：《北堂书钞》，中国书店1989年影印本，第677页。

派的观点是一致的。申不害强调"名正则天下治",主张君主对臣下要"以其名听之,以其名视之,以其名命之"(《大体》),如《史记》载:"申子卑卑,施之于名实。"(《史记·老子韩非列传》)把卑卑的原则施之于名实,也就是韩非所云:"申不害言术……术者,因任而授官,循名而责实,操生杀之柄,课群臣之能者也。"(《韩非子·定法》)其主要目的是强化君主的权威,以增强官僚体系的运行效率。

3. 因循

申不害与黄老学派一样,主张君主应坚持因循的原则。《管子·心术上》云:"无为之道,因也。因也者,无益无损也。以其形因为之名,此因之术也。"又云:"因也者,舍己而以物为法者也。感而后应,非所设也;缘理而动,非所取也。"《慎子·因循》云:"天道因则大,化则细。因也者,因人之情也,人莫不自为也,化而使之为我,则莫不得而用矣。"《管子·心术》篇所讲的"因",含有排除主观成见,以客观态度对待事物的精神。慎到所讲的"因",更把"因"的原则变为利用人心的一种统治术。申不害云:"古之王者,其所为少,其所因多。因者,君术也;为者,臣道也。为则扰矣,因则静矣。因冬为寒,因夏为暑,君奚事哉?故曰君道无知无为,而贤于有知有为,则得之矣。"(《吕氏春秋·任数》)又云:"凡因之道,身与公无事,无事而天下自极也。"(《大体》)定名也就是制定法律的过程,也体现了因循的原则,申不害云:"名自正也,事自定也。是以有道者,自名而正之,随事而定之也。"(《大体》)

二 韩非对黄老学派法哲学的汲取

韩非(公元前280年至公元前233年),为韩国公子,战国末期法家之集大成者。韩非早年与李斯俱从荀子"学帝王之术"(《史记·李斯列传》),荀子思想蕴含着大量的黄老学派思想,这是韩非受黄老学派影响的一个原因。另外,韩非对黄老学派著作如《慎子》《管子》等也相当熟悉,大量汲取了它们的法哲学思想。①

司马迁在《史记》中将老子与韩非合传,并对老子与韩非的关系进行了论述,他说:"韩子引绳墨,切事情,明是非,其极惨礉少恩皆原于道德之意,而老子深远矣。"(《史记·老子韩非列传》)这说明老子思想对韩非具有深远影响,但考察相关文献就会发现,韩非所受道家"道"理论的影响主要来自黄老学派。② 韩非是在继承黄老学派法哲学基础上,才形成自己的思想体系的。《史记》载:"韩非者,韩之诸公子也。喜刑名法术之学,而其归本于黄老。"(《史记·老子韩非列传》)学术界把这条文献作为分析韩非思想来源的线索,③ 认识到了黄老学派对韩非的影响,但还没有从先秦法哲学演变的整体上说明二者的关系;有的学者没有认识到黄老学派法哲学的独立性,往往将其与韩非法哲学混为一谈。

1. 道论

韩非对老子思想有着深湛的理解,如《韩非子》中有《解老》和《喻老》篇,但韩非的道论具有浓厚的黄老学派的色彩。黄老学派认为道"显明弗能为名,广大弗能为刑(形),独立不偶,万物莫之能令"(《道原》);"道也者,至精也,不可为形,不可为名,强为之,谓之太一"(《吕氏春秋·大乐》);"天之道,虚其无形,虚则不屈,无形则无所位赶。无所位赶,故能遍流万物而不变"(《管子·心术上》)。韩非认为道"弘大而无形","道无双,故曰

---

① 《韩非子·五蠹》云:"今境内之民皆言治,藏《商》《管》之法者家有之。"可见《管子》一书流传甚广,韩非也非常熟悉《管子》,吸收了它的思想。

② 丁鼎、卢友连:《从老庄申韩同传看道、法之承变关系》,《齐鲁学刊》1998年第5期。

③ 这方面的文章有王叔岷《论司马迁述慎到、申不害及韩非之学》,(台湾)《中央研究院历史语言研究所集刊》第54本1983年第1期;李刚兴《道家思想同申不害和韩非的关系》,《江西社会科学》1990年第4期;李生龙《〈解老〉〈喻老〉属黄老而非法家》,《湖南师范大学社会科学学报》1994年第2期。专著有张纯、王晓波《韩非思想的历史研究》,(台湾)联经出版事业公司1983年版;陈伯适《韩非之学归本于黄老析探》,硕士学位论文,(台湾)政治大学,2000年。

一"(《韩非子·扬权》)。《黄老帛书》云:"道者,神明之原也。神明者,处于度之内而见于度之外者也。"(《经法·名理》)韩非认为:"道者,万物之始,是非之纪也。是以明君守始以知万物之源,治纪以知善败之端。"(《韩非子·主道》)"道者,下周于事,因稽而命,与时生死。参名异事,通一同情。"(《韩非子·扬权》)

韩非具有因循天道的思想,韩非认为:

谨修所事,待命于天,毋失其要,乃为圣人。(《韩非子·扬权》)

能象天地,是谓圣人。(《韩非子·扬权》)

圣人尽随于万物之规矩。(《韩非子·解老》)

先王以道为常,以法为本。(《韩非子·饰邪》)

古之全大体者:望天地,观江海,因山谷,日月所照,四时所行,云布风动;不以智累心,不以私累己;寄治乱于法术,托是非于赏罚,属轻重于权衡;不逆天理,不伤情性;不吹毛而求小疵,不洗垢而察难知;不引绳之外,不推绳之内;不急法之外,不缓法之内;守成理,因自然;祸福生乎道法,而不出乎爱恶;荣辱之责在乎己,而不在乎人。……因道全法,君子乐而大奸止。澹然闲静,因天命,持大体。故使人无离法之罪,鱼无失水之祸。如此,故天下少不可。(《韩非子·大体》)

由这些论述可见韩非"因道全法"的理论受黄老学派中"道法"理论的影响。

黄老学派的"道"通常表现为"理",《黄老帛书》云:"物各□□□□胃(谓)之理。理之所在,胃(谓)之□。物有不合于道者,胃(谓)之失理。失理之所在,胃(谓)之逆。逆顺各自命也,则存亡兴坏可知也。"(《经法·论》)可见"理"由"道"

生,"理"是"道"在万物中的体现,"道"是总"理","理"是分"道"。"道"是万事万物的总规律,"理"是万事万物的总规则。① 这一点为韩非所继承,在"道"与"理"的关系上,韩非认为:"道者,万物之所然也,万理之所稽也。理者,成物之文也;道者,万物之所以成也。故曰:道,理之者也。物有理,不可以相薄;物有理不可以相薄,故理之为物之制。万物各异理,而道尽稽万物之理,故不得不化;不得不化,故无常操。"(《韩非子·解老》)

2. 刑名

韩非吸收了黄老学派的刑名思想。《管子》云:"强不能偏立,智不能尽谋。物固有形,形固有名,名当谓之圣人。故必知不言,无为之事,然后知道之纪。"(《管子·心术上》)"修名而督实,按实而定名。名实相生,反相为情。名实当则治,不当则乱。"(《管子·九守》)这说明君主要通过"因应之术"做到执名审形,以此来统御臣下。韩非云:"术者,因任而授官,循名而责实,操生杀之柄,课群臣之能者也。此人主之所执也。"(《韩非子·定法》)其中"因能而授官""循名而责实"就是《管子》中的"因应之术"。《韩非子·主道》篇中又进一步解释,"人主之道,静退为宝","是以不善言而善应","言已应则执其契","符契之所合,赏罚之所生也,故群臣陈其言,君以其言授其事,事以责其功。功当其事,事当其言则赏;功不当其事,事不当其言则诛。明君之道,臣不陈言而不当"。

君主以"名"为标准来督责臣下,臣下所为合于"名"的标准,则赏之;不合,则罚之。《黄老帛书》也认为:"美亚(恶)有名,逆顺有刑(形),请(情)伪有实,王公执□以为天下正。"(《经法·四度》)又云:"故□□(观)今之曲直,审其名以称断

---

① 陈丽桂:《战国时期的黄老思想》,(台湾)联经出版事业公司1991年版,第64页。

之。"(《称》)

关于如何以名正实,黄老学派提出了无为的原则。《黄老帛书》认为:"勿(物)自正也,名自命也,事自定也。三名察则尽知(请)情伪而[不]惑矣。"(《经法·论》)又云:"正奇有立(位),而名□弗去。凡事无大小,物自为舍。逆顺死生,物自为名,名刑(形)已定,物自为正。"(《经法·道法》)韩非直接承袭了这些论述,他说:"故虚静以待令,令名自命也,令事自定也。虚则知实之情,静则知动者正。有言者自为名,有事者自为形,形名参同,君乃无事焉,归之其情。"(《韩非子·主道》)"用一之道,以名为首,名正物定,名倚物徙,故圣人执一以静,使名自命,令事自定,不见其采,下故素正。"(《韩非子·扬权》)

"正名"作为"帝王之道",在《黄老帛书》中多有论述,如"刑(形)名立,则黑白之分已。故执道者之观于天下(也),无执(也),无处也,无为(也),无私(也)。是故天下有事,无不自为刑(形)名声号矣。刑(形)名已立,声号已建,则无所逃迹匿正矣"(《经法·道法》);"刑名出声,声实调和,祸灾废立,如影之随形,如响物之随声,如衡不藏重与轻"(《经法·名理》);"欲知得失请(情),必审名察刑(形)。刑(形)恒自定,是我俞(愈)静。事恒自(施),是我无为"(《十大经·顺道》)。

韩非认为道为君主所独擅,他说:"是故明君贵独道之容,君臣不同道,下以名祷,君操其名,臣效其形,形名参同,上下和调也。"(《韩非子·扬权》)"形名参同,君乃无事焉,归之其情。"(《韩非子·主道》)"人主将欲禁奸,则审合形名者,言异事也,为人臣者陈而言,君以其言授之事,专以其事责其功,功当其事,事当其言,则赏;功不当其事,事不当其言,则罚。"(《韩非子·二柄》)韩非接受了黄老学派的刑名理论,把刑名与赏罚、禁奸等内容联系起来,单纯地强调了君主循名责实、统御臣下的意义。

3. 道与法

在黄老学派法哲学中，明确提出了法的概念，法具有客观性，是衡量事物的基本标准。《黄老帛书》云："道生法。法者，引得失以绳，而明曲直者也。故执道者，生法而弗敢犯也，法立而弗敢废也。"（《经法·道法》）黄老学派常用权衡、斗石、尺寸、规矩等来说明法律的客观规范性，《黄老帛书》云："称以权衡，参以天当，天下有事，必有巧验。事如直木，多如仓粟。斗石已具，尺寸已陈，则无所逃其神。故曰：度量已具，则治而制之矣。"（《经法·道法》）"规之内曰员（圆），柜（矩）之内曰方，县之下曰正，水之曰平。尺寸之度曰小大短长，权衡之称曰轻重不爽，斗石之量曰小（少）多有数。"（《经法·四度》）这些都是强调法作为唯一的标准，具有客观性。以度量衡作为论述法的标准性、客观性的论据，这在韩非的思想中是很常见的。

韩非也以"绳墨""规矩""权衡""斗石"来说明法律的客观性。韩非认为："巧匠目意中绳，然必先以规矩为度；上智捷举中事，必以先王之法为比。故绳直而枉木斫，准夷而高科削，权衡县而重益轻，斗石设而多益少。故以法治国，举措而已矣。"（《韩非子·有度》）又云："夫必恃自直之箭，百世无矢；恃自圜之木，千世无轮矣。自直之箭，自圜之木，百世无有一，然而世皆乘车射禽者何也？隐栝之道用也。虽有不恃隐栝而有自直之箭、自圜之木，良工弗贵也。"（《韩非子·显学》）这里的"隐栝"也是用来说明法律的规范作用的。可见韩非对法的比喻论证是与《黄老帛书》相同的。

法家把法作为一种客观标准，主张法律必须明文公布，甚至还要让民众明白易知。韩非云："故法莫如显……是以明主言法，则境内卑贱莫不闻知也。"（《韩非子·难三》）《黄老帛书》也云："是故王公慎令，民知所由。天有恒日，民自则之，爽则损命，环（还）自服之，天之道也。"（《十六经·三禁》）可见《黄老帛书》

在主张法律要明文公布这一点上与法家是一致的。

既然法是评价事物的唯一标准，那么在现实的政治活动中，统治者要以法作为依据。《黄老帛书》一再强调："世恒不可，择（释）法而用我。用我不可，是以生祸。"（《称》）"吾闻天下成法，故曰不多，一言而止。循名复一，民无乱纪。"（《十六经·成法》）所以韩非云："法莫如一而固。"（《韩非子·五蠹》）"一"就是"言无二贵，法不两适，故言行而不轨于法令者必禁。"（《韩非子·问辨》），"法不两适"就是要求"刑过不避大臣，赏善不遗匹夫"（《韩非子·有度》）。

《管子》云："君臣上下贵贱皆从法。"（《管子·任法》）这也就是司马炎所说的"不别亲疏，不殊贵贱，一断于法"（《史记·太史公自序》）。《黄老帛书》就一再强调："是非有分，以法断之。虚静谨听，以法为符。"（《经法·名理》）"昔天地既成，正若有名，合若有刑（形），□以守一名。上拴之天，下施之四海。"（《十大经·成法》）"案法而治则不乱。"（《称》）"法度者，正之至也。"（《经法·君正》）韩非也认为法律是至上的，他说："不避亲贵，法行所爱。"（《韩非子·外储说》）"治民无常，唯法为治。"（《韩非子·心度》）

4. 术与法

黄老学派反对西周以来的分封制，而主张施行君主专制制度。《黄老帛书》云："唯余一人，兼有天下。"（《十大经·果童》）黄老学派强调术对于专制君主的重要性，认为："不知王术，不王天下。知王术者，驱骋驰猎而不禽荒，饮食喜乐而不湎康，玩好罢好而不惑心。"（《经法·六分》）韩非认为君主应该"独制四海之内"（《韩非子·有度》）。韩非也认同术对君主的重要意义，认为："法者，编著之图籍，设之于官府，而布之于百姓者也。术者，藏之于胸中，以偶众端而潜御群臣也。故法莫如显，而术不欲见。"（《韩非子·难三》）黄老学派主张："人主者，立于阴……阴则能制阳矣。"(《管子·心术上》)这就是君主操纵臣下的"南面之术"。韩非也认为:"权不欲见,素无为也。事在四方,要在中央。圣人执要,四方来效。虚而待之,彼自以之。四海既藏,道阴见阳。左右既立,开门而当。勿变勿易,与二俱行。"(《韩非子·扬权》)韩非所谓的"道阴见阳"正是对这种"南面之术"的总结。

《管子》云:"所谓治国者,所谓乱国者,臣术胜也。夫尊君卑臣,非计亲也,以执胜也,百官识非惠也,刑罚必也。故君臣共道则乱,专授则失。"(《管子·明法》)接下来《管子》又对"专授则失"进行了具体的说明,认为:"人臣之所以畏恐而谨事主者,以欲生而恶死者也。使人不欲生,不恶死,则不可得而制也。夫杀生之柄专在大臣,而主不危者,未尝有也。故治乱不以法断,而决于重臣,生杀之柄不制于主,而在群下,此寄生之主也。故人主专以其威势予人,则必有劫杀之患。专以其法制予人,则必有乱亡之祸。如此者,亡主之道也。故明法曰:专授则失。"(《管子·明法解》)

所以"专授"就是"人主专以其威势予人",以至"君臣共道"。故主张专制的韩非不断地强调君主应独占势位,"故主失势而臣得国"(《韩非子·孤愤》);"偏借其权势,则上下易位矣"(《韩非子·备内》);"势重者,人主之渊也。君人者势重于君臣之间,失则不可复得也"(《韩非子·喻老》);"人主失其势重于臣而不可复收也"(《韩非子·内储说下》);"凡明主之治国也,任其势"(《韩非子·难三》)。

至于"臣成党于下",韩非则主张:"散其党,收其余,闭其门,夺其辅,国乃无虎。"(《韩非子·主道》)韩非还认为:"大臣两重,父兄众强,内党外援以争事势者,可亡也。"(《韩非子·亡征》)"朝廷群下,直凑单微,不敢相逾越。故治不足,而日有余。"(《韩非子·有度》)

黄老学派认为人主之所以有"专授之失",是因为其被壅塞。

所以《黄老帛书》具体论述了"三雍"为"内立（位）朕（胜）谓之塞，外立（位）朕（胜）谓之儜（拂），外内皆朕（胜）则君孤直（特）。以此有国，守不固，单（战）不克。此胃（谓）一雍（壅）。从中令外〔谓之〕惑，从外令中胃（谓）之囗贼，外内遂诤（争），则危都国。此胃（谓）谓二雍（壅）。一人擅主，命曰蔽光。从中外周，此胃（谓）重壅。外内为一，国乃更。此胃（谓）三雍（壅）"（《经法·亡论》）。而韩非"五壅"之说则为"臣闭其主曰壅，臣制财利曰壅，臣擅行令曰壅，臣得行义曰壅，臣得树人曰壅"（《韩非子·主道》）。《黄老帛书》云："主得〔位〕臣辐属者，王。"（《经法·六分》）韩非则云："观听不参，则诚不闻；听有门户，则臣壅塞。"（《韩非子·内储说上》）所以"明君之道，贱得议贵，不必坐上，决诚以参，听无门户，故智者不得诈欺"（《韩非子·八说》）。

　　黄老学派认为明君以法治来规范君臣之分。《黄老帛书》云："主主臣臣，上下不赿者，其国强。主执度，臣循理者，其国霸昌。"（《经法·六分》）"执度""循理"就是遵守既定的法律。"上下不赿"则是要建立一种专制秩序。韩非云："法审则上尊而不侵，上尊而不侵则主强。"（《韩非子·有度》）"明君之蓄其臣也，尽之以法，质之以备。故不赦死，不宥刑。"（《韩非子·爱臣》）又云："同合刑名，审验法式，擅为者诛，国乃无贼。"（《韩非子·主道》）

三　韩非对黄老学派法哲学的背离

　　韩非虽然受到黄老学派法哲学的深刻影响，然而作为法家代表人物，韩非哲学又具有自身的鲜明特征，有很多不同于黄老学派之处。《史记·老子韩非列传》云："其惨礉少恩，皆原于道德之意。"这说明韩非的"惨礉少恩"是由"道德之意"引申出来的。但韩非极端强调法的作用，以强化君权为核心，建立严密的统治秩序，"原于道德"却又背离了"道德"的要求。

1. 否定仁义

韩非极端强调法、术、势的重要意义,基本上否认道德、仁义的作用。他说:"德厚不足以止乱。"(《韩非子·显学》)"存国者,非仁义也。"(《韩非子·八说》)韩非认为仁义是造成危亡的原因,法相对于仁义有很大的优越性,他说:"今世皆曰:尊主安国者,必以仁义智能,而不知卑主危国者之必以仁义智能也。故有道之士,远仁义,去智能,服之以法。"(《韩非子·说疑》)韩非不相信道义的作用,崇尚君主独有的权势,法就是维护这种权势的有效手段,他说:"夫圣人之治国,不恃人之为吾善也,而用其不得为非也。恃人之为吾善也,境内不什数,用人不得为非,一国可使齐。为治者用众而舍寡,故不务德而务法。"(《韩非子·显学》)

而黄老学派则主张建立一种正当的政治伦理,君臣之间应形成和睦的关系,君主对臣下应仁爱,而不是单纯地强调臣下对君主的忠诚。《黄老帛书》云:"主惠臣忠者,其国安。"(《经法·六分》)"常后而不失体,正信以仁,兹(慈)惠以爱人。"(《十六经·顺道》)这里讲究"仁"和"慈惠"的说法是韩非乃至法家思想所不具备的。甚至《黄老帛书》又云:"吾句(苟)能亲亲而兴贤,吾不遗亦至矣。"(《十六经·立命》)而韩非的立场则是坚决的,他认为法与刑才是保障君臣有序的途径,"明君操权而上重,一政而国治。故法者,王之本也。刑者,爱之自也"(《韩非子·心度》)。在君权一统的政治秩序中,"无书简之文,以法为教;无先王之语,以吏为师;无私剑之捍,以斩首为勇"(《韩非子·五蠹》)。

儒家所推崇的"亲亲"原则是法家所极力排斥的,正如司马谈批评法家所云:"法者,不别亲疏,不殊贵贱,一断于法,则亲亲尊尊之恩绝矣。可以行一时之计,不可长用也。故曰:严而少恩。"(《史记·太史公自序》)这也是司马谈从黄老学派的角度对法家提出的批评。

2. 反对尚贤

法家强调法治的作用，反对举贤、尚贤。商鞅认为："遗贤去知，治之数也。"（《商君书·禁使》）"国用诗、书、礼、乐、孝、弟、善、修治者，敌至必削国，不至必贫国。"（《商君书·去强》）"夫举贤能，世之所治也，而治之所以乱。"（《商君书·慎法》）韩非认为对于君主而言，法治要优于贤能之治，他认为："今夫上贤任智无常，逆道也，而天下常以为治。……是废常上贤则乱，舍法任智则危，故曰：上法而不上贤。"（《韩非子·忠孝》）"有道之主，远仁义，去智能，服之以法。是以广誉而名威，民治而国安，知用民之法也。"（《韩非子·说疑》）

黄老学派重法的同时也重视智能贤德之士的作用。《黄老帛书》云："吾句（苟）能亲亲而兴贤，吾不遗亦至矣。"（《十六经·立命》）"昔者皇天使冯（凤）下道一言而止。五帝用之，以杋（扒）天地，以楔（揆）四海，以坏（怀）下民，以正一世之士。夫是故毚（谗）民皆退，贤人减（咸）起，五邪乃逃，年（佞）辩乃止。"（《十六经·成法》）

3. 唯法为治

黄老学派以道论法，认为法要以道为原则，要求君主集治国与修身于一体，强调德礼的作用。这一主张也与黄老学派兼容儒、墨、名、法的特点有关。

《管子》主张以礼、义、理等辅助法的施行，因为礼、义、法都同出于道，法治的理想状态就是道治，法治应在"道"的统摄之下。《管子》云："天之道，虚其无形。虚则不屈，无形则无所位赶，无所位赶，故遍流万物而不变。德者，道之舍，物得以生生，知得以职道之精。故德者得也。得也者，其谓所得以然也。以无为之谓道，舍之之谓德。故道之与德无间，故言之者不别也。间之理者，谓其所以舍也。义者，谓各处其宜也。礼者，因人之情，缘义之理，而为之节文者也。故礼者谓有理也。理也者，明分以谕义之意也。故礼出乎义，义出乎理，理因乎宜者也。法者所以同出，不得不然者也，故杀戮禁诛以一之也。故事督乎法，法出乎权，权出于道。"（《管子·心术上》）《淮南子》也云："故有道以统之，法虽少，足以化矣。无道以行之，法虽众，足以乱矣。治身，太上养神，其次养形。治国，太上养化，其次正法。"（《淮南子·泰族训》）所以，法只是维持良好社会秩序的一个方面，它必须与仁义、礼乐、刑赏兼而用之，才能达到预期的社会效果。

韩非则片面强调法的禁制作用，忽略了其他社会规范的功能，他强调："治乱决缪，绌羡齐非，一民之轨，莫如法。"（《韩非子·有度》）所以，黄老学派对韩非等法家人物进行了深刻的批判，其中以《淮南子》的总结最为确切："今若夫申、韩、商鞅之为治也，挬拔其根，芜弃其本，而不穷究其所由生。何以至此也？凿五刑，为刻削，乃背道德之本，而争于锥刀之末，斩艾百姓，殚尽太半，而忻忻然常自以为治，是犹抱薪而救火，凿窦而止水。"（《淮南子·览冥训》）同时《淮南子》也指出了以法家思想作为施政方针的消极后果，"然商鞅之法亡秦，察于刀笔之迹，而不知治乱之本也"（《淮南子·泰族训》）。

韩非虽然"归本于黄老"，汲取了黄老学派法哲学的核心内容，但最终背离了黄老学派法哲学"因道全法"的宗旨。他片面强调法的强制作用，突出刑的威慑意义，使法失去"道"的指引，终究沦于"惨礉少恩"的境地。

4. 君主贵独道之容

韩非把"道"与"万物"的关系等同于"君"与"群臣"的关系，认为"君"就是"道"，"君"与"道"是一体的，以此突出君主的地位，从而走向了极端的君主专制。他认为："道不同于万物，德不同于阴阳，衡不同于轻重，绳不同于出入，和不同于燥湿，君不同于群臣。凡此六者，道之出也。道无双，故曰一。是故

明君贵独道之容。君臣不同道,下以名祷。君操其名,臣效其形,形名参同,上下和调也。"(《韩非子·扬权》)

在韩非的思想中,道不但对君权没有制约作用,反而为强化君权提供了理论依据。作为道之显现的法,也在极力维护君主这一"独道之容"的地位。所以韩非提出:"法者,王之本也。"(《韩非子·心度》)法是君主治国的根本手段,臣民的一切行为都要服从于法,臣下要"以法事君"(《韩非子·奸劫弑臣》),"言行不能轨于法者必禁"(《韩非子·问辩》),"法之所外,虽有难行不能显焉"(《韩非子·八经》),从而达到"明君无为于上,群臣竦惧乎下"的效果。韩非主张通过法制构建一种森严的政治等级秩序,而不允许任何异于体制之外的力量存在,强化君权的同时也窒息了社会的活力,法也就成了君主"以一人之力禁一国"(《韩非子·难三》)的工具。

而黄老学派法哲学认为"道"要超越于君主之上,君主要受到道的制约,法可以"禁君",使君主不能擅断,这样才能符合"道"的要求。《黄老帛书》云:"故执道者,生法而弗敢犯也,法立而弗敢废也。□能自引以绳,然后见知天下而不惑矣。"(《经法·道法》)《淮南子》云:"古之置有司也,所以禁民,使不得自恣也;其立君也,所以制有司,使无专行也;法籍礼仪者,所以禁君,使无擅断也。人莫得自恣,则道胜;道胜而理达矣。"(《淮南子·主术训》)

《管子》崇尚"道"的作用,认为"道"是治国的纲领,"道"要在君主之上,《管子》云:"道也者,万物之要也。为人君者,执要而待之,则下虽有奸伪之心,不敢试也。夫道者虚设,其人在则通,其人亡则塞者也。非兹是无以理人,非兹是无以生财,民治财育,其福归于上。是以知明君之重道法而轻其国也。故君一国者,其道君之也。王天下者,其道王之也。大王天下,小君一国,其道临之也。"(《管子·君臣上》)又云:"明君置法以自治,立仪以自正。"(《管子·法法》)"不为君欲变其令,令尊于君。"(《管子·法法》)"君臣上下贵贱皆从法,此之谓大治。"(《管子·任法》)

黄老学派法哲学重视法的作用,但同时主张以道统法,以道作为法的本体,使法具有深厚的价值内涵,法与其他社会规范相辅而行,法具有了更深厚的社会基础,这是黄老学派法哲学区别于韩非专任"法治"的一个突出特点。

第二节 黄老学派法哲学与荀子、董仲舒

一 黄老学派与儒家

在春秋时期,儒家是作为西周礼乐文化的传承者、转换者而出现的。原始儒家的法本体论相当缺乏,其对法是什么、法的形上依据、法与权力的关系等问题都没有进行充分论述。孔子认为治理国家应行仁政,并推崇德礼之治,而刑罚是对前者的保障。[1] 从黄老学派的立场来看,儒家有诸多理论上的缺陷。如汉初司马谈评述儒家云:"儒者则不然。以为人主天下之仪表也,主倡而臣和,主先而臣随。如此则主劳而臣逸。""夫儒者以六艺为法。六艺经传以千万数,累世不能通其学,当年比能究其礼,故曰:劳而无功,博而寡要。"(《史记·太史公自序》)。在礼崩乐坏、诸侯争战的历史条件下,儒家仍寄希望于恢复西周的礼制,对如何建立新的君主专制政体的关注不够。

黄老学派"采儒墨之善",其中融合了儒家思想的因素,这是当时各家争论、交融的结果。但黄老学派思想体系形成后,对后世

---

[1] 孔子继承了西周礼刑结合的思想,关于礼、刑关系的论述:"道之以政,齐之以刑,民免而无耻;道之以德,齐之以礼,有耻且格。"(《论语·为政》)"礼乐不兴,则刑罚不中;刑罚不中,则民无所措手足。"(《论语·子路》)"君子怀德,小人怀土;君子怀刑,小人怀惠。"(《论语·里仁》)

儒家却产生了很大的影响，这表现在荀子、董仲舒的思想中。可以说荀子、董仲舒的思想是在黄老学派的影响下形成的。余明光认为，从研究道家黄老之学中发现，荀子的很大部分学术思想渊源于黄老，也就是《黄帝四经》中的思想。这一发现，使儒学变异的脉络找到了源头。[①] 汉初黄老思想对儒家思想的影响不能低估。陆贾、贾谊、韩婴、董仲舒都在不同程度、不同方面引用和发挥着黄老思想。或者用黄老思想补充解释儒家的思想，或者把黄老思想纳入体系，作为一个组成部分，甚至移花接木，用黄老思想为儒家思想作天道观的根据和基础。但是另一方面，又绝不能夸大这种影响，以为陆贾、贾谊甚至韩婴的思想可以划为黄老学派或新道家。因为不仅这些人的思想主线、著作的主要内容不是黄老思想或老子思想的新发挥，而是儒家思想；而且他们引用黄老思想的目的也是为了更好地补充和修饰儒家思想，使儒家思想具有时代的适应性；不仅黄老思想在他们的著作中不占主要地位，而且即便他们引用了黄老思想，许多也是用儒家思想折射了的，是在儒家的立场上重新解释了的。[②] 在中国哲学史上，儒家经过三次重大的质变，第一次重大的质变是先秦的荀子，第二次重大的质变是汉代的董仲舒，第三次重大的质变是宋明理学。前两者是直接受到黄老道家的启迪与渗透。[③] 荀子与董仲舒的法哲学就表明了这一点。

二 黄老学派法哲学对荀子的影响

从学术经历上看，荀子的思想体系主要是在稷下学宫形成的。《史记·孟子荀卿列传》载："淳于髡久与处，时有得善言。"班固在《汉书·艺文志》所载"《宋子》十八篇"条下注云："孙卿道

[①] 余明光：《荀子思想与黄老之学》，载《道家文化研究》第5辑，上海古籍出版社1995年版。

[②] 金春峰：《汉代思想史》，中国社会科学出版社1997年版，第68页。

[③] 陈鼓应：《黄帝四经今注今译》，台湾商务印书馆1995年版，第24页。

宋子，其言黄老意。"可见，荀子曾师事过淳于髡、宋钘，深受他们思想的影响。学界普遍认为淳于髡、宋子是稷下黄老学派的代表。此外，荀子曾数次游学于稷下学宫，《史记·孟子荀卿列传》载荀子首次到稷下游学是"年五十"，当时"田骈之属皆已死"，"而荀卿最为老师。齐尚修列大夫之缺，而荀卿三为祭酒焉"。黄老学派是稷下学的主流，所以荀子应受到黄老学派的深刻影响。史载荀子通百家之学，而只有黄老学派具有兼容并蓄的气质，《史记·孟子荀卿列传》说荀子"嫉浊世之政，亡国乱君相属，不遂大道而营于巫祝，信禨祥，鄙儒小拘，如庄周等又猾稽乱俗，于是推儒、墨、道德之行事兴坏，序列著数万言而卒"。这里所说的"道德"应该包括黄老学派的思想。荀子吸收了当时各家的思想因素，所以，他所代表的已不是鲁国洙泗之儒，而是齐国稷下之儒。① 有的学者甚至认为荀子是稷下学后期的主要代表人物，荀学是稷下的黄老之学。②

1. 道论

荀子对"道"进行了深入的论述，其所论之"道"具有黄老学派的意蕴，他认为："故君子一于道而以赞稽物。一于道则正，以赞稽物则察，以正志行察论，则万物官矣。昔者舜之治天下也，不以事诏而万物成。"（《荀子·解蔽》）荀子又对"道"进行了新的解释，他认为："道者，非天之道，非地之道，人之所以道也，君子之所道也。"（《荀子·儒效》）荀子认为把握了这种本体之道就能驾驭万事万物，就可"以类行杂，以一行万，始则终，终则始，若环之无端也；舍是而天下以衰矣"（《荀子·王制》）。荀子的这一思维方式与黄老学派的"以道莅天下"的思想一脉相承。

荀子将"道"与"法"联系起来，认为君主在治理国家过程

---

① 丁原明：《论荀子思想中的黄老倾向》，《管子学刊》1991年第3期。
② 参见赵吉惠《荀况是战国末期黄老之学的代表》，《哲学研究》1993年第5期；《论荀学是稷下黄老之学》，载《道家文化研究》第4辑，上海古籍出版社1994年版。

中，应"一于道法而谨于循令"(《荀子·正名》)，这样，才能达到"治之极"的良好状态。君主只有把道、法作为最基本的统治原则，才能有效地维护统治秩序。荀子又云："无土则人不安居，无人则土不守，无道法则人不治，无君子则道不举。故士之于人也，道之与法也者，国家之本作也。君子也者，道法之总要也，不可少顷旷也。得之则治，失之则乱……故有良法而乱者有之矣，有君子而乱者，自古及今，未尝闻也。"(《荀子·致士》)这与黄老文献中的论述极其相似，正如《管子·君臣》所云："道也者，万物之要也。为人君者，执要而待之，则下虽有奸伪之心，不敢试也……是以知明君之重道法而轻其国也。"

2. 礼法并重

黄老学派关于礼法关系的理论对荀子产生很大影响，所以荀子既重视道法，又注意道法与仁、义、礼、法及刑名之学等思想的结合。他认为："君子处仁以义，然后仁也；行仁以礼，然后义也；制礼反本成末，然后礼也。三者皆通，然后道也。"(《荀子·大略》)也就是说，仁、义、礼三者相互贯通，才能实现道治的状态。所以荀子主张礼法并重，他说："由士以上则必以礼乐节之，众庶百姓则必以法数制之。"(《荀子·富国》)"听政之大分，以善至者待之以礼，以不善至者待之以刑。两者分别则贤不肖不杂，是非不乱。贤不肖不杂则英杰至，是非不乱则国家治。若是，名声日闻，天下愿，令行禁止，王者之事毕矣。"(《荀子·王制》)"君人者，隆礼尊贤而王，重法爱民而霸。"(《荀子·大略》)

荀子的礼法理论与黄老学派的观念十分相似。《管子》云："法出于礼，礼出于治。治、礼道也。万物待治礼而后定。"(《管子·枢言》)"所谓仁义礼乐者，皆出于法。此先圣之所以一民者也。"(《管子·任法》)荀子礼法并重的思想，无疑是在广泛吸取黄老学派思想成果的基础上形成的。离开黄老学派调和儒法的长期探索，就没有荀子礼法并重、互补理论的成熟。需要注意的是，黄老学派的礼法结合以法为本位,而荀子则主张以礼为本,以法为辅,这是二者的根本区别。①

3. 人性论

荀子提出了性恶论,所谓性恶是指人"饥而欲食,寒而欲暖,劳而欲休,好利而恶害"(《荀子·性恶》),礼即因人性而产生。荀子云:"礼起于何也?曰:人生而有欲,欲而不得,则不能无求;求而无度量分界,则不能不争;争则乱,乱则穷。先王恶其乱也,故制礼义以分之,以养人之欲,给人之求。使欲必不穷于物,物必不屈于欲,两者相持而长,是礼之所起也。"(《荀子·礼论》)这与黄老学派对人性和礼的论述十分相似。《管子》云:"夫凡人之情,见利莫能勿就,见害莫能勿避。"(《管子·禁藏》)"礼者,因人之情,缘义之理,而为之节文者也,故礼者谓有理也。理也者,明分以谕义之意也。"(《管子·心术上》)《尹文子》云:"圣王知人情之易动,故作乐以和之,制礼以节之。"(《尹文子·大道上》)可以说荀子的人性论之所以不同于先前的儒家,可归因于黄老学派的深刻影响。②

4. 刑名

荀子也有丰富的刑名思想。他认为:"王者之制名,名定而实辨……故其民莫敢托为奇辞以乱正名。故其民悫,悫则易使,易使则公。其民莫敢为奇辞以乱正名,故一于道法而谨于循令。"(《荀子·正名》)如《黄老帛书》云:"知虚实动静之所为,达于名实相应,尽知请(情)伪而不惑,然后帝王之道成。"(《经法·论》)《尹文子》云:"全治而无阙者,大小多少,各当其分,农商工仕,不易其业,老农长商习工旧士,莫不存焉,则处上者何处焉。"

---

① 白奚:《学术发展史视野下的先秦黄老之学》,《人文杂志》2005年第1期。
② 荀子的人性论不同于孔子的"性相近,习相远也"(《论语·阳货》)的命题,又与孟子的"道性善,言必称尧舜"(《孟子·滕文公上》),以及"仁义礼智,非由外铄我也,我固有之也"(《孟子·告子上》)的理论相区别。

(《尹文子·大道上》）相对于孔孟等原始儒家，荀子继承黄老学派的"正名"思想，加以发挥。他说："故人生不能无群，群而无分则争，争则乱，乱则杂，杂则弱，弱则不能胜物。"（《荀子·王制》）又云："人之生不能无群，群而无分则争，争则乱，乱则穷矣。故无分者人之大害也，有分着天下之本利也。"（《荀子·富国》）荀子此处所说的"群而无分则争，争则乱"的论点，也就是《黄老帛书》所云："分之以其分，而万民不争。授之以其名，而万物自定。"（《道原》）所以荀子认为治国的首要任务是以法的形式确定君臣上下的名分，"治国者，分已定，则主相、臣下、百吏各谨其所闻，不务听其所不闻；各谨其所见，不务听其所不见。所闻所见诚以齐矣，则虽幽闲隐辟，百姓莫敢不敬分安制以化其上，是治国之征也"（《荀子·王霸》）；"明分职，序事业，材技官能，莫不治理，则公道达而私门塞矣。……故职分而民不慢，次定而序不乱，兼听齐明而百事不留。如是，则臣下百吏至于庶人莫不修己而后敢安正，诚能而后敢受职；百姓易俗，小人变心，奸怪之属莫不反悫。夫是之谓政教之极"（《荀子·君道》）。

5. 法术

荀子也提出"君道无为"思想，他认为："大巧在所不为，大智在所不虑。所志于天者，已其见象之可以期者矣；所志于地者，已其见宜之可以息者矣；所志于四时者，已其见数之可以事者矣；所志于阴阳者，已其见知之可以治者矣。官人守天而自为守道也。"（《荀子·天论》）荀子又把这种统治术归结为"君道无为而臣道有为"，具体的内容是："天子……足能行，待相者然后进；口能言，待官人然后诏。不视而见，不听而聪，不言而信，不虑而知，不动而功，告至备也。天子也者，势至重，形至佚，心至愈，志无所诎，形无所劳，尊无上矣。"（《荀子·君》）"主道知人，臣道知事。故舜之治天下，不以事诏而万物成。"（《荀子·大略》）

荀子强调"法"的重要性的同时，也认为"术"是不可缺少的。他认为:"推礼义之统,分是非之分,总天下之要,治海内之众,若使一人,故操弥约而事弥大。五寸之矩,尽天下之方。故君子不下室堂而海内之情举积此者,则操术然也。"(《荀子·不苟》)这里讲的"术"即帝王之术。所谓"五寸之矩,尽天下之方",指的就是法令。荀子又云:"政令法,举措时,听断公,上则能顺天子之命,下则能保百姓,是诸侯之所以取国家也。"(《荀子·荣辱》)这就是说国家的政令必须符合法治的原则,各种举措必须适时,处理政事要依法而行,大公无私,这样才能维持国家的稳定,使民众上可以顺从天子帝王的命令,下可以依照法律来保护自己,如此,一个国家就会得到良好的治理。所以荀子强调国家治乱的根本在法,认为:"法者,治之端也;君主者,法之原也。"(《荀子·君道》)"君法明,论有常,表仪既设民知方。进退有律,莫得贵贱孰私王?君法仪,禁不为,莫不说名教不移。修之者荣,离之者辱孰它师?"(《荀子·成相》)这与黄老学派对法的论述十分相似,黄老学派认为:"法者,引得失以绳,而明曲直者也。"(《经法·道法》)"法度者,正之至也。"(《经法·君正》)"是非有分,以法断之。虚静谨听,以法为符。"(《经法·名理》)

  荀子强调法的重要性,同时仍然把礼作为治国的最高准则。他认为:"礼者,政之挽也。为政不以礼,政不行矣。"(《荀子·大略》)。他强调:"人无礼则不生,事无礼则不成,国家无礼则不宁。"(《荀子·修身》)认为:"礼者,治辨之极也,强国之本也,威行之道也,功名之总也。王公由之,所以得天下也,不由,所以陨社稷也。"(《荀子·议兵》)"礼者,法之大分,类之纲纪也。"(《荀子·劝学》)"国无礼则不正。礼之所以正国也,譬之犹衡之于轻重也,犹绳墨之于曲直也,犹规矩之于方圆也,既错之而人莫之能诬也。"(《荀子·王霸》)正是因为荀子尊崇礼治,所以历代学者都将他归于儒家。有学者称荀子所谓的"礼"就是"法",①这种理解是不确切的,荀子对法有过详细论述,认识到二者的区别。荀子之所以重礼是因为其整个理论体系的儒家性质。

三 董仲舒对黄老学派法哲学的继承

董仲舒是西汉时期的儒学宗师,以研究《春秋公羊传》著称于世。但他的儒学不同于原始儒家学说,他以阴阳五行学说和黄老刑名思想改造了先秦的儒家学说,构建了儒学的新体系。董仲舒的法律思想是在继承黄老学派法哲学基础上形成的。学术界普遍认为董仲舒确立了中国封建正统的法律思想,结合董仲舒对黄老学派全面继承的历史实际,可以说这一观点不是很全面。我们首先要理解董仲舒法律思想的主旨是什么,这些思想相对于黄老学派法哲学有哪些进展,是不是完全超越于黄老学派法哲学。② 只有明确这一点,才能对二者的关系获得比较客观的认识。

从学术渊源上看,董仲舒深受黄老学派的影响,③ 可以说董仲舒的许多理论不是从孔孟学说继承而来,而是直接吸取和改造了黄老学派的理论。董仲舒精通《春秋公羊传》,《春秋公羊传》的作者是战国齐人,"公羊氏乃齐学也"(《汉书·儒林传》),《春秋公羊传》的传授过程与稷下黄老学派的形成和发展同步。《春秋公羊传》的大一统思想与齐国大一统思想有密切的关系。齐威王、宣王时期,国力强大,"诸侯东面朝齐"(《史记·孟子荀卿列传》),齐国君主有统一天下的强烈愿望。稷下学者也对这种形式进行探讨,

---

① 王洁卿:《中国法律与法治思想》,(台湾)三民书局1982年版,第176页。
② 有学者认为汉武帝时期独尊儒术并拒斥、禁绝黄老之学。道家之学一直是儒家学者改造重铸儒学的重要思想资源。作为齐学的黄老学在董仲舒的思想体系中占据一席之地,形成了"独尊儒术"与内蕴黄老的局面。参见陈广忠、梁宗华《道家与中国哲学》(汉代卷),人民出版社2004年版,第134—136页。
③ 陈丽桂认为在董仲舒的《天人三策》与《春秋繁露》中,部分理论呈现出与黄老学相同的思想与观点,甚至有明显的相继承的痕迹。参见陈丽桂《董仲舒的黄老思想》,载《道家文化研究》第6辑,上海古籍出版社1995年版。

提出了一些新的政治理论。如《管子》认为:"(黄帝)欲陶天下而以为一家。"(《管子·地数》)"天子出令于天下……书同名,车同轨。"(《管子·君臣》)这也见于其他黄老学派文献,如《黄老帛书》云:"唯余一人,兼有天下。"(《十六经·果童》)"大国得之(前道)以并兼天下。"(《前道》)"前知大古,后口精明。抱道执度,天下可一也。"(《道原》)董仲舒的"大一统"理论就受到这些理论的影响。董仲舒云:"春秋为一元之意,一者,万物之所从始也……谓一为元者,视大始而欲正本也。"(《汉书·董仲舒传》)"唯圣人能属万物于一,而系之元也。"(《春秋繁露·重政》)"谓一元者,大始也。"(《春秋繁露·玉英》)"君人者,国之元,发言动作,万物之枢机。"(《春秋繁露·立元神》)这里的"一""元"就是道家的"道""一"。黄老学派对董仲舒思想的影响是深远的,[①]尤其是在其法律思想方面,董仲舒基本上接受了黄老学派的观点,主要表现在其天道、刑德、君术、刑名等理论之中。

1. 天道与治道

在董仲舒的思想体系中,"天"是一个核心概念,是其为迎合汉武帝加强皇权而提出的。董仲舒论"天"虽然来源于殷周时期,但内涵已发生了很大的变化,受道家的道论影响很大。董仲舒虽然对"天"进行了神化,认为:"天者,百神之君也。"(《春秋繁露·郊义》)但董仲舒的"天"又不同于传统的"天",[②]与黄老学派的"道"有完全相同的含义。他认为:"天覆育万物,既化而生

[①] 梁宗华认为董仲舒所构建的新儒学体系实际上呈现出一种多元的开放结构,其中道家黄老学占据了相当重要的位置。黄老学的基本精神已被融汇到改铸后的儒学体系之中,道家黄老学的道论、精气说、自然无为、阴阳刑德、权谋术数、爱气养生等思想都给予董仲舒儒学以十分深刻的影响,成为汉代新儒学的重要组成部分。参见梁宗华《董仲舒新儒学体系与道家黄老学》,《齐鲁学刊》1999年第6期。

[②] 张国华认为在董仲舒的思想中,在上帝"天"之下又有了与物质性的"地"相对应的道家式的"天"。参见张国华《从〈天人三策〉到〈春秋繁露〉——兼论董仲舒与黄老之学》,《中国社会科学院研究生院学报》1995年第3期。

之，又有养而成之，事功无已。"（《春秋繁露·王道通》）"万物非天不生。"（《春秋繁露·顺命》）黄老学派认为"道"是万物的本源，道"虚无刑（形），其裛冥冥，万物之所从生"（《经法·道法》）。董仲舒认为"天"有"无为"的特点，他说："天不言，使人发其意；弗为，使人行其中。"（《春秋繁露·深察名号》）而《黄老帛书》认为"道"的特点是"虚其舍也，无为其素也"（《道原》）。

黄老学派认为天地运行有常道可循，与之相应，人事也有恒常之道。《黄老帛书》云：

> 天地有恒常，万民有恒事，贵贱有恒立（位），畜臣有恒道，使民有恒度。（《经法·道法》）

> 始于文而卒于武，天地之道也。四时有度，天地之李（理）也。日月星晨（辰）有数，天地之纪也。三时成功，一时刑杀，天地之道也。（《经法·论约》）

人间的治道应该与天道相合，君主的行为应该与天道相配，《黄老帛书》还云：

> 法君者，法天地之则者。志曰天，曰［地］，曰四时，覆生万物，神圣是则，以配天地。（《九主》）

> ［是］故圣王［法］天，故曰：主不法则，乃反为物。（《九主》）

董仲舒继承了黄老学派的这一观念，他关于道的论述也相当丰富，如"道之大，原出于天"（《天人三策》）；"圣人法天而立道"（《天人三策》）；"天地人主一也"（《春秋繁露·王道通》）；"与天同者大治，与天异者大乱"（《春秋繁露·阴阳义》）；"圣人视天而行"（《春秋繁露·天容》）；"圣人之道，同诸天地"（《春秋繁露·基义》）；"圣人副天之所以为政"（《春秋繁露·四时之副》）等。可见"天"基本上具有"道"的内涵。董仲舒认为圣人应法天道而治，"天道施，地道化，人道义，圣人见端而知本，精之至也，得一而应万类之治也"（《春秋繁露·天道施》）。

2. 刑德理论

黄老学派法天道的观念对董仲舒的影响很大，董仲舒的法理论渗透了这一思想。黄老学派认为道产生出阴阳二气，阴阳又产生了四季变化，这是道的运行所呈现的外在法则。《黄老帛书》云："群群□□□□□□为一囷，无晦无明，未有阴阳。阴阳未定，吾未有以名。今始判为两，分为阴阳。离为四时，□□□□□□□□□□□因以为常，其明者以为法而微道是行。行法循□□□牝牡，牝牡相求，会刚与柔。柔刚相成，牝牡若刑（形）。"（《十六经·观》）"四时时而定，不爽不代（忒），常有法式，□□□，一立一废，一生一杀，四时代正，冬（终）而复始。"（《经法·论约》）《鹖冠子》云："天用四时，地用五行，天子执一以居中央，调以五音，正以六律，纪以度数，宰以刑德。"（《鹖冠子·王铁》）

董仲舒认为天道在阴阳、四时、五刑万物中运行，王者应参天道制定法律制度。他说："夫王者不可以不知天。……天意难见也，其道难理。故明阳阴入出实虚之处，所以观天之志。辨五行之本末顺逆，大小广狭，所以观天道也。天志仁，其道也义。为人主者，予夺生杀，各当其义，若四时。列官置吏，必以其能，若五行。好仁恶戾，任德远刑，若阴阳；此之谓配天。天者其道长万物，而王者长人。人主之大，天地之参也；好恶之分，阴阳之理也；喜怒之发，寒暑之比也；官职之事，无行之义也……王者参天矣。"（《春秋繁露·天地阴阳》）

《黄老帛书》以阴阳的关系来阐述现实政治秩序，认为国家、君臣、上下、男女、父子、兄弟、长少、贵贱都要遵循阴阳的原则。如云:"凡论必以阴阳□大义。天阳地阴。春阳秋阴。夏阳冬阴。昼阳夜阴。大国阳,小国阴。重国阳,轻国阴。有事阳而无事阴。信(伸)者阴者屈者阴。主阳臣阴。上阳下阴。男阳女阴。父阳子阴。兄阳弟阴。长阳少阴。贵阳贱阴。达阳穷阴。取(娶)妇姓(生)子阳,有丧阴。制人者阳,制于人者阴。客阳主人阴。师阳役阴。言阳黑(默)阴。予阳受阴。诸阳者法天,天贵正,过正曰诡□□□□祭乃反。诸阴者法地,地之德安徐正静,柔节先定,善予不争。此地之度而雌之节也。"(《称》)这为董仲舒提供了思想的渊源。董仲舒认为"君臣、父子、夫妇之义,皆取诸阴阳之道。君为阳,臣为阴,父为阳,子为阴,夫为阳,妻为阴"(《春秋繁露·基义》);"不当阳者臣子是也,当阳者君父是也。故人主南面,以阳为位也。阳贵而阴贱,天之制也"(《春秋繁露·天辨在人》)。这种以阴阳论人伦关系的思维方式在先秦儒家的典籍中很难找到,它的直接思想来源就是黄老学派的理论。

《黄老帛书》在阴阳理论的基础上论述刑德。认为统治者"顺天者昌,逆天者亡。毋逆天道,则不失所守。天地已成,黔首乃生。胜(姓)生已定,敌者生争,不谌不定。凡谌之极,在刑与德。德行皇皇,日月相望,以明其当。望失其当,环视其央(殃)。天德皇皇,非德不行。缪(穆)缪(穆)天刑,非德必(顷)倾。刑德相养,逆顺若成。刑晦而德明,刑阴而德阳,刑微而德章。其明者以为法,而微道是行"(《十六经·姓争》)。又云:"不靡不黑,而正之以刑与德。春夏为德,秋冬为刑。先德后刑以养生。……夫并时以养民功,先德后刑,顺于天。"(《十六经·观》)

黄老学派以阴阳来说明刑德,并以四时的顺序提出了"先德后刑"的观点,认为这是顺应天道的,否则就会给国家带来灾祸。《黄老帛书》云:"其时赢而事绌,阴节复次,地尤复收。正名修刑,执(蛰)虫不出,雪霜复清,孟谷乃萧(肃),此材(灾)□生,如此者举事将不成。其时绌而事赢,阳节复次,地尤不收。正

名施（弛）刑，执（蛰）虫发声，草苴复荣。已阳而有（又）阳，重时而无光，如此者举事将不行。"（《十六经·观》）

以天道阴阳论刑德是黄老学派思想中重要的部分，这也影响到了董仲舒。董仲舒认为阴阳是天道的两方面，他认为："天道之常，一阴一阳。阳者天之德也，阴者天之行也。"（《春秋繁露·阴阳义》）"天者万物之祖，万物非天不生，独阴不生，独阳不生，阴阳与天地参然后生。"（《春秋繁露·顺命》）刑德是与阴阳相对应的，阴阳是相对立的，"阳气暖而阴气寒，阳气予而阴气夺，阳气仁而阴气戾，阳气宽而阴气急，阳气爱而阴气恶，阳气生而阴气杀"（《春秋繁露·阳尊阴卑》）。这与刑德的对立性质是相同的，"阳为德，阴为刑"（《春秋繁露·阳尊阴卑》），也是符合黄老学派的"阴阳大义"的。在刑德运用的次序上，黄老学派认为应该"先德后刑以养生。……夫并时以养民功，先德后刑，顺于天"（《十六经·观》）。董仲舒也借鉴了这一点，认为："天道之大者在阴阳。阳为德，阴为刑；刑主杀，而德主生。"（《汉书·董仲舒传》）董仲舒在承认黄老学派在德刑相济的基础上，进一步突出"德"的作用，认为："阳常居大夏，而以生育养长为事；阴常居大冬，而积于空虚不用之处。以此见天之任德不任刑也。天使阳出布施于上而主岁功，使阴入伏于下而时出佐阳；阳不得阴之助，亦不能独成岁。终阳以承岁为名，此天意也。王者承天意以从事，故任德教而不任刑。"（《汉书·董仲舒传》）

可见阴阳理论对董仲舒的影响是相当深刻的，它直接影响了董仲舒思想体系的建立，追溯其思想来源，与其说是来源于邹衍等阴阳家，不如说是直接来自对阴阳理论进行系统研究的黄老学派。

3. 君术

黄老学派的主旨就是"君人南面之术"，所以对君术多有论述，认为君臣之间"贵贱有恒立（位），畜臣有恒道"（《经法·道法》）；"主失立（位），臣失处，命曰无本，上下无根，国将大损"

(《经法·六分》);"为人主,南面而立。臣肃敬,不敢敝(蔽)其主"(《经法·六分》);"主执度,臣循理者,其国(霸)昌"(《经法·六分》)。君臣的位置决定君主对臣下的生杀赏罚,"主上者执六分以生杀,以赏□,以必伐"(《经法·六分》)。君主在处理君臣关系方面的技能就是《黄老帛书》中说的"帝王之道",《黄老帛书》云:

> 帝王者,执此道也。是以守天地之极,与天俱见,尽□于四极之中,执六枋(柄)以令天下,审三名以为万事□,察逆顺以观于霸王危亡之理,知虚实动静之所为,达于名实相应,尽知请(情)伪而不惑,然后帝王之道成。(《经法·论》)

董仲舒对君主专制政体下"术"的运用也进行了详尽的论述。他强调君臣之间的贵贱差异,认为:"未有去人君之权能制其势者也,未有贵贱无差能全其位者也,故君子慎之。"(《春秋繁露·王道》)君主有生杀之权,"为人主者,居至德之位,操生杀之势,以变化民"(《春秋繁露·威德所生》)。

黄老学派中的君主以"无为"作为重要的施政原则。《吕氏春秋》云:"故曰天无形,而万物以成;至精无象,而万物以化;大圣无事,而千官尽能。此乃谓不教之教,无言之诏。"(《吕氏春秋·君守》)同样,《淮南子》也云:"人主之术,处无为之事,而行不言之教。清静而不动,一度而不摇,因循而任下,责成而不劳。"(《淮南子·主术训》)"故有道之主,灭想去意,清虚以待,不伐之言,不夺之事,循名责实,使有司,任而弗诏,责而弗教,以不知为道,以奈何为宝。如此,则百官之事,各有所守矣。"(《淮南子·主术训》)

董仲舒完全继承了黄老学派的这些思想,他认为:

> 为人君者，居无为之位，行不言之教。寂而无声，静而无形。执一无端，为国源泉。因国以为身，因臣以为心。以臣言为声，以臣事为形。有声必有响，有形必有影。声出于内，响报于外。形立于上，影应于下。响有清浊，影有曲直。响所报非一声也，影所应非一形也。故为君虚心静处，聪听其响，明视其影，以行赏罚之象。其行赏罚也，响清则生清者荣，响浊则生浊者辱。影正则生正者进，影枉则生枉者绌。挈名考质，以参其实，赏不空行，罚不虚出。是以群臣分职而治，各敬其事，争进其功，显广其名，而人君得载其中，此自然致力之术也。圣人由之，故功出于臣，名归于君也。（《春秋繁露·保权位》）

这里的"居无为之位，行不言之教""挈名考实""分职而治"等君术思想是传统儒家所不具备的，却与黄老学派的相关论述相符。

董仲舒认为君主因民之欲而立法设赏，这与黄老学派因循人的欲望而制定法律的思想是一致的。他说：

> 民无所好，君无以权也；民无所恶，君无以畏也。无以权，无以畏，则君无以禁制也。无以禁制，则比肩齐势而无为贵矣。故圣人之治国也，因天地之性情，孔窍之所利，以立尊卑之制，以等贵贱之差。设官府爵禄，利五味、盛五色、调五音以诱其耳目，自令清浊，昭然殊体，荣辱卓然相驳，以感动其心，务致民，令有所好，然后可以得而劝也。故设赏以劝之。有所好必有所恶，有所恶然后可德而畏也。故设法以畏之。既有所劝，又有所畏，然后可得而制。制之者制其所好，是以劝赏而不得多也；制其所恶，是以畏法而不得过也。所好多则作福，所恶多则作威。作威则君亡权，天下相怨；作福则

君亡德，天下相贼。故圣人之制民，使之有欲，不得过节；使之敦朴，不得无欲。无欲有欲，各得以足，而君道得矣。（《春秋繁露·保位权》）

4. 刑名

董仲舒基本上继承了黄老学派的刑名理论。黄老学派认为："名正则治，名倚则乱，无名则死，姑先王贵名。"（《管子·枢言》）"刑名出声，声实相调，祸材（灾）废立，如景（影）之隋（随）刑（形），如向（响）之隋（随）声，如衡之不臧（藏）重与轻。"（《经法·名理》）董仲舒也认为君主"治天下之端在审辨大，辨大之端在深察名号。名者，大理之首章也。录其首章之意，以窥其中之事，则是非可知，逆顺自著，其几通于天地矣。是非之正，取之逆顺。逆顺之正，取之名号，名号之正，取之天地，天地为名号之大义也。……事各顺于名，名各顺于天，天人之际合而为一。同而通理，动而相益，顺而相受，谓之德道"（《春秋繁露·深察名号》）。又说君主"欲审曲直，莫如引绳；欲审是非，莫如引名。名之审于是非也，犹绳之审于曲直也。诘其名实，观其离合，则是非之情不可以相谰已"。（《春秋繁露·深察名号》）

《黄老帛书》云："名功相抱（孚），是故久长；名功不相抱（孚），名进实退，是胃（谓）失道，其卒必□身咎。"（《经法·四度》）《管子》云："修名而督实，按实而定名。名实相生，反相为情。名实当则治，不当则乱。"（《管子·九守》）董仲舒认为："圣人致太平，非一善之功也……量势立权，因事制义。故圣人之为天下兴利也……各因其生小大而量其多少；其为天下除害也若川渎之写于海也。各顺其势，倾侧而制于南北……考绩绌陟，计事除废，有益者谓之公，无益者谓之烦。挈名责实，不得虚言。有功者赏，有罪者罚……赏罚用于实，不用于名……故是非不能混，喜怒不能倾，奸轨不能弄，万物各得其实，则百官劝职，争进其功。"（《春秋繁露·考功名》）这些思想都能在黄老学派的文献中找到渊源。

综上所述，可以看出董仲舒基本上继承了黄老学派法哲学。董仲舒的所谓"封建正统法律思想"是吸收了黄老学派法哲学并对其加以改造而形成的，过去学术界往往强调董仲舒提出"独尊儒术"的方面，而忽略了对他的思想多重来源的分析。实际上，黄老学派在君主制政体的确立中起了极为重要的作用，对君臣关系以及由此展开的法治理论进行了全面的论述，这是先秦儒家所欠缺的。后世的统治者和思想家也要面对这些问题，他们只能在黄老学派的基础上有所发展，而不能忽视黄老学派的理论成就。

第七章

黄老学派法哲学在汉初的兴衰

汉初,为发展经济,稳定社会秩序,统治集团采取了与民休息的政策,黄老学派受到了极力推崇,成为治国的指导思想,表现在政治上就是采用无为而治的政策,经济上实行轻徭薄赋的措施,在法制建设上执行了"约法省禁"的立法原则。黄老学派法哲学对汉初的立法、司法发挥了重要的指导作用,取得了良好的效果。汉武帝亲政后,为强化君权,重用酷吏及兴利之臣,采用严刑峻法,大兴冤狱,背离了黄老学派的执政方针,造成了恶劣的后果。

第一节 黄老学派法哲学与汉初的法治实践

一 黄老学派法哲学与汉初法制改革

在秦统一天下过程中,吕不韦组织门客编纂了《吕氏春秋》,此书具有鲜明的黄老倾向,但未被秦始皇采纳。秦始皇推崇韩非的理论,曾云:"寡人得见此人与之游,死不恨矣!"(《史记·老子韩非列传》)秦始皇为强化专制制度,专任狱吏,以刑杀为威。在秦二世时期,这一政策愈演愈烈,"繁刑严诛,吏治刻深,赏罚不当,赋敛无度"(《史记·秦始皇本纪》),最终导致秦朝的土崩瓦解。

汉朝建立后,统治集团为巩固政权,注重反思秦朝二世而亡的教训,欲探讨一套符合实际情况的治世之道。黄老学派因主张尊道重法、礼法并用，为汉初统治者总结历史经验、制定治国方略提供了重要的思想资源。当时，许多尊崇或倡导黄老学派的政治家、思想家从健全汉初法制的角度，就相关问题积极发表见解。

长期的战争对社会经济造成了极大的破坏，经济凋敝，民生困苦，这些都急需执政者采取恢复生产、与民休息的措施。史载："汉兴，接秦之敝，诸侯并起，民失作业，而大饥馑。凡米石五千，人相食，死者过半。高祖乃令民得卖子，就食蜀汉。天下既定，民亡盖臧，自天子不能具醇驷，而将相或乘牛车。上于是约法省禁，轻田租，什五而税一，量吏禄，度官用，以赋于民。"(《汉书·食货志》)

汉初统治集团也及时总结秦亡的教训。陆贾著《新语》一书，吸取了道家思想，对秦朝二世而亡的命运进行了深刻的反思，他认为秦朝覆亡的原因之一就是法律过于繁密，刑罚过于残暴，陆贾云："秦始皇设刑罚，为车裂之诛，以敛奸邪，筑长城于戎境，以备胡、越，征大吞小，威震天下，将帅横行，以服外国，蒙恬讨乱于外，李斯治法于内，事逾烦天下逾乱，法逾滋而奸逾炽，兵马益设而敌人愈多。秦非不欲治也，然失之者，乃举措太众、刑罚太极故也。"(《新语·无为》)

陆贾认为汉朝统治者应吸取秦亡的教训，应以"无为而治"为施政原则，他指出："道莫大于无为，行莫大于谨敬。何以言之？昔舜治天下也，弹五弦之琴，歌南风之诗，寂若无治国之意，漠若无忧天下之心，然而天下大治。"(《新语·无为》)同时，他强调法的重要性，认为："圣人执一政以绳百姓，持一概以等万民，所以同一治而明一统也。"(《新语·怀虑》)"夫王者之都，南面之君，乃百姓之所取法则者也，举措动作，不可以失法度。"(《新语·无为》)

陆贾将《新语》上奏刘邦，得到了刘邦的赞许，"每奏一篇，高帝（刘邦）未尝不称善，左右呼万岁"(《史记·郦生陆贾列传》)。可见黄老学派及其法治主张在汉高祖时期即得到统治集团的认同，这势必影响到汉初的法治实践。

基于对秦亡于苛政酷法这一历史教训的深刻认识，汉朝统治者在统治方略上强调"约法省禁"（《汉书·食货志》），目的是力图改变秦朝一任刑罚的偏颇。汉初采用黄老学派法哲学，是对秦朝法制政策的一种调整，而非轻视法的作用。如金春峰认为："汉代统治集团，从汉高祖刘邦，历经文、景、武帝、昭帝，直至宣帝，一百多年内，无论是皇帝还是执掌实权的大臣，一直是崇尚法治的。……黄老思想作为法治思想，其特点可归结为刑德并用。这种刑德结合、两手并用的思想，指导了从汉代从刘邦到文、景的全部政治实践。"[①]

在秦末群雄逐鹿的混战中，刘邦为获得民众的支持，采取了废除秦朝苛法这一有感召力的措施，史载："父老苦秦苛法久矣，诽谤者族，偶语者弃市。吾与诸侯约，先入关者王之，吾当王关中。与父老约法三章耳：杀人者死，伤人及盗抵罪。余悉除去秦法。"（《史记·高祖本纪》）"约法三章"只是争取人心的权宜之计，汉朝建立后，仅凭简单的"约法"是难以治理庞大的国家的。史实表明，汉初法制在很多方面都继承了秦法，但又约法省禁，对秦法进行了简化。《汉书》云："秦兼天下，建皇帝之号，立百官之职。汉因循而不革，明简易，随时宜也。"（《汉书·百官公卿表》）汉初在帝号、正朔、官制、服色等方面都因袭了秦制，这也应该是黄老学派中因循思想的体现。

在汉初法制建设过程中，推崇黄老学派的萧何起到了关键性的作用。在刘邦与项羽征战期间，萧何留守关中，始"为法令约束"（《史记·萧相国世家》），注重法制建设。刘邦的军队进入咸阳后，"诸将皆争走金帛财物之府分之，何独先入收秦丞相御史律令图书

---

① 金春峰：《汉代思想史》，中国社会科学出版社1997年版，第51页。

藏之"(《史记·萧相国世家》)。萧何保存了秦朝的"律令图书",为以后的立法做了准备。

汉朝建立以后,统治集团非常重视制度建设,立法活动日益频繁。《汉书》载:"天下既定,命萧何次律令,韩信申军法,张苍定章程,叔孙通制礼仪,陆贾造《新语》。"(《汉书·高帝纪下》)关于"萧何次律令",《汉书》的记载更为详细:"其后四夷未附,兵革未息,三章之法不足以御奸。于是相国萧何攈摭秦法,取其宜于时者,作律九章。"(《汉书·刑法志》)《晋书》亦载:"汉承秦制,萧何定律,除参夷连坐之罪,增部主见知之条,益事《兴》《厩》《户》三篇,合为九篇。"(《晋书·刑法志》)

汉初废除了秦朝的一些苛法。惠帝四年(公元前191年)三月,除挟书律。(《汉书·惠帝纪》)高后元年(公元前187年)春正月,废三族罪与妖言令,诏曰:"前日孝惠皇帝言欲除三族罪、妖言令,议未决而崩,今除之。"(《汉书·高后纪》)

文帝元年(公元前179年)十二月,即位仅三个月,文帝就提议废除收帑相坐法,并与大臣们进行了讨论。文帝云:"法者,治之正也,所以禁暴而率善人也。今犯法已论,而使毋罪之父母妻子同产坐之,及为收帑,朕甚不取。其议之。"有大臣指出:"民不能自治,故为法以禁之。相坐坐收,所以累其心,使重犯法,所以从来远矣。如故便。"汉文帝反驳道:"朕闻法正则民悫,罪当则民从。且夫牧民而导之善者,吏也。其既不能导,又以不正之法罪之,是反害于民为暴者也。何以禁之?朕未见其便,其孰计之。"于是众大臣一致同意:"陛下加大惠,德甚盛,非臣等所及也。请奉诏书,除收帑诸相坐律令。"(《史记·孝文本纪》)

文帝三年(公元前177年),废诽谤妖言罪,诏曰:"古之治天下,朝有进善之旌,诽谤之木,所以通治道而来谏者。今法有诽谤妖言之罪,是使群臣不敢尽情,而上无由闻过失也。将何以来远方之贤良?其除之。"(《史记·孝文本纪》)

汉文帝的这番议论具有深厚的黄老学派法哲学的渊源。《黄老帛书》云："法度者，正之治也。而以法度治者，不可乱也。而生法度者，不可乱也。"（《经法·君正》）"受罪无怨，当也。"（《经法·君正》）"生杀不当胃（谓）之暴……暴则失人……失人则疾。"（《经法·四度》）从思想内涵上看，文帝的观点与黄老学派的主张是一致的。

文帝十三年（公元前167年），文帝下诏，开始废除肉刑，其诏书说明了废除肉刑的宗旨：

> 盖闻有虞氏之时，画衣冠异章服以为戮，而民弗犯，何治之至也！今法有肉刑三，而奸不止，其咎安在？非乃朕德之薄，而教不明与！吾甚自愧。故夫训道不纯而愚民陷焉。诗曰："恺弟君子，民之父母。"今人有过，教未施而刑已加焉，或欲改行为善，而道亡由至，朕甚怜之。夫刑至断支体，刻肌肤，终身不息，何其刑之痛而不德也！岂称为父母之意哉？其除肉刑，有以易之。（《汉书·刑法志》）

刑制改革的具体做法是以笞代刑，"当劓者，笞三百；当斩左趾者，笞五百"。因未考虑行刑的轻重、刑具的大小等因素，受刑的罪犯多死，"外有轻刑之名，内实杀人"。

景帝元年（公元前156年），景帝下诏："加笞与重罪无异，幸而不死，不可为人。其定律：笞五百曰三百，笞三百曰二百。"虽然减少了笞数，仍多有受刑而死的。中元六年（公元前144年），景帝又下诏："加笞者，或至死而笞未毕，朕甚怜之。其减笞三百曰二百，笞二百曰一百。"并制定箠令，规定箠的规格和责打的部位，"笞者，箠长五尺，其本大一寸，其竹也，末薄半寸，皆平其节。当笞者笞臀。毋得更人，毕一罪乃更人"（《汉书·刑法志》）。

汉初还建立了疑狱审理制度。高帝七年（公元前200年），为保证疑难案件得以迅速的审理，建立了上奏制度，汉高祖刘邦下诏御史云：

> 狱之疑者，吏或不敢决，有罪者久而不论，无罪者久系不决。自今以来，县道官狱疑者，各谳所属二千石官，二千石官以其罪名当报之。所不能决者，皆移廷尉，廷尉亦当报之。廷尉所不能决，谨具为奏，傅所当比律令以闻。（《汉书·刑法志》）

中元五年（公元前145年），景帝针对法吏贪赃枉法、以苛察为明的情况，为完善疑狱审理制度，下诏云："法令度量，所以禁暴止邪也。狱，人之大命，死者不可复生。吏或不奉法令，以货赂为市，朋党比周，以苛为察，以刻为明，令亡罪者失职，朕甚怜之。有罪者不伏罪，奸法为暴，甚亡谓也。诸疑狱，若虽文致于法而于人心不厌者，辄谳之。"（《汉书·景帝纪》）

后元元年（公元前143年）春正月，景帝又下诏："狱，重事也。人有智愚，官有上下。狱疑者谳有司。有司所不能决，移廷尉。有令谳而后不当，谳者不为失。欲令治狱者务先宽。"（《汉书·景帝纪》）

在这些法制改革活动中，汉初统治者贯彻了"无为而治""约法省禁"的思想。《汉书》对此给予了很高的评价：

> 及孝文即位，躬修玄默，劝趣农桑，减省租赋。而将相皆旧功臣，少文多质，惩恶亡秦之政，论议务在宽厚，耻言人之过失。化行天下，告讦之俗易。吏安其官，民乐其业，畜积岁增，户口浸息。风流笃厚，禁罔疏阔。选张释之为廷尉，罪疑者予民，是以刑罚大省，至于断狱四百，有刑错之风。（《汉书·刑法志》）

汉初，历经高祖、惠帝、吕后、文帝、景帝，在近70年的时间里，执政者以黄老哲学为施政方针，为政宽厚，约法省禁，取得了良好的治理效果。

二 黄老学派法哲学与汉初的司法实践

汉初统治集团不仅以黄老学派法哲学指导立法活动，而且在具体的施政及司法活动中实践了这一哲学。

西汉第一任丞相萧何的施政风格体现了道家"秉本执要"的特点。司马迁评论萧何说："萧相国何于秦时为刀笔吏，录录未有奇节。及汉兴，依日月之末光，何谨守管籥，因民之疾秦法，顺流与之更始。……位冠群臣，声施后世，与闳夭、散宜生等争烈矣。"（《史记·萧相国世家》）萧何顺从时代潮流，利用人民痛恨秦朝苛法的实际情况，对秦朝法律制度进行了承袭与改革，其效果是十分显著的。

萧何之后，曹参为相。曹参与黄老学派有着深厚的渊源关系。曹参曾任齐相国，辅佐齐王刘肥。他召集齐国的长老与诸生，探讨治理齐国的施政方针，但经过一番争论，也没形成可行的结论。后来曹参"闻胶西有盖公，善治黄老言，使人厚币请之。既见盖公，盖公为言治道贵清静而民自定，推此类具言之。参于是避正堂，舍盖公焉。其治要用黄老术，故相齐九年，齐国安集，大称贤相"（《史记·曹相国世家》）。曹参选择执法官吏时，坚持"不拘文法"的原则，他"择郡国吏木讷于文辞，重厚长者，即召除为丞相史。吏之言文深刻，欲务声名者，辄斥去之"（《史记·曹相国世家》）。

曹参担任汉朝丞相后，把在齐国为相的经验推广到朝政之中，体现了黄老学派的"无为"原则，史称："参代何为相国，举事无所变更，一遵萧何约束。"当汉惠帝因曹参不问国事而询问时，曹参答道："高帝与萧何定天下，法令既明，今陛下垂拱，参等守职，遵而勿失，不亦可乎？"（《史记·曹相国世家》）曹参为相时期，政事上基本实践了黄老学派的原则,维持了萧何重视法治的倾向,取得了积极的成效。①《史记》记载了当时百姓对曹参的歌颂:"萧何为法,顜若画一;曹参代之,守而勿失。载其清静,民以宁一。"(《史记·曹相国世家》)司马迁也盛赞萧何、曹参施政的良好效果,他说:"参为汉相国,清静极言合道。然百姓离秦之酷后,参与休息无为,故天下俱称其美矣。"(《史记·曹相国世家》)班固亦云:"萧、曹为相,填以无为,从民之欲,而不扰乱,是以衣食滋殖,刑罚用稀。"(《汉书·刑法志》)

曹参于惠帝六年(公元前189年)去世,其后,相继为相的有王陵、陈平、审食其、周勃等人。其中,陈平任职时间较长,陈平"少时,本好黄帝、老子之术",为政风格也体现了黄老学派的基本精神。一次,文帝问右丞相周勃:"天下一岁决狱几何?"周勃答道:"不知。"文帝又问:"天下一岁钱谷出入几何?"勃又答不知,汗出沾背,愧不能对。于是文帝又问左丞相陈平。陈平答道:"有主者。"文帝问:"主者谓谁?"陈平云:"陛下即问决狱,责廷尉;问钱谷,责治粟内史。"文帝问:"苟各有主者,而君所主者何事也?"陈平答道:"主臣!陛下不知其驽下,使待罪宰相。宰相者,上佐天子理阴阳,顺四时,下育万物之宜,外镇抚四夷诸侯,内亲附百姓,使卿大夫各得任其职焉。"(《史记·陈丞相世家》)陈平的回答具有浓厚的黄老气息,孝文帝也表示了赞许。

文景时期,继续把黄老学派作为施政的指导思想。《史记》载汉文帝"好道家之学"(《史记·礼书》),"好刑名之言"(《史记·儒林列传》)。《汉书》载:"及孝文即位,躬修玄默。"(《汉书·刑法志》)"玄默"就是《淮南子》中说的"天道玄默"(《淮南子·主术训》)及"君人之道,其犹零星之尸也,俨然玄默"

---

① 罗新:《从萧曹为相看所谓"汉承秦制"》,《北京大学学报》1996年第5期。

(《淮南子·主术训》)。①汉文帝不但学习而且实践黄老学派的为政之道,其施政崇尚简易,重视法治的作用。

汉景帝继承了文帝时的施政方针。当时,由于窦太后的极力推崇,黄老学派盛极一时。《史记·外戚世家》云:"窦太后好黄帝、老子言,帝(景帝)及太子(武帝)诸窦不得不读黄帝、老子,尊其术。"《史记·儒林列传》云:"孝文帝本好刑名之言。及至孝景,不任儒者,而窦太后又好黄老之术。"黄老学派的兴盛不仅仅归因于窦太后的个人喜好、倡导,更多的是出于汉初统治者完善新的政治体制的需要。

在西汉初年确实有一批官吏和学者传播"黄帝、老子言""黄帝、老子术"。丞相陈平"少时,本好黄帝、老子之术"(《史记·陈丞相世家》);太史公司马谈"学天官于唐都,受易于杨何,习道论于黄子"(《史记·太史公自序》);田叔"学黄老术于乐巨公所"(《史记·田叔列传》);郑当时"好黄老之言"(《史记·汲郑列传》);邓章"修黄老言"(《史记·袁盎晁错列传》);刘德"修黄老术,有智略"(《汉书·楚元王传》);杨王孙"学黄老之术"(《汉书·杨王孙传》)。黄老哲学对汉初政治及学术发展产生了重要影响。

当时一些著名官员在司法过程中,也深受黄老学派法哲学的影响。在这方面表现突出者当属汉文帝时期的张释之。张释之任廷尉期间发生了一个案件。

> 上(文帝)行出中渭桥,有一人从桥下走出,乘舆马惊。于是使骑捕,属之廷尉。释之治问。曰:"县人来,闻跸,匿桥下。久之,以为行已过,即出,见乘舆车骑,即走耳。"廷

---

① 另见应劭《风俗通义·正失》说:"故文帝因修秦余政教,轻刑事少,与之休息,以俭约节欲自持。……然文帝本修黄老之言,不甚好儒术,其治尚清静无为,以故礼乐庠序未修,民俗未能文化,苟温饱完结,所谓治安之国也。"

尉奏当，一人犯跸，当罚金。文帝怒曰："此人亲惊吾马，吾马赖柔和，令他马，固不败伤我乎？而廷尉乃当之罚金！"释之曰："法者天子所与天下公共也。今法如此而更重之，是法不信于民也。且方其时，上使立诛之则已。今既下廷尉，廷尉，天下之平也，一倾而天下用法皆为轻重，民安所措其手足？唯陛下察之。"良久，上曰："廷尉当是也。"

其后有人盗高庙坐前玉环，捕得，文帝怒，下廷尉治。释之案律盗宗庙服御物者为奏，奏当弃市。上大怒曰："人之无道，乃盗先帝庙器，吾属廷尉者，欲致之族，而君以法奏之，非吾所以共承宗庙意也。"释之免冠顿首谢曰："法如是足也。且罪等，然以逆顺为差。今盗宗庙器而族之，有如万分之一，假令愚民取长陵一抔土，陛下何以加其法乎？"久之，文帝与太后言之，乃许廷尉当。（《史记·张释之冯唐列传》）

张释之对法的论述与黄老学派法哲学是一致的。陆贾曾说君主应该"进退循法，动作合度"（《新语·思务》）。进一步追溯这一思想渊源，可见《管子》云："圣君则不然，卿相不得剪其私，群臣不得辟其所亲爱，圣君亦明其法而固守之，群臣修通辐凑以事其主，百姓辑睦听令道法以从其事。故曰：有生法，有守法，有法于法。夫生法者，君也；守法者，臣也；法于法者，民也。君臣上下贵贱皆从法，此谓为大治。"（《管子·任法》）张释之的论述是在当时崇尚黄老的政治氛围之下出现的。

另外，张释之对秦朝专任法吏的政策也有着深刻的认识，他说："秦以任刀笔之吏，吏争以亟疾苛察相高，然其弊徒文具耳，无恻隐之实。以故不闻其过，陵迟而至于二世，天下土崩。"（《史记·张释之冯唐列传》）秦朝专任刀笔吏，执法"严苛"，并没收到良好效果。

汉文帝时期，以黄老学派为指导的法律实践产生了良好的效果，史称："赏善罚恶，不阿亲戚，罪白者伏其诛，疑者以与民，亡赎罪之法，故令行禁止，海内大化，天下断狱四百，与刑错亡异。"（《汉书·贡禹传》）

汲黯也是汉初黄老学派的代表人物，其在景帝时任太子洗马，"学黄老之言，治官理民，好清静，择丞史而任之。其治，责大指而已，不苛小"。汲黯任东海太守时期，"多病，卧闺阁内不出。岁余，东海大治"。后来汲黯入朝为主爵都尉，仍然保留了原来的施政风格，"治务在无为而已，弘大体，不拘文法"。其后汲黯又外任为淮阳太守，"居郡如故治，淮阳政清"（《史记·汲郑列传》）。

曹参、张释之、汲黯的司法实践，体现了黄老学派法哲学的基本要求。正如司马迁所云："法令所以导民也，刑罚所以禁奸也。文武不备，良民惧然身修者，官未曾乱也。奉职循理，亦可以为治，何必威严哉？"（《史记·循吏列传》）这种"奉职循理""以法导民"的思想即来自黄老学派法哲学。《黄老帛书》云："主执度，臣循理者，其国（霸）昌。"（《经法·六分》）"执道循理，必从本始，顺为经纪，禁伐当罪，必中天理。"（《经法·四度》）《管子》云："明主之治天下也，静其民而不扰，佚其民而不劳。不扰则民自循；不劳则民自试。故曰：'上无事而民自试。'人主立其度量，陈其分职，明其法式，以莅其民，而不以言先之，则民循正。所谓抱蜀者，祠器也。故曰：'抱蜀不言而庙堂既修。'"（《管子·形势解》）"故为人君者，莫贵于胜。所谓胜者，法立令行之谓胜。法立令行，故群臣奉法守职，百官有常。法不繁匿。万民敦悫，反本而俭力。故赏必足以使，威必足以胜，然后下从。"（《管子·正世》）这里的"执度""循理""循正""奉法守职"，对汉初君臣的法律实践活动产生了重要的影响。

汉初统治集团考虑到秦末常年战乱对社会经济造成的巨大破坏，欲与民休息，在黄老学派的指导下，西汉经济得到了恢复。《史记》云："孝惠皇帝、高后之时，黎民得离战国之苦，君臣俱欲休息乎无为，故惠帝垂拱，高后女主称制，政不出房户，天下晏然。刑罚罕用，罪人是希。民务稼穑，衣食滋殖。"（《史记·吕太后本纪》）。《汉书》云："周秦之敝，罔密文峻，而奸轨不胜。汉兴，扫除烦苛，与民休息。至于孝文，加之以恭俭，孝景遵业，五六十载之间，至于移风易俗，黎民醇厚。周云成康，汉言文景，美矣！"（《汉书·景帝纪》）

在这一繁荣的经济形势下，"人人自爱而重犯法"（《汉书·食货志》），可以看出，只有人们生活富足，才能出现良好的社会秩序，人们才会自觉地遵守法律，才会出现"刑罚罕用""黎民醇厚"的良好社会秩序，这些都不是法家严刑峻法所能达到的状态。

大量的史料记载表明，汉初的统治者实践了黄老学派法哲学，取得了良好的治理效果。以往学术界较注重黄老学派在西汉初年的政治经济决策以及在恢复经济、无为而治等方面的作用，而忽略了它在法治建设方面的重要影响。有的学者甚至认为汉初统治者鉴于秦朝重法而亡，故不尚法律。实际上，汉初统治者正是鉴于秦因苛法而亡的教训，才采纳在先秦时期就已成熟的黄老学派法哲学，并将其运用于法制改革及司法活动中，由此形成的法治传统对历代王朝的法制建设都产生了深远的影响。

第二节　汉武帝时期黄老学派法哲学的衰落

一　儒道互绌

汉初，政治相对开明，统治集团广开言路，各家代表人物都对现实政治提出自己的看法，道、儒、法等各家也得到了新的发展，史载："自曹参荐盖公言黄老，而贾谊、晁错明申韩，公孙弘以儒显，百年之间，天下遗文古事靡不毕集。"（《汉书·司马迁传》）但从整体来看，在汉初的思想领域，儒家与道家进行了激烈的争论，即"儒道互绌"，如《史记》云："世之学老子者则绌儒学，

儒学亦绌老子。'道不同不相为谋'，岂谓是邪？"（《史记·老子韩非列传》）

起初这种"互绌"是一种学术争论，与现实政治的关系还不是很密切。比较著名的是景帝时期发生在黄生和辕固生之间的一次争论：

> 清河王太傅辕固生者，齐人也。以治诗，孝景时为博士。与黄生争论景帝前。黄生曰："汤武非受命，乃弑也。"辕固生曰："不然。夫桀纣虐乱，天下之心皆归汤武，汤武与天下之心而诛桀纣，桀纣之民不为之使而归汤武，汤武不得已而立，非受命为何？"黄生曰："冠虽敝，必加于首；履虽新，必关于足。何者，上下之分也。今桀纣虽失道，君上也；汤武虽圣，臣下也。夫主有失行，臣下不能正言匡过以尊天子，反因过而诛之，代立践南面，非弑而何也？"辕固生曰："必若所云，是高帝代秦即天子之位，非邪？"于是景帝曰："食肉不食马肝，不为不知味；言学者无言汤武受命，不为愚。"遂罢。是后学者莫敢明受命放杀者。（《史记·儒林列传》）

黄生是黄老学派的代表人物，他的思想与《黄老帛书》的"君臣易立（位）胃（谓）之逆"（《经法·四度》）观念相符，强调君臣的尊卑之别。从当时的情况来看，黄生的观点比较适合逐渐稳定的君主专制制度，而辕固生主张汤武革命的正当性，反倒有悖于巩固君主政体的要求，其论点直接涉及"高帝代秦即天子之位"的正当性问题，这是非常危险的理论，当然是汉景帝所不能接受的，持这样观点的儒者也不可能得到统治者的信任。

之后，儒者辕固生又与崇尚黄老哲学的窦太后发生一场争论：

> 窦太后好《老子》书，召辕固生问《老子》书。固曰：

"此是家人言耳。"太后怒曰:"安得司空城旦书乎?"乃使固入圈刺豕。景帝知太后怒而固直言无罪,乃假固利兵,下圈刺豕,正中其心,一刺,豕应手而倒。太后默然,无以复罪,罢之。居顷之,景帝以固为廉直,拜为清河王太傅。(《史记·儒林列传》)

这一争论说明了统治集团内部在执政理念上的激烈冲突,但这一定程度上也与辕固生的个性有关,并不能完全代表两个学派之间的思想之争,不能以此为依据强调学派之间的水火不容。

后来的儒道之争则有很大的政治意味,朝廷中逐渐形成尊儒与尊道两派政治势力。如侯外庐云:"不少外戚、郡国王是以道绌儒,代表为窦氏与淮南王,而皇室则是以儒绌道,集其成者为武帝。"①这一论断是有一定根据的。窦太后一度掌握朝政,她"好黄老之术,故诸博士具官待问,未有进者"(《史记·儒林列传》)。汉武帝征用通儒学的赵绾、王臧,因太皇窦太后"好老子言,不说儒术,得赵绾、王臧之过以让上,上因废明堂事,尽下赵绾、王臧吏,后皆自杀"(《史记·儒林列传》)。窦太后死后,汉武帝亲政,儒术开始受到重视,"武安侯田蚡为丞相,绌黄老、刑名百家之言,延文学儒者数百人,而公孙弘以《春秋》白衣为天子三公,封以平津侯。天下之学士靡然乡风矣"(《史记·儒林列传》)。

汉武帝崇尚儒术与其个性及统治集团内部的权力斗争有关。史称汉武帝有"雄材大略"(《汉书·武帝纪》),积极有为,亲政后进行了一系列以"更化"为目的的改革。汉武帝的"更化"具有好大喜功的成分,对解决当时社会问题并无助益,他重用儒生以恢复三代之礼,有满足个人虚荣心的原因,所尊之儒也善于迎合其需要,对其有为政治进行文饰。当时聘任鲁申公就反映了这一点,当

---

① 侯外庐、赵纪彬、杜国庠等:《中国思想通史》(第二卷),人民出版社 1957 年版,第 60 页。

时用专车请来的申公云:"为治者不在多言,顾力行何如耳!"《史记·儒林列传》这一回答令汉武帝大失所望。

汉武帝重用儒士也是出于强化君权的需要。董仲舒、公孙弘、儿宽等人皆以儒者自居,他们"通于世务,明习文法,以经术润饰吏事"(《汉书·循吏传》),汉武帝看中的是这些儒者精通"文法""吏事",其"经术"仅仅起修饰作用。汉武帝用官位、俸禄来笼络这些儒士,"立五经博士,开弟子员,设科射策,劝以官禄"(《汉书·儒林传》)。

汉武帝重用公孙弘等儒士,说明其基本背离了黄老学派的执政方针。① 公孙弘以经术出身,"习文法吏事,而又缘饰以儒术"(《史记·平津侯主父列传》),得到汉武帝的赏识,先后任御史大夫、丞相,封平津侯。朝中崇信黄老的官员与尊崇儒术的官员产生了激烈的冲突,史载:"黯常毁儒,面触弘等徒怀诈饰智以阿人主取容,而刀笔吏专深文巧诋,陷人于罪,使不得反其真,以胜为功。上愈益贵弘、汤,弘、汤深心疾黯,唯天子亦不说也,欲诛之以事。"(《史记·汲郑列传》)汉武帝逐渐疏远了这些能坚持原则的大臣,汲黯最终被儒士与法吏排挤出朝廷。②

二 《淮南子》与淮南狱

楚汉战争时期,刘邦为拉拢各派政治势力,多封异姓诸侯。汉朝建立后,刘邦开始剪除异姓诸侯,同时,为巩固刘氏天下,开始分封刘氏诸侯王。至文景时期,采纳贾谊、晁错的建议,削弱诸侯势力。汉武帝即位后,为加强中央集权,采纳主父偃的建

---

① 有学者认为汉武帝元光、元朔时期,酷吏随儒家政治代替黄老政治而兴起,参见张元城《汉武帝朝酷吏政治的兴起与演进》,《河北学刊》2006年第4期。

② 实际上,不但是尊奉黄老学派的官员,就连纯正的儒家也遭到排挤。公孙弘治《春秋》不如董仲舒,但善于迎合汉武帝,董仲舒斥责公孙弘阿谀奉承,也遭到公孙弘的报复,被排挤出朝廷,外任胶西王相国。儒家辕固生也曾斥责公孙弘云:"公孙子,务正学以言,无曲学以阿世!"(《史记·儒林列传》)

议，推行推恩令，削弱诸侯王的势力，较有代表性的举措就是穷治"淮南狱"。

淮南王刘安，为前淮南王刘长之子。刘长曾擅杀辟阳侯审食其，① 后因骄恣不法，流放而死。文帝十六年（公元前164年），刘安被立为淮南王。刘安具有很高的文化修养，"为人好读书鼓琴，不喜弋猎狗马驰骋，亦欲以行阴德拊循百姓，流誉天下"（《史记·淮南衡山列传》）。淮南王招致宾客方术之士数千人，撰《淮南子》内篇21篇，外篇若干，又著有神仙黄白之术20余万言，淮南王国可以称得上西汉前期诸侯王国中的一个学术中心。汉武帝建元二年（公元前139年），淮南王刘安入朝，"献所作《内篇》，新出，上爱秘之"。该书对汉初以来的黄老学派执政理论进行总结，并为汉朝长治久安构建了一套新的理论体系。当时，汉武帝与刘安的关系还算融洽，史载："时武帝方好艺文，以安属为诸父，辩博善为文辞，甚尊重之。"（《汉书·淮南衡山济北王传》）

淮南王刘安进献《淮南子》，汉武帝虽然赞赏有加，但其主旨并不符合当时汉武帝的政策倾向。《淮南子》宣扬黄老哲学，如认为帝王应"洞然无为而天下自和，澹然无欲而民自朴"（《淮南子·本经训》），"福生于无为，患生于多欲"（《淮南子·缪称训》）。主张帝王应该"无为"与"无欲"，遵循既定的规则，"圣人一度而循轨，不变其宜，不易其常，方准循绳，曲因其当"（《淮南子·原道训》）。淮南王针对汉武帝君权逐渐膨胀的现象，综合了黄老学派理论，以献书的形式对汉武帝提出了劝谏，但汉武

---

① 《史记·淮南衡山列传》载："淮南厉王长者，高祖少子也，其母故赵王张敖美人。高祖八年，从东垣过赵，赵王献之美人。厉王母得幸焉，有身。赵王敖弗敢内宫，为筑外宫而舍之。及贯高等谋反柏人事发觉，并逮治王，尽收捕王母兄弟美人，系之河内。厉王母亦系，告吏曰：'得幸上，有身。'吏以闻上，上方怒赵王，未理厉王母。厉王母弟赵兼因辟阳侯言吕后，吕后妒，弗肯白，辟阳侯不强争。及厉王母已生厉王，恚，即自杀。吏奉厉王诣上，上悔，令吕后母之，而葬厉王母真定。……及孝文帝初即位，淮南王自以为最亲，骄蹇，数不奉法。上以亲故，常宽赦之。三年，入朝。甚横。从上入苑囿猎，与上同车，常谓上'大兄'。厉王有材力，力能扛鼎，乃往请辟阳侯。辟阳侯出见之，即自袖铁椎椎辟阳侯，令从者魏敬刭之。"

帝是不会真正接受的。他欲一反汉初的黄老之道，以新儒家的哲学为基础建立"有为"政治。《淮南子》主张君主应节嗜欲，去奢侈，尚节俭，在政策上省刑法，薄赋税，轻徭役，不干扰民众的生产。建元六年（公元前135年），武帝用兵南越，刘安上书，引老子"师之所处，荆棘生之"一语，痛陈先前兵"未成而疾死者过半""悲哀之气数年不息"（《汉书·严助传》）之惨状，力谏武帝，未见任何效果。

《淮南子》从黄老学派的立场出发，对绝对君权提出了质疑，《淮南子》云："且古之立帝王者，非以奉养其欲也；圣人践位者，非以逸乐其身也。为天下强掩弱，众暴寡，诈欺愚，勇侵怯，怀知而不相教，积财而不以相分，故立天子以齐一之。"（《淮南子·修务训》）《淮南子》提出了分治理论，主张："一人聪明而不足以遍照海内，故立三公九卿以辅翼之。绝国殊俗，僻远幽间之处，不能被德承泽，故立诸侯以教诲之。"（《淮南子·修务训》）这些主张与汉武帝崇尚绝对君权的观念是冲突的。

《淮南子》批评儒生言行不一、沽名钓誉、见识短浅，如云："藏《诗》《书》，修文学，而不知至论之旨，则拊盆叩瓴之徒也。"（《淮南子·精神训》）又云："行货赂，趋势门，立私废公，比周而取容，曰孔子之术也。"（《淮南子·泰族训》）可是淮南王一案，却落到以儒术起家的官吏手中。

随着汉武帝对中央集权的加强，淮南王与朝廷的关系急转直下，最终发生了淮南之狱。起因是刘安庶出的长子刘不害不受刘安喜欢，王后、太子也轻视刘不害，因而招致刘不害的儿子刘建的怨恨。刘建上书告发淮南王谋反。于是，汉武帝命廷尉审理此案。

在汉武帝的旨意下，与淮南王有宿怨的法吏与儒士联合起来，其中以张汤与公孙弘出力最多，张汤"治淮南、衡山、江都反狱，皆穷根本。……其治狱所巧排大臣自以为功"（《汉书·张汤传》）。审食其的孙子审卿与丞相公孙弘私交甚好，因怨刘长杀其祖父，欲为祖父报仇，暗地里求公孙弘穷治淮南狱。公孙弘靠儒术起家，与刘安本来就有矛盾，现在刘安落到他的手里，他自然不会轻易放过。公孙弘为人阴刻，史载："弘为人意忌，外宽内深。诸尝与弘有隙者，虽详与善，阴报其祸。"（《史记·平津侯主父列传》）另外，公孙弘也欲通过穷治诸侯王的谋逆案件巩固自己的政治地位，史载："淮南、衡山谋反，治党与方急。弘病甚，自以为无功而封，位至丞相，宜佐明主填抚国家，使人由臣子之道。今诸侯有畔逆之计，此皆宰相奉职不称，恐窃病死，无以塞责，乃上书。"（《史记·平津侯主父列传》）这样，在尊儒的皇帝、廷尉、丞相及宿敌的围攻之下，崇信黄老哲学的刘安顶不住压力，走上"自杀"之路。①

朝中也有人对淮南狱提出异议。当时，匈奴来请和亲，在朝议中，博士狄山认为和亲较为合适，而张汤为迎合武帝的想法，当场斥责狄山为"愚儒，无知"，狄山反击张汤云："臣固愚忠，若御史大夫汤乃诈忠。汤之治淮南、江都，以深文痛诋诸侯，别疏骨肉，使藩臣不自安。臣固知汤之为诈忠。"（《史记·酷吏列传》）"深文痛诋"四字，深刻地揭示了此案件的实质，说明淮南狱是由张汤等人一手炮制的政治冤案。②汉武帝听到狄山对张汤的指控，大发雷霆，故意将狄山遣送到边地去做官，月余，狄山被匈奴所杀。自此之后，群臣震慑，没人敢再提出异议。汉武帝容不下狄山对张汤的指控，这说明淮南王谋反冤案的幕后制造者正是汉武帝本人，他不容许任何人质疑自己的权威。

张汤等人审理淮南王一案牵连甚广，诛杀列侯、二千石高官、豪杰数千人，随后又把刘安之弟衡山王刘赐、江都王刘建定为同谋罪，再兴衡山狱、江都狱。因三狱而处死者达数万人。汉武帝穷治淮南王狱，针对的是崇尚黄老学派的诸侯王，说明统治集团内部在

---

① 陈广忠：《〈淮南子〉的倾向性和淮南王之死》，《江淮论坛》1981 年第 1 期。
② 漆子扬：《淮南王刘安谋反冤狱辨析》，《新学术》2007 年第 3 期。

执政理念上的巨大分歧。刘安在《淮南子》中所主张的分权与自治理论无法与皇权对抗，汉武帝一手策划的淮南狱实质是中央集权制与分封制的斗争。

三 汉武帝时期的酷吏苛法

汉武帝时期对周边民族大加征伐，为筹集巨额军费，施行算缗、告缗、盐铁官营、均输平准、酒榷等经济政策，虽然充实了国库，但极大地加重了民众的负担，经济秩序也遭到了严重破坏。

对于汉武帝的"多欲"政治，朝中大臣多阿谀承旨，只有汲黯进行了尖锐的批判，这一批判具有一定的黄老学派的色彩。《史记》载：

> 天子方招文学儒者，上曰吾欲云云，黯对曰："陛下内多欲而外施仁义，奈何欲效唐虞之治乎！"上默然，怒，变色而罢朝。公卿皆为黯惧。上退，谓左右曰："甚矣，汲黯之戆也！"群臣或数黯，黯曰："天子置公卿辅弼之臣，宁令从谀承意，陷主于不义乎？且已在其位，纵爱身，奈辱朝廷何！"（《史记·汲郑列传》）

汲黯代表了汉初崇信黄老哲学的一派大臣，他们坚持原则，崇尚法治，耿直敢言，因此触怒了汉武帝，也逐渐被疏远乃至排挤。

实际上，"雄材大略"的汉武帝，破坏了汉初以来的政治生态，一反黄老学派所倡导的寡欲简约的精神，其施政方式也体现了"有为""多欲"的特征。为推行其"有为"政策，汉武帝逐渐重用"文法吏"（如公孙弘、卜式、兒宽等）、"酷吏"（如张汤、赵禹、杜周、王温舒等[①]）与"兴利之臣"（如桑弘羊、东郭咸阳、孔仅、

[①] 《史记·酷吏列传》所载酷吏有侯封、晁错、郅都、宁成、周阳由、赵禹、张汤、义纵、王温舒、尹齐、杨仆、咸宣、杜周。《汉书·酷吏传》所载酷吏有郅都、宁成、周阳由、赵禹、义纵、王温舒、尹齐、杨仆、咸宣、田广明、田延年、严延年、尹赏。

杨可等）。这些官员多善于逢迎上意，巧于矫饰，比较一下张释之、汲黯与公孙弘、张汤的为政风格就能明确地说明这一点。

张汤先后任廷尉、御史大夫，主管司法审判，其"舞文巧诋以辅法"，深得汉武帝的信任，甚至达到了"天下事皆决于汤"的程度。张汤在审理诸侯王谋反案件中出力甚多，是汉武帝打击诸侯王势力的有力工具。另外，张汤也主持制定了一些苛法，其与赵禹"论定诸律令，作见知，吏传得相监司。用法益刻，盖自此始"（《史记·酷吏列传》）。张汤的所作所为遭到了大臣的抨击，元朔三年（公元前126年），汲黯当着武帝的面斥责张汤云："公为正卿，上不能褒先帝之功业，下不能抑天下之邪心，安国富民，使囹圄空虚，二者无一焉。非苦就行，放析就功，何乃取高皇帝约束纷更之为？公以此无种矣。"（《史记·汲郑列传》）

张汤之后，另一个得到重用的酷吏为杜周。杜周任廷尉时，为政方式基本效仿张汤，他善于揣测、迎合汉武帝的心意，"上所欲挤者，因而陷之；上所欲释者，久系待问而微见其冤状"。有门客指责杜周云："君为天子决平，不循三尺法，专以人主意指为狱。狱者固如是乎？"杜周答道："三尺安出哉？前主所是著为律，后主所是疏为令。当时为是，何古之法乎？"（《史记·酷吏列传》）杜周强调法只不过是君主的意志，这极大地迎合了汉武帝的需要。史载："至周为廷尉，诏狱亦益多矣。二千石系者新故相因，不减百余人。郡吏大府举之廷尉，一岁至千余章。章大者连逮证案数百，小者数十人；远者数千里，近者数百里。会狱，吏因责如章告劾，不服，以掠笞定之。于是闻有逮证，皆亡匿。狱久者至更数赦十余岁而相告言，大氐尽诋以不道，以上廷尉及中都官，诏狱逮至六七万人，吏所增加十有余万。"（《汉书·杜周传》）汉武帝重用酷吏以推行自己的政策，这些酷吏前有利禄相诱，后有免官、诛杀相督责，他们崇尚严刑苛法已成为保全官位乃至身家性命的自安之道。①

汉武帝后期的法网繁密造成了消极的影响,"自张汤死后,网密,多诋严,官事浸以秏废。九卿碌碌奉其官,救过不赡,何暇论绳墨之外乎!"(《史记·酷吏列传》)《汉书·刑法志》更为详细地记载了武帝时期的酷吏苛法:

> 及至孝武即位,外事四夷之功,内盛耳目之好,征发烦数,百姓贫耗,穷民犯法,酷吏击断,奸轨不胜。于是招进张汤、赵禹之属,条定法令,作见知故纵、监临部主之法,缓深故之罪,急纵出之诛。其后奸猾巧法,转相比况,禁罔浸密。律令凡三百五十九章,大辟四百九条,千八百八十二事,死罪决事比万三千四百七十二事。文书盈于几阁,典者不能遍睹。是以郡国承用者驳,或罪同而论异。奸吏因缘为市,所欲活则傅生议,所欲陷则予死比,议者咸冤伤之。(《汉书·刑法志》)

汉武帝重用酷吏、严刑峻法政策的效果并不理想,"吏民益轻犯法,盗贼滋起"(《史记·酷吏列传》)。这一结果正验证了道家"法令滋彰,盗贼多有"的论断,也彻底改变了汉初一度形成的"人人自爱而重犯法"(《汉书·食货志》)的状态。

司马迁对汉武帝重用酷吏的政策进行了评价,在《史记》中,司马迁以《酷吏列传》与《循吏列传》相对照,称:"汉兴,破觚而为圜,斫雕而为朴,网漏于吞舟之鱼,而吏治烝烝,不至于奸,黎民艾安。"(《史记·酷吏列传》)并明确指出:"法令所以导民也,刑罚所以禁奸也。文武不备,良民惧然身修者,官未曾乱也。奉职循理,亦可以为治,何必威严哉!"(《史记·循吏列传》)这

---

① 于振波:《秦汉时期的"文法吏"》,《中国社会科学院研究生院学报》1999 年第 2 期。

实际上是对汉武帝时期的酷吏苛法进行了强烈批判。

后世,有人指出汉武帝时期有为政治的负面影响,其一就是造成了法律适用上的混乱。如汉元帝时御史大夫贡禹指出:

> 武帝始临天下,尊贤用士,辟地广境数千里,自见功大威行,遂从耆欲,用度不足,乃行一切之变,使犯法者赎罪,入谷者补吏,是以天下奢侈,官乱民贫,盗贼并起,亡命者众。郡国恐伏其诛,则择便巧史书习于计簿能欺上府者,以为右职;奸轨不胜,则取勇猛能操切百姓者,以苛暴威服下者,使居大位。(《汉书·贡禹传》)

汉武帝晚期,长期的战争使汉朝经济遭到了严重的破坏,加上自然灾害频仍,百姓流离失所,甚至出现了"人相食"的情况,[①]国家经济到了崩溃的边缘。征和四年(公元前89年),搜粟都尉桑弘羊、丞相田千秋、御史大夫商丘成上奏,请求于西域轮台以东屯田,并修亭障,汉武帝下诏驳回桑弘羊等人的请求,并申明"当今务在禁苛暴,止擅赋,力本农,修马复令,以补缺,毋乏武备而已"(《汉书·西域传下》),对政策进行了调整。[②] 轮台诏发布两年后,汉武帝死。

昭宣时期,霍光辅政,开始对汉武帝时期的政策进行调整。当时,杜延年就汉武帝时期骄奢极欲及穷兵黩武造成的危机,数次向大将军霍光进言:"年岁比不登,流民未尽还,宜修孝文时政,示

[①] 本始二年(公元前72年),汉宣帝诏有司议汉武帝庙乐,夏侯胜提出意见:"武帝虽有攘四夷广土斥境之功,然多杀士众,竭民财力,奢泰亡度,天下虚耗,百姓流离,物故者半。蝗虫大起,赤地数千里,或人民相食,畜积至今未复。亡德泽于民,不宜为立庙乐。"(《汉书·夏侯胜传》)

[②] 参见田余庆《论轮台诏》,《历史研究》1984年第2期。也有学者认为汉武帝晚年并没有调整既定的政策,参见辛德勇《汉武帝晚年政治取向与司马光的重构》,《清华大学学报》(哲学社会科学版)2014年第6期。

以简约宽和，顺天心，说民意，年岁宜应。"（《汉书·杜周传》）霍光采纳了杜延年的建议，开始采取轻徭薄赋、与民休息的政策。如《汉书·昭帝纪》云："（昭帝）承孝武奢侈余敝师旅之后，海内虚耗，户口减半，光知时务之要，轻徭薄赋，与民休息。"

霍光又接受杜延年的建议，于始元六年（公元前81年）策划召开盐铁会议。参加会议的人员有以御史大夫桑弘羊为代表的公卿与从民间选拔的贤良、文学60余人。双方就汉武帝时期的政策进行了针锋相对的辩论，主要涉及盐铁官营、对外征伐、严刑峻法等项政策，这次会议为霍光转变政策制造了舆论。会后，朝廷罢除关内铁官及酒类专卖。元凤元年（公元前80年），桑弘羊因牵涉上官桀、燕王旦等谋反案被诛，朝中"兴利之臣"受到沉重打击，汉武帝时期的经济政策得以改变，社会秩序趋于稳定，国力得以逐渐恢复，至宣帝时一度出现了"中兴"局面。

余　论

　　黄老学派法哲学不仅在汉初治国实践中得到运用，即使在汉武帝尊儒以后，它的影响也依然存在。本书在论述黄老学派与诸子的关系中，已简要分析了董仲舒汲取和继承黄老学派法哲学的情况。为进一步说明黄老学派法哲学对中国古代法律的影响，这里有必要就如何看待儒家思想与中国古代法律的关系问题进一步予以讨论。

　　长期以来，相当多的学者认为儒家思想是中国古代法律的精神所在。虽然对儒家思想塑造中国古代法律基本精神的作用不能低估，但需要指出的是，"儒家"在历史上本身就是一个发展变化的概念，要理解儒家对中国古代法律精神的影响，还应从源头上进行考察。战国至秦汉法制发展的历史表明，儒家思想为法制发展所提供的理论基础是比较薄弱的。如果说董仲舒的法律思想为中国古代法律的发展和完善做出了历史性贡献，那也是在继承黄老学派法哲学以后才达到的。孔孟时期，儒家有关法的学说较之于黄老学派和法家而言，显得较为薄弱。荀子在黄老学派法哲学的影响下有所变化。至于董仲舒的儒家法哲学，更是在全面吸收黄老学派法哲学之后形成的，这在前文中已有详述。可以说"相反相成"既是黄老学派法哲学的突出特点，也是儒家思想改造过程中所不可缺少的。

　　所谓中国古代法律的精神，是指它与其他法系相比较而言最能代表其面貌的那些特质。要正确地阐述中国古代法律的基本精神，就要对法律文献进行全方位的考察，同时也要对中国古代法律赖以生成的中国传统文化进行深入的研究。中国古代法律是中国传统文化的必要组成部分，它反映着中国传统文化的总体精神气质。儒家思想只是中国文化的一部分，简单地用"儒家化"概括中国古代法律的精神，无疑是抹杀了历史上各学术流派共同创建中国古代法律这一基本史实，其偏颇性是不言而喻的。黄老学派法哲学为中国古代法律提供了形而上的依据，为中国古代法律的基本精神注入了理论活力，这是先秦时期儒家所不及的。黄老学派法哲学对中国古代法律基本精神的影响是巨大的。这样说绝非人为地抬高黄老学派法哲学的地位，而是有其深厚的历史事实依据的。

传统观点认为汉武帝"罢黜百家，独尊儒术"之后，其他各家思想就不再发挥作用，由儒家法哲学取代了黄老学派及各家的法律思想，成为中国封建社会唯一的正统法哲学。关于这一点，张国华先生的观点较有代表性，他认为黄老思想虽然有利于经济的发展，但因过于消极，不利于封建经济的聚敛和封建中央集权君主专制的巩固。随着封建经济的复苏和政治势力的加强，为了解决封建制度本身日益暴露出来的各种矛盾，谋求封建统治的长治久安，汉武帝终于接受汉代大儒董仲舒等的建议，"罢黜百家，独尊儒术"，开始奉儒家思想为正统。但这时的儒家已不同于先秦的儒家。它是以儒为主、儒法合流的产物，并汲取了先秦道家、阴阳五行家以及殷周以来的天命神权等各种有利于维护封建统治的思想因素。董仲舒等正是在这一基础上，将当时的意识形态概括为"君为臣纲、父为子纲、夫为妻纲"的"三纲"，用天命神权"天人合一"和"阴阳五行说"等炮制了"天人感应"的神学目的论。把父权、夫权特别是君权深化，并认为"道之大原出于天，天不变道亦不变"，将"三纲"与"德主刑辅"绝对化为永恒不变的真理，终于形成了统治中国长达两千多年的封建正统法哲学。① 考诸史实，就会看到这一观点值得商榷。

传统观点认为这是儒道斗争中儒家的最后胜利，但剖析史实，笔者认为不能这样简单地得出结论。所谓儒道斗争，只是政治斗争的一种表现，并非治国方针的不同，不是统治者选择统治思想时的斗争。② 所谓儒家取得胜利，并不意味着黄老学派所确立的一套理论体系不能适应新的形势。从汉代儒学的发展来看，只是统治者更加强调教化的重要性，而政治及法律制度所体现的还是黄老学派所确立的基本原则。积极入世的儒家以此为契机对自身思想加以改造，但改造过程中大量吸收了黄老学派的思想。

通过以上分析可以看出，黄老学派法哲学对汉代法制的影响是深远的。研究古代法哲学既要重视各家著述，也要结合法制发展的实际进行全面考察。历代统治者说的和做的常常存在着一定的距离。只有抓住史实的本质，才能正确地把握黄老学派法哲学的历史作用。对于统治者来说，通常采用的是以皇权为核心、各家兼容并蓄的"治术"。作为"治术"，黄老学派法哲学在汉武帝时仍在实践，汉武帝也没有采取明显的废黜措施，而是"兼容"了黄老学派，以儒道互补，形成汉家"霸王道杂之"的特色。③

伴随君主官僚政体的确立而形成的黄老学派，在盛行的三百年里，已深刻影响了古代法制的发展，不是轻易就能罢黜得了的。汉武帝时期的"独尊儒术"，只是在这种已经成熟的体制内的一种局部调整而已，这种调整对黄老学派法哲学所确定的政治思想原则并没有实质性的改变。所谓黄老学派不符合历史发展需要，被汉武帝

---

① 参见张国华《中国法律思想史新编》，北京大学出版社 1998 年版，第 5—6 页。相同的观点参见以下文献，饶鑫贤：《汉初黄老学派法律思想略论》，载《法律史论丛》第 3 辑，法律出版社 1983 年版；霍存福、栗劲：《黄老的法律思想与文景之治》，《吉林大学社会科学学报》1985 年第 4 期；张国华：《从〈天人三策〉到〈春秋繁露〉——兼论董仲舒与黄老之学》，《中国社会科学院研究生院学报》1995 年第 3 期；金春峰：《汉代思想史》，中国社会科学出版社 1997 年版，第 76—77 页；俞荣根：《儒家法思想通论》，广西人民出版社 1998 年版，第 551 页。

② 熊铁基：《秦汉新道家》，上海人民出版社 2001 年版，第 78 页。

③ 同上书，第 154 页。

所罢黜,不是完全符合历史实际的。从政治舆论的需要来看,汉武帝要想确立新的政治权威必然会在思想上有所变动,确立不同于窦太后主政时期的理论,但这只是政治上的一种标榜,黄老学派所确立的一些基本原则是不可能被废除的。

黄老学派法哲学不仅渗透到汉代法制的许多方面,并为后世所继承和发展,而且对于丰富和完善中国古代法律的思想体系,如法的含义、范畴、价值、礼法关系等理论及立法权思想、行政立法思想、立法简约思想、无讼思想都发挥了重大影响。

有的学者认为,先秦诸子学发展到汉代,逐渐形成了儒家和法家两大阵营,而后再统合为"阳儒阴法"。① 其实所谓"统合"在战国中期就已完成并形成了黄老学派,黄老学派在"道"的原则下兼容了儒、墨、名、法等思想,形成了自己的法哲学,并在汉初得到了实践。也有学者认为秦汉儒法合流,其后果,一是在儒家"道"尊于势的传统外,确立了君尊臣卑观念的合法性;二是纳礼入法,导致了礼教的法律化和儒家化的法律,这在很大程度上塑造并维护了中国传统的社会和政治结构及其基本性格,影响是深远的。② 这一观点也没有认识到,先秦时作为黄老学派的法哲学已包含了这些方面。总之,黄老学派关于礼法关系的论述较各家早出,也比较完善,对礼法关系的理论做出开拓性的贡献。

黄老学派法哲学对中国古代法律的影响是极其深远的。虽然自汉武帝倡导"独尊儒术"之后的两千多年中,历代把孔孟的儒家思想都奉为官方正统哲学,但如果认真剖析古代法哲学的源流,就不难发现,它其实是吸收包括黄老学派、法家、儒家等在内的诸子百家的思想而形成的。因此,我们不能因汉以后各朝尊"儒"而忽视包括黄老学派在内的诸子百家,就低估黄老学派法哲学的历史地位,否定它的理论活力,更不能因此而抹杀黄老学派法哲学的历史

---

① 张纯、王晓波:《韩非思想的历史研究》,(台湾)联经出版事业公司1983年版,第262页。
② 刘宝村:《秦汉间的儒法合流及其影响》,《孔子研究》2001年第3期。

贡献。

战国至西汉，中国古代政治结构基本形成，君主、官僚、民众是三个基本政治群体。在这一结构中，君主是秩序之极，驾驭官僚集团，对普通民众进行治理与征敛。以君主为中心，建立了严密的区分上下、贵贱、尊卑的等级制度，这决定了中国古代基本的政治关系，也构造了古代法律的基本内容。在这一宏观背景下，诸子关注的一个核心问题是君权的性质及行使问题，即如何保持君主专权，并有效处理"君臣"的关系，维持官僚机器的有效运转。黄老学派主张执一应万、以简御繁以及无为与法治的结合，保证统一政治秩序的形成与运作。其认为君主以道的虚、静、正为尊则，主张君主应加强内在修养，节制自己的欲望。法体现了道的性质，对君权有一定的禁制作用，法与自然、无为、因循、刑名、执一等范畴具有重要的联系。这些概念彼此贯通，形成了完整的法哲学体系。但黄老学派强调圣人执道，在本质上还是"君人南面之术"，皇权可以轻易突破道法的束缚，对既有的政治秩序造成危害，这是黄老学派法哲学的内在矛盾之处。

在中国古代，为维护一统的政治秩序，官僚集团尊崇一极化的皇权，雄才大略是其对最高统治者的期许，但皇权的膨胀也会危及官僚体制的稳定。黄老学派对权力的性质具有清醒的认识，其认识到了权力应该有其边界，以及制定稳定的规范的重要性，这在其论述中已经很清晰地表现出来。黄老学派法哲学区别了圣人之治与圣法之治，论述了圣人独治与民众共治的关系。黄老学派的道具有兼包容性，也具有一定的公共性。执政者的内在修养应与外在约束相结合，使权力不能突破理性与制度的约束，不能破坏基本政治生态，避免造成秩序的混乱。法应具有"正"与"和"等价值，法的指导性突出，而非单纯的禁制，法的基本价值是"正"，通过法治实现和谐的社会秩序。

近年来，道家研究得到社会各界的重视，学术界开始注重发掘其现代性的因素，力求复兴道家优良的传统。在这一背景下，学术界应对黄老学派法哲学的现代价值进行客观的认识。黄老学派悠久的学术传统应得到承接及延续，当下学术界应如黄老学者那样，对黄老学派进一步"发明序其指意"，发掘黄老学派法哲学的优良传统，以道的博大精深，融合中西方法哲学的积极因素，进行建构新道家法哲学的尝试，这将具有重要的学术意义。

主要参考文献

典籍

（汉）孔国安传，（唐）孔颖达正义，黄怀信整理：《尚书正义》，上海古籍出版社2007年版。

周振甫：《诗经译注》，中华书局2002年版。

徐元诰撰，王树民、沈长云点校：《国语集解》，中华书局2002年版。

（战国）左丘明撰，（西晋）杜预集解：《左传（春秋经传集解）》，上海古籍出版社1997年版。

张清常、王延栋：《战国策笺注》，南开大学出版社1993年版。

（汉）郑玄注，（唐）孔颖达正义，吕友仁整理：《礼记正义》，上海古籍出版社2008年版。

（魏）王弼注，楼宇烈校释：《老子道德经注校释》，中华书局2008年版。

程树德撰，程俊英、蒋见元点校：《论语集释》（全4册），中华书局2014年版。

（清）焦循撰：《孟子正义》（全2册），中华书局1987年版。

（清）孙诒让撰，孙启治点校：《墨子闲诂》（全2册），中华书局2001年版。

（清）郭庆藩撰，王孝鱼点校：《庄子集释》（全4册），中华书局2012年版。

杨伯峻撰：《列子集释》，中华书局 2013 年版。

黎翔凤撰：《管子校注》，中华书局 2004 年版。

蒋礼鸿撰：《商君书锥指》，中华书局 1986 年版。

黄怀信撰：《鹖冠子校注》，中华书局 2014 年版。

（清）王先谦撰，沈啸寰、王星贤点校：《荀子集解》（全 2 册），中华书局 2013 年版。

（清）王先慎撰，钟哲点校：《韩非子集解》，中华书局 2013 年版。

许维遹撰：《吕氏春秋集释》，中华书局 2009 年版。

刘文典撰，冯逸、乔华点校：《淮南鸿烈集解》（全 2 册），中华书局 2013 年版。

李定生、徐慧君校释：《文子校释》，上海古籍出版社 2004 年版。

王利器撰：《新语校注》，中华书局 2012 年版。

（汉）贾谊撰，阎振益、钟夏校注：《新书校注》，中华书局 2000 年版。

（清）苏舆撰，钟哲点校：《春秋繁露义证》，中华书局 1992 年版。

王利器撰：《盐铁论校注》（全 2 册），中华书局 2015 年版。

黄晖撰：《论衡校释》（附刘盼遂集解）（全 4 册），中华书局 1990 年版。

国家文物局古文献研究室整理：《马王堆汉墓帛书》（一），文物出版社 1980 年版。

（西汉）司马迁：《史记》，中华书局 1959 年版。

（东汉）班固：《汉书》，中华书局 1962 年版。

译著

[美] 本杰明·史华慈：《古代中国的思想世界》，程钢译，江苏人民出版社 2004 年版。

[美] 博登海默：《法理学——法律哲学与法律方法》，邓正来译，中国政法大学出版社 1999 年版。

［意］登特列夫：《自然法——法律哲学道论》，李日章译，（台湾）联经出版事业公司1983年版。

［古罗马］西塞罗：《论共和国论法律》，王焕生译，中国政法大学出版社1997年版。

［比利时］戴卡琳：《解读〈鹖冠子〉——从论辩学的角度》，杨民译，辽宁教育出版社2000年版。

专著

白奚：《稷下学研究——中国古代的思想自由与百家争鸣》，生活·读书·新知三联书店1998年版。

曹峰：《近年出土黄老思想文献研究》，中国社会科学出版社2015年版。

陈鼓应：《老庄新论》，上海古籍出版社1992年版。

陈鼓应：《黄帝四经今注今译》，台湾商务印书馆1995年版。

陈鼓应：《老子今译今注》，商务印书馆2003年版。

陈鼓应、白奚：《老子评传》，南京大学出版社2001年版。

陈顾远：《中国文化与中国法系》，（台湾）三民书局1977年版。

陈丽桂：《战国时期的黄老思想》，（台湾）联经出版事业公司1991年版。

陈丽桂：《秦汉时期的黄老思想》，（台湾）文津出版社1997年版。

程维荣：《道家与中国法文化》，上海交通大学出版社2000年版。

池万兴：《〈管子〉研究》，高等教育出版社2004年版。

崔锦程：《先秦名学研究》，天津古籍出版社2005年版。

崔清田：《名学与辩学》，山西教育出版社1997年版。

丁原明：《黄老学论纲》，山东大学出版社1997年版。

丁原植：《文子新论》，（台湾）万卷楼图书有限公司1999年版。

冯友兰：《中国哲学史新编》（上、中、下），人民出版社1998年版。

葛兆光：《中国思想史》（第一卷），复旦大学出版社2001年版。

耿云卿：《先秦法律思想与自然法》，台湾商务印书馆2004年版。

胡孚琛、吕锡琛：《道学通论——道家·道教·仙学》，社会科学文献出版社1999年版。

胡家聪：《稷下争鸣与黄老新学》，中国社会科学出版社1998年版。

胡家聪：《管子新探》，中国社会科学出版社2003年版。

黄汉光：《黄老之学析论》，（台湾）鹅湖出版社2000年版。

侯外庐、赵纪彬、杜国庠等：《中国思想通史》（第一卷、第二卷），人民出版社1957年版。

金春峰：《汉代思想史》，中国社会科学出版社1997年版。

江瑔：《读子卮言》，华东师范大学出版社2012年版。

荆雨：《自然与政治之间——帛书〈黄帝四经〉政治哲学研究》，东北师范大学出版社2007年版。

李耽：《先秦形名之家考察》，湖南大学出版社1998年版。

李泽厚：《中国古代思想史论》，人民出版社1985年版。

林聪舜：《西汉前期思想与法家的关系》，（台湾）大安出版社1991年版。

林明照：《先秦道家的礼乐观》，（台湾）五南图书出版股份有限公司2007年版。

林文雄：《老庄的法律思想》，（台湾）中央文物供应社1985年版。

龙大轩：《道与中国法律传统》，山东人民出版社2004年版。

刘笑敢：《老子——年代新证与思想新诠》，（台湾）东大图书股份有限公司2005年版。

吕锡琛：《道家、道教与中国古代政治》，湖南人民出版社2002年版。

钱穆：《先秦诸子系年》（上、下册），中华书局1985年版。

司修武：《黄老学说与汉初政治平议》，（台湾）学生书局1992年版。

孙福喜：《鹖冠子研究》，陕西人民出版社2002年版。

李约瑟：《中国科学技术史·科学思想史》（第二卷），科学出版社、上海古籍出版社1990年版。

王博：《老子思想的史官特色》，（台湾）文津出版社1993年版。

王沛：《黄老"法"理论源流考》，上海人民出版社2009年版。

王晓波：《先秦法家思想史论》，（台湾）联经出版事业公司1991年版。

王晓波：《道与法：法家思想与黄老哲学解析》，台湾大学出版中心2007年版。

王中江：《简帛文明与古代思想世界》，北京大学出版社2011年版。

吴光：《黄老之学通论》，浙江人民出版社1995年版。

萧天石：《道德经圣解》，（台湾）自由出版社1983年版。

熊铁基：《秦汉新道家》，上海人民出版社2001年版。

熊铁基、马良怀、刘韶军：《中国老学史》，福建人民出版社1995年版。

徐复观：《两汉思想史》（卷一、卷二），（台湾）学生书局1985年版。

徐复观：《中国人性论史》，上海三联书店2001年版。

许抗生：《当代新道家》，社会科学文献出版社2013年版。

薛明生：《先秦两汉道家思维与实践》，（台湾）文津出版社2007年版。

杨宽：《战国史》，上海人民出版社1998年版。

余明光：《黄帝四经与黄老思想》，黑龙江人民出版社1989年版。

张成秋：《先秦道家思想研究》，（台湾）中华书局1975年版。

张舜徽：《周秦道论发微》，中华书局1982年版。

赵中伟：《道者，万物之宗：两汉道家形上思维研究》，（台湾）洪叶文化事业公司2004年版。

张纯、王晓波：《韩非思想的历史研究》，（台湾）联经出版事业公司 1983 年版。

郑开：《道家形而上学研究》，宗教文化出版社 2003 年版。

郑圆铃：《史记黄老思想研究》，（台湾）学海出版社 1998 年版。

庄万寿：《道家史论》，（台湾）万卷楼图书有限公司 2000 年版。

论文

艾畦：《〈黄帝四经〉对老子思想的吸收和继承》，《中国哲学史》1997 年第 1 期。

陈鼓应：《先秦道家之礼观》，《中国文化研究》2000 年夏季卷。

陈广忠：《〈淮南子〉——黄老道学的集大成》，（台湾）《鹅湖》第 25 卷第 10 期，2000 年 4 月。

陈克明：《试论〈鹖冠子〉与黄老思想的关系》，载《哲学史论丛》，吉林人民出版社 1980 年版。

陈政扬：《稷下黄老思想初探》，（台湾）《鹅湖》第 25 卷第 10 期，2000 年 4 月。

陈政扬：《〈黄帝四经〉与〈老子〉治道之异同》，（台湾）《鹅湖》第 27 卷第 12 期，2002 年 6 月。

丁鼎、卢友连：《从老庄申韩同传看道、法之承变关系》，《齐鲁学刊》1998 年第 5 期。

丁原明：《论荀子思想中的黄老倾向》，《管子学刊》1991 年第 3 期。

丁原明：《〈鹖冠子〉及其在战国黄老学中的地位》，《文史哲》1996 年第 2 期。

冯契：《〈管子〉与黄老之学》，载《中国哲学》第 11 辑，人民出版社 1984 年版。

冯有生：《黄老思想简论》，《安徽师大学报》1982 年第 4 期。

高恒：《论中国古代法学与名学的关系》，《中国法学》1993 年第 1 期。

高龄芬：《〈黄帝四经〉与〈荀〉、〈韩〉、〈淮南子〉法、刑名理论的比较》，（台湾）《鹅湖》第 25 卷第 8 期，2000 年 2 月。

葛荣晋：《试论〈黄老帛书〉的"道"和"无为"思想》，《中国哲学史研究》1981 年第 3 期。

[英] 葛瑞汉：《〈鹖冠子〉：一部被忽略的汉前哲学著作》，杨民译，载《清华汉学研究》第 1 辑，清华大学出版社 1994 年版。

谷方：《黄老学说新探——黄老学说与齐国政治的关系》，《管子学刊》1989 年第 4 期。

郭梨华：《〈经法〉中"形—名"思想探源》，《安徽大学学报》1998 年第 3 期。

胡家聪：《战国刑名法术之学的探讨——〈管子·九守〉研究》，《中国哲学史研究》1986 年第 1 期。

胡家聪：《〈管子〉中道家黄老之作新探》，《中国哲学史研究》1987 年第 4 期。

胡家聪：《黄老帛书〈经法〉的政治哲学——兼论渊源于稷下之学》，《中国哲学史研究》1988 年第 4 期。

胡家聪：《〈尹文子〉非伪书考》，载《道家文化研究》第 2 辑，上海古籍出版社 1992 年版。

胡家聪：《道家黄老学"推天道以明人事"的思维方式》，《管子学刊》1998 年第 1 期。

胡旭晟：《先秦名家学派法律观阐释——以理论逻辑的分析为主体》，《法学研究》1996 年第 6 期。

黄汉光：《黄老之学与汉初自由放任的经济政策》，（台湾）《鹅湖》第 23 卷第 12 期，1998 年 6 月。

黄汉光：《黄老之学初议》，（台湾）《鹅湖》第 24 卷第 7 期，1999 年 1 月。

黄绍梅：《〈庄子·天下篇〉——评慎到学说的观点》，（台湾）《鹅湖》第 21 卷第 9 期，1996 年 3 月。

黄钊：《〈淮南子〉——汉初黄老之治的理论总结》，《武汉大学学报》1990年第4期。

[美]简永华：《黄帝道家的三个基本概念"道""理""法"》，吴方桐译，《中国哲学史研究》1986年第4期。

江荣海：《慎到应该是黄老思想家——兼论黄老思想与老子、韩非的区别》，《北京大学学报》1989年第1期。

[日]金谷治：《汉初道家思潮的派别》，载《日本学者研究中国史论著选译》（第7卷），中华书局1993年版。

李定生：《〈文子〉非伪书考》，载《道家文化研究》第5辑，上海古籍出版社1994年版。

李定生：《董仲舒与黄老之学——儒学之创新》，《复旦学报》1995年第1期。

李生龙：《〈解老〉〈喻老〉属黄老而非法家》，《湖南师大社会科学学报》1994年第2期。

李学勤：《范蠡思想与帛书〈黄老书〉》，《浙江学刊》1990年第1期。

李学勤：《〈鹖冠子〉与两种帛书》，载《道家文化研究》第1辑，上海古籍出版社1992年版。

李增：《帛书〈黄帝四经〉道生法思想之研究》，《哲学与文化》第26卷第5期，1999年5月。

李增：《〈管子〉法思想》，《管子学刊》2001年第1期。

李宗桂：《论〈淮南子〉与〈春秋繁露〉的思想异同》，《中国哲学史研究》1989年第4期。

梁宗华：《汉初社会对黄老之学的选择和应用》，《管子学刊》1995年第2期。

梁宗华：《董仲舒新儒学体系与道家黄老学》，《齐鲁学刊》1999年第6期。

刘宝村：《秦汉间的儒法合流及其影响》，《孔子研究》2001年第

3期。

刘蔚华、苗润田：《黄老思想源流》，《文史哲》1986年第1期。

刘毓璜：《试论黄老之学的起源》，《历史教学问题》1982年第5期。

刘培育：《名正法备——试论〈管子〉的名法思想》，《管子学刊》1989年第4期。

刘笑敢：《庄子后学中的黄老派》，《哲学研究》1985年第6期。

吕凯：《韩非融儒道法三家成学考》，（台湾）《东方杂志》第23卷第3期，1989年9月。

陆建华：《〈黄帝四经〉——黄老道学的奠基之作》，《安徽大学学报》1999年第3期。

陆玉林：《论〈淮南鸿烈〉的儒道整合》，《中国人民大学学报》1993年第2期。

栾保群：《黄老之治与黄老之学——试论黄老学始于汉初》，《学习与思考》1981年第3期。

罗新：《从萧曹为相看所谓"汉承秦制"》，《北京大学学报》1996年第5期。

马耘：《稷下道家各派的交流与升华——〈管子·内业〉等四篇学术内涵浅议》，（台湾）《哲学与文化》第26卷第5期，1999年5月。

牟钟鉴：《〈吕氏春秋〉与〈淮南子〉的比较分析——兼论秦汉之际的学术思潮》，《哲学研究》1984年第1期。

庆明：《黄老思想的法哲学高度》，《比较法研究》1993年第3期。

裘锡圭：《马王堆〈老子〉甲乙本卷前后佚书与"道法家"——兼论〈心术上〉〈白心〉为慎到田骈作品》，载《中国哲学》第2辑，生活·读书·新知三联书店1980年版。

饶鑫贤：《汉初黄老学派法律思想略论》，载《法律史论丛》第3辑，法律出版社1983年版。

孙景坛：《〈黄帝四经〉研究的几个问题》，《南京社会科学》2003年第2期。

谭家健：《〈鹖冠子〉试论》，《江汉论坛》1986年第2期。

滕复：《黄老之学的方法论与政治思想》，《浙江学刊》1986年第1期。

滕复：《黄老哲学对老子"道"的改造与发展》，《哲学研究》1986年第9期。

王博：《〈黄帝四经〉与〈管子〉四篇》，载《道家文化研究》第1辑，上海古籍出版社1992年版。

王叔岷：《论司马迁述慎到、申不害及韩非之学》，（台湾）《中央研究院历史语言研究所集刊》第54本第1期，1983年3月。

王中江：《黄老学的法哲学原理、公共性和法律共同体的理想——为什么是"道"和"法"的统治》，《天津社会科学》2007年第4期。

汪春泓：《汉初"黄老道德之术"剖析》，《中国典籍与文化论丛》第5辑，中华书局2000年版。

魏启鹏：《〈黄帝四经〉思想探源》，载《中国哲学》第2辑，生活·读书·新知三联书店1980年版。

魏启鹏：《前黄老形名之学的珍贵佚篇——读马王堆汉墓帛书〈伊尹·九主〉》，载《道家文化研究》第3辑，上海古籍出版社1993年版。

吴光：《论黄老学派的形成与发展》，《杭州大学学报》1984年第4期。

吴光：《关于黄老哲学的性质问题——对〈黄老帛书〉和〈淮南子〉道、气理论的剖析》，《学术月刊》1984年第8期。

萧汉明：《论〈鹖冠子〉的素皇内帝之法》，《江汉论坛》2003年第3期。

萧萐父：《〈黄老帛书〉哲学浅议》，载《道家文化研究》第3辑，上海古籍出版社 1993 年版。

谢君直：《〈道原〉中的道论》，（台湾）《鹅湖》第 25 卷第 8 期，2000 年 2 月。

修建军：《"黄老之学"新论》，《管子学刊》1992 年第 2 期。

许抗生：《略说黄老学派的产生与演变》，《文史哲》1979 年第 3 期。

许抗生：《〈黄老之学新论〉读后的几点思考》，《管子学刊》1993 年第 1 期。

杨生民：《汉武帝"罢黜百家，独尊儒术"新探——兼论汉武帝"尊儒术"与"悉延（引）百端之学"》，《首都师范大学学报》2000 年第 5 期。

余敦康：《论管仲学派》，载《中国哲学》第 2 辑，生活·读书·新知三联书店 1980 年版。

余明光：《〈论六家要旨〉所述"道论"源于"黄学"——读汉墓帛书〈黄帝四经〉》，《湘潭大学学报》1987 年第 1 期。

余明光：《董仲舒与"黄老"之学——〈黄帝四经〉对董仲舒的影响》，载《道家文化研究》第 2 辑，上海古籍出版社 1992 年版。

余明光：《荀子思想与黄老之学》，载《道家文化研究》第 5 辑，上海古籍出版社 1995 年版。

张国华：《〈淮南鸿烈〉与〈春秋繁露〉》，载《道家文化研究》第 6 辑，上海古籍出版社 1995 年版。

张国华：《从〈天人三策〉到〈春秋繁露〉——兼论董仲舒与黄老之学》，《中国社会科学院研究生院学报》1995 年第 3 期。

张家顺：《司马迁尊奉黄老论》，《中州学刊》1982 年第 5 期。

张家成：《荀子"道"论探析》，《浙江大学学报》1996 年第 2 期。

张维华：《释"黄老"之称》，《文史哲》1981 年第 4 期。

张维华：《西汉初年的黄老政治思想》，《中国社会科学》1981 年第 5 期。

张运华：《韩非所受道家的影响》，《西北大学学报》1994年第4期。

张元城：《汉武帝朝酷吏政治的兴起与演进》，《河北学刊》2006年第4期。

张增田：《〈黄老帛书〉研究综述》，《安徽大学学报》（哲社版）2001年第4期。

张增田：《〈黄老帛书〉之刑德关系诸说辨》，《管子学刊》2002年第3期。

张增田：《公平：道家黄老学派的法价值追求》，《安徽大学学报》2002年第5期。

张增田：《"道"何以"生法"——关于〈黄老帛书〉"道生法"命题的追问》，《管子学刊》2004年第2期。

张志哲、罗义俊：《论〈新语〉的黄老思想》，《江汉论坛》1981年第6期。

赵吉惠：《〈淮南子〉与黄老学理论体系的最后完成》，《中国哲学史研究》1989年第2期。

赵吉惠：《荀况是战国末期黄老之学的代表》，《哲学研究》1993年第5期。

赵吉惠：《论荀学是稷下黄老之学》，载《道家文化研究》第4辑，上海古籍出版社1994年版。

知水：《论稷下黄老之学产生的历史条件》，《南京大学学报》1988年第2期。

知水：《韩非子与齐国黄老之学》，《管子学刊》1991年第2期。

知水：《关于"黄帝之言"的两个问题》，《管子学刊》2000年第1期。

钟肇鹏：《论黄老之学》，《世界宗教研究》1981年第2期。

后　　记

　　2002年秋，我入中国社会科学院法学研究所随杨一凡先生攻读法律史，杨先生建议我在探讨中华法系的基本精神方面确定毕业论文题目。以此为线索，我系统研读了诸子等相关文献，感受到古圣先贤对法的深刻理论思考。在浏览马王堆汉墓帛书时，《经法》篇中关于"道生法"的论述引起了我的注意，于是进一步检索相关典籍及学术界关于黄老学派的研究成果。我意识到黄老学派的理论深度，遂以黄老学派法律思想为题完成毕业论文选题报告，报告得到杨先生及法理学导师组的认可。后经两年时间完成毕业论文，并通过答辩。

　　之后，我又广泛搜罗相关研究成果，不断提炼道家相关文献，经过反复推敲，遂完成本书。

　　道家哲学博大精深，许多论述具有跨时代的意义。今天，我们应继续发扬黄老学派的传统，以道的视角来观察人性、权力及秩序，以探寻使万物各遂其生的自然之道。

关志国

2016年9月